BIBLIOTHÈQUE CONTEMPORAINE

DUC DE BROGLIE
DE L'ACADÉMIE FRANÇAISE

MARIE-THÉRÈSE
IMPÉRATRICE

1744-1746

II

PARIS
CALMANN LÉVY, ÉDITEUR
RUE AUBER, 3, ET BOULEVARD DES ITALIENS, 15
A LA LIBRAIRIE NOUVELLE

1890

MARIE-THÉRÈSE
IMPÉRATRICE
II

CALMANN LÉVY, ÉDITEUR

DU MÊME AUTEUR

Format in-8°

LE SECRET DU ROI, correspondance secrète de Louis XV avec ses agents diplomatiques	2 vol.
FRÉDÉRIC II ET LOUIS XV	2 —
FRÉDÉRIC II ET MARIE-THÉRÈSE	2 —
QUESTIONS DE RELIGION ET D'HISTOIRE	2 —
HISTOIRE ET DIPLOMATIE	1 —

Format in-18

LE SECRET DU ROI	2 vol.
FRÉDÉRIC II ET LOUIS XV	2 —
FRÉDÉRIC II ET MARIE-THÉRÈSE	2 —
LA DIPLOMATIE ET LE DROIT NOUVEAU	1 —
QUESTIONS DE RELIGION ET D'HISTOIRE	2 —

ÉMILE COLIN. — IMPRIMERIE DE LAGNY

MARIE-THÉRÈSE

IMPÉRATRICE

1744-1746

PAR

LE DUC DE BROGLIE

DE L'ACADÉMIE FRANÇAISE

II

TROISIÈME ÉDITION

PARIS
CALMANN LÉVY, ÉDITEUR
ANCIENNE MAISON MICHEL LÉVY FRÈRES
3, RUE AUBER, 3

1890

Droits de traduction et de reproduction réservés

MARIE-THÉRÈSE IMPÉRATRICE

CHAPITRE IV

ÉVACUATION DE L'ALLEMAGNE PAR L'ARMÉE FRANÇAISE. — TRAITÉ DE FRÉDÉRIC AVEC L'ANGLETERRE

Effet produit par la bataille de Fontenoy. — Prise de Tournay. — Discussion à laquelle donnent lieu les incidents de la journée du 11 mai. — Poème de Voltaire. — Débat entre Maurice de Saxe et le duc de Richelieu. — Agitation causée à La Haye et alarme à Londres à la nouvelle de la victoire des Français. — Satisfaction mélangée de Frédéric. — Victoire des Prussiens à Friedberg. — Irrésolution du gouvernement français : le prince de Conti n'ose pas s'engager en Allemagne. — Il laisse opérer sous ses yeux la réunion des deux armées de Marie-Thérèse. — Il est obligé de repasser le Rhin. — Dépit et irritation de Frédéric, qui se rapproche de l'Angleterre. — Embarras et inquiétude du gouvernement anglais. — Belle-Isle est remis en liberté. — Crainte de l'invasion française. — Expédition du prétendant, Charles-Édouard. — Son débarquement en Écosse et ses premiers succès. — George II consent à traiter avec Frédéric. — Effort fait par le gouvernement anglais pour décider Marie-Thérèse à entrer dans cet arrangement. — Elle s'y refuse. — La Prusse et l'Angleterre traitent sans son consentement. — Convention de Hanovre.

I

L'impression causée par la victoire de Fontenoy fut profonde en France comme en Europe; pour un moment l'illusion fut complète : c'était la résurrection de la France militaire et royale. Les contemporains de Louis XV voyaient renaître les splendeurs du règne de son aïeul. L'effet fut encore accru par la prompte soumission de Tournay, dont le siège fut repris le lendemain même de la bataille. Dès le 24, la ville était abandonnée par la garnison, qui se réfugiait dans la citadelle en demandant un délai de huit jours pour obtenir des États généraux la permission de capituler. En attendant, le roi, toujours au camp et sous les armes, recevait les hommages enthousiastes de toute la France. Le parlement de Paris, puis, à son exemple, la chambre des comptes et toutes les cours souveraines sollicitèrent l'autorisation d'envoyer des députés pour le complimenter, ce qui ne s'était jamais fait dans aucune circonstance pareille, et à un jour donné le camp fut envahi par une foule de magistrats, dont les grandes robes, mélangées avec les habits militaires, produisaient un effet inaccoutumé. Le roi les accueillit en cérémonie, assis sous une vaste tente, qui était un présent apporté, peu auparavant, par une ambassade turque, et dont la magnificence rappelait toutes les splendeurs de l'Orient. Dans les harangues qui lui furent adressées, l'admiration officielle dépassa toute mesure : — « Les conquêtes de Votre Majesté, disait l'un des orateurs, sont si rapides qu'il s'agit de ménager la croyance des descendants et d'adoucir la surprise du miracle. »

Louis dut être le premier à sourire de ce déluge d'adulations, car il avait le bon goût de ne s'attribuer à lui-même aucun mérite; c'est ce qu'atteste la lettre-circulaire qu'il adressa aux évêques pour demander le chant d'un *Te Deum* dans les églises, et où il reconnaissait que la victoire n'était due qu'au maréchal de Saxe et, après lui, à la maison du roi et aux carabiniers. Mais cette modestie même augmentait l'enthousiasme, et, malgré le ridicule excès de certaines démonstrations, le sentiment était sincère. Jamais événement national ne causa, dans tous les rangs de la population, une joie patriotique plus unanime[1].

Malheureusement, les émotions les plus généreuses demeurent rarement désintéressées, et on n'a pas plus tôt tourné un des feuillets de l'histoire qu'on voit reparaître les jalousies, les rivalités, les intrigues, toutes les faiblesses, en un mot, dont aucune réunion d'hommes n'est longtemps exempte, et une cour moins que toute autre. Le premier qui eut à souffrir de cette réaction inévitable, ce fut l'illustre Voltaire, qui, dans son empressement à prendre part tout haut à l'expression de la joie commune, courut au-devant de sérieux désagréments. Son nouveau métier d'historiographe ne lui faisait pas oublier le culte dû à la muse de sa jeunesse : avant de raconter la victoire (comme il devait le faire

---

1. *Journal de Barbier*, mai 1745.

plus tard avec une précision et un charme qui désespèrent ceux qui ont à en parler après lui), il se mit en devoir de la chanter; il improvisa, en moins de cinq jours, la pièce qui figure encore dans ses œuvres sous le nom de *Poème de Fontenoy*. Malheureusement, il n'y a guère que Pindare à qui la poésie de commande ait jamais fourni d'heureuses inspirations, et encore le lyrique grec ne s'en est-il tiré qu'en en prenant à son aise avec le sujet qu'il devait traiter. Mais Pindare n'avait pas de cour à qui il dût chercher à plaire; ce n'était pas le cas de Voltaire, qui ne pouvait pas ou ne crut pas devoir donner aussi librement carrière à son imagination. Loin de là, il se tint aussi près que possible du récit des faits, afin de pouvoir mentionner et louer tous ceux qui avaient pris part à l'action, rois et princes, généraux et régiments, et les morts aussi bien que les survivants. Le résultat fut que sa verve se trouva souvent refroidie par ce soin de n'omettre et de n'oublier personne. Il ne lui fallut pas inscrire, en trois cents rimes, moins de cinquante-sept noms propres, qui n'étaient tous ni harmonieux ni sonores, et dont le rapprochement gênait singulièrement l'allure du vers et l'essor de la pensée. Il convenait lui-même de la peine que lui donnait ce tour de force. — « La tête me tourne, disait-il à un de ses amis; je ne sais comment faire avec les dames, qui veulent toutes que je loue leurs cousins et leurs greluchons. »

L'œuvre achevée cependant, tellement quellement, ayant peut-être le sentiment que, malgré de réelles beautés, elle se ressentait de la hâte qu'il avait mise à la faire et de la gêne qu'il s'était imposée, il crut devoir, pour en assurer le succès, la mettre tout de suite et à peine éclose sous le patronage des puissants du jour. Le premier et le mieux servi devait être naturellement le marquis d'Argenson, dont le récit, assez inexact, avait fourni le texte, et, comme nous disions au collège, la matière du développement poétique. Aussi le ministre reçut-il la pièce dès le 20 mai au soir, avec ce billet empressé : — « Vous m'avez écrit, monseigneur, une lettre telle que madame de Sévigné l'eût faite, si elle s'était trouvée au milieu d'une bataille. Je viens de donner bataille aussi, mais j'ai eu plus de peine à chanter la victoire que le roi à la remporter, et j'ai la fièvre à force d'avoir embouché la trompette. Je vous adore. »

L'approbation de d'Argenson n'était pas douteuse. Mais Voltaire en voulait encore une, sinon plus haute, au moins plus délicate à ménager, parce qu'elle ouvrait un chemin plus discret et plus sûr vers la faveur royale. Aussi un envoi ne lui parut-il pas suffisant : c'était une offrande personnelle qu'il voulait déposer aux pieds d'une divinité nouvelle, dont l'éclat voilé frappait pourtant déjà les yeux clairvoyants. Je veux parler de la belle d'Étioles, qu'on commençait déjà à appeler la marquise de Pompadour, et pour qui on préparait à petit bruit, à Versailles, l'appartement de madame de Châteauroux. Voltaire lui fit demander un rendez-vous, en accompagnant sa demande d'un de ces impromptus galants dont il avait le secret, et qui, bien mieux que les sonnets dont parle Boileau, valent à eux seuls un long poème :

> Quand César, ce héros charmant,
> De qui Rome était idolâtre,
> Battait le Belge ou l'Allemand,
> On en faisait son compliment
> A la divine Cléopâtre !
> Quand Louis, ce héros charmant,
> De qui Paris fait son idole,
> Gagne quelque combat brillant,
> Il en faut faire compliment
> A la divine d'Étiole.

« Je suis persuadé, madame, que du temps de ce César il n'y avait point de frondeur janséniste qui osât censurer ce qui doit faire le charme de tous les honnêtes gens, et que les aumôniers de Rome n'étaient pas des imbéciles fanatiques. C'est de quoi je voudrais vous entretenir avant d'aller à la campagne. Je m'intéresse à votre bonheur plus que vous ne pensez, et peut-être n'y a-t-il personne à Paris qui y prenne un intérêt plus sensible. Ce n'est point comme vieux galant, flatteur des belles, dont je vous parle ; c'est comme bon citoyen, et je vous demande la permission de vous dire un petit mot à Étioles ou à Brunoy, ce mois de mai. Ayez la bonté de me faire dire quand et où. Je suis, avec respect, madame, de vos yeux, de votre figure et de votre esprit, le très humble, etc. [1]. »

Toutes les précautions furent vaines, et ni la protection du ministre ni celle de la nouvelle favorite ne suffit pour désarmer des critiques peut-être intéressées, mais qui n'en furent que plus vives. On a beau faire, on ne satisfait jamais les exigences de tous les amours-propres, et l'honneur d'être loué par Voltaire était trop grand pour ne pas faire de jaloux. Plus la liste des inscrits était longue, plus il était dur d'y être omis. Les élus eux-mêmes ne furent pas tous satisfaits de la part qui leur était assignée. Le poème de Fontenoy fut donc tout de suite l'objet de commentaires malveillants, et, dans une composition trop hâtive pour être suffisamment châtiée, il ne fut pas difficile de relever des vers faibles, des incorrections et des chevilles. Les quolibets et bientôt les satires et les parodies ne se firent pas attendre ; j'en ai trouvé une entre autres intitulée : *la Plainte du curé de Fontenoy*, où ce prêtre accuse Voltaire

[1]. Voltaire à d'Argenson et à madame de Pompadour, 19, 20, 26 mai 1745. (*Correspondance générale.*)

de lui faire concurrence pour la délivrance des extraits mortuaires des combattants. — « Voltaire, dit Luynes, a voulu parler de tout le monde, et sans avoir eu le temps d'être assez instruit des particularités ; il a même suppléé par des notes à ceux qu'il ne voulait pas nommer, mais, en voulant contenter tout le monde, il a fait grand nombre de mécontents. Les uns se sont trouvés confondus dans la foule et les autres ont jugé qu'ils n'étaient pas à leur place. Il a fait le duc de Gramont maréchal de France de sa propre autorité ; enfin, il s'est trouvé tant de fautes qu'il a été obligé de faire plusieurs corrections. Il y a, dans ce moment-ci, cinq éditions, et ce n'est qu'à la cinquième qu'il a cru ce poème en état d'être présenté à la reine [1]. »
— C'est pourtant avec l'envoi de cette édition que Voltaire croyait pouvoir écrire encore à d'Argenson : — « Le roi est-il content de ma

---

1. *Journal de Luynes*, t. VI, p. 469. — Voici encore un échantillon des satires dont Voltaire fut l'objet :

> Il a loué depuis Noailles,
> Jusqu'au moindre petit morveux,
> Portant talon rouge à Versailles...

petite drôlerie? Seriez-vous mal reçu, monseigneur, à lui dire qu'en dix jours de temps il y a eu cinq éditions de sa gloire? N'oubliez pas, je vous prie, cette petite manœuvre de cour[1].

Luynes ajoute quelques jours après : — « Quoique M. de Richelieu ait bien fait dans la bataille, on trouve que Voltaire en a trop dit sur lui, et ceux à qui le succès de cette journée est véritablement dû ont paru blessé de ces louanges excessives. » — Ce fut là, en effet, le point délicat et l'écueil contre lequel Voltaire, malgré toute son adresse, ne put éviter de donner en plein. Écrivant sous la dictée du marquis d'Argenson et entraîné, d'ailleurs, par son amitié, il avait fait à celui qu'on lui désignait comme le Bayard de la journée une part telle qu'en réalité, pour ceux qui savaient lire, tout l'honneur lui était attribué. N'y eût-il eu que ce fait que dix à douze vers étaient consacrés aux mérites de Richelieu, tandis que Maurice, et le roi lui-même, n'en avaient, chacun à son compte, que quatre ou cinq, cette

---

[1]. Voltaire à d'Argenson, 20 et 29 mai 1745. (*Correspondance générale.*)

inégalité à elle seule eût été significative. Maurice, pourtant, paraît n'y avoir pas pris garde à une première lecture, la joie de son triomphe qui durait encore le rendant très généreusement prodigue d'éloges envers tous ceux qui y avaient concouru. Il témoigna même son contentement par un billet de sa main à madame du Châtelet, qui ne contenait aucune réserve. Mais il ne tarda pas à apprendre, et il ne manqua pas de gens pour lui faire savoir que Richelieu, avec sa jactance habituelle, se vantait tout haut d'avoir, à lui seul, rétabli une partie désespérée, arrêté la fuite du roi et la déroute de l'armée, en un mot préservé le royaume et la royauté d'un irrémédiable désastre. Ces forfanteries, accompagnées de critiques sans ménagement sur les dispositions prises par le maréchal, étaient répétées à tous les échos par les amis des deux sexes, aussi nombreux que bruyants, que le brillant seigneur comptait à l'armée autant qu'à Versailles. Un peu de mauvaise humeur se glissa alors dans l'esprit de Maurice (on en aurait conçu à moins), et des vers tels que ceux-ci, qu'il n'avait peut-être pas lus avec attention, durent prendre à ses yeux un sens nouveau :

> Richelieu qu'en tous lieux emporte son courage,
> Ardent, mais éclairé, vif à la fois et sage,
> Favori de l'Amour, de Minerve et de Mars,
> Richelieu vous appelle; il n'est plus de hasard.
> Il vous appelle; il voit d'un œil prudent et ferme
> Des succès ennemis et la cause et le terme;
> Il vole, et sa vertu secondant son grand cœur,
> Il vous marque la place où vous serez vainqueur.

On n'aurait pu dire en termes plus clairs, et sous un voile poétique moins épais, que tout était perdu sans Richelieu, et que, par lui aussi, tout avait été sauvé, et c'est ce qu'on chantait aussi couramment dans des couplets comme celui-ci :

> Mais quel est cet autre guerrier
> Que la gloire environne ?
> C'est Richelieu que le laurier
> Joint au myrte couronne.
> En grâce, *en valeur, en vertu*
> *Nul autre* ne l'égale.
> Serait-ce Hercule ? Je l'ai vu
> Filer aux pieds d'Omphale.
>
> (Chanson sur l'air : *Lisette est faite pour Colin.*)

Il était dur pour un vainqueur, qui pouvait

se croire déjà à demi mort, de se voir ainsi dépouillé de sa gloire devant la postérité par les échos de la renommée.

La contrariété de Maurice dut être d'autant plus vive qu'on faisait circuler au même moment dans l'armée des copies d'une lettre écrite par le dauphin à sa femme, où le prince, racontant le seul incident de la journée dont il eût été personnellement témoin, paraissait encore sous le charme de l'ardeur entraînante de Richelieu, et témoignait l'enthousiasme naturel à la jeunesse pour tout ce qui brille et fait du bruit. L'affaire parut assez grave pour que le roi, qui avait jugé les faits avec plus de sang-froid, crut devoir s'en mêler lui-même, afin de ne pas laisser plus longtemps l'opinion s'égarer. Il demanda à voir la lettre du dauphin, et, sans la blâmer ouvertement, fit en sorte qu'on cessât de la répandre et d'en parler, à ce point que le prudent Luynes lui-même n'a pas osé insérer dans son journal la copie qu'il en avait faite. Les amis trop empressés de Richelieu comprirent alors la réserve qui leur était imposée, et Voltaire, qui n'était plus à temps de s'y conformer, eut le regret de voir le succès de son poème compromis par un de ces excès de zèle qui sont, à la cour, un des torts qu'on pardonne le moins. C'est sans doute à quoi Frédéric fait allusion quand il dit dans ses *Mémoires* que plus d'un Français, à ce moment, eut à se louer du temple de la Victoire plus que du temple des Muses. Voltaire en fut quitte pour se plaindre aux échos des satires que sa précipitation lui avait attirées, pour répéter que ses adversaires étaient de *vilains gnomes* et déclarer que, s'il n'était pas malade, il irait se jeter aux pieds de la reine pour obtenir justice de leur audace. Faute de mieux, il alla se consoler à Étioles, où la nouvelle marquise le régala d'un vin de Tokai délicieux, présent du roi, auquel il ressemblait, dit-il, par un heureux mélange de force et de douceur [1].

Le différend qu'il avait soulevé n'en resta pourtant pas là : le comte d'Argenson, ministre

---

1. *Journal de Luynes*, t. VI, p. 462-468. — Voltaire à M. de Moncrif, 16 juin, et à madame de Pompadour, 4 juillet 1745. (*Correspondance générale*.)

de la guerre, ayant assisté à la bataille, était chargé naturellement d'en faire le récit officiel; il le rédigea sous les yeux du maréchal et de concert avec lui. Personnellement il aimait peu Richelieu, aucun supérieur ne pouvant s'accommoder aisément des allures importantes du personnage. De plus, depuis qu'ayant fait entrer au conseil son frère le marquis il l'avait vu avec dépit échapper à son influence, il se plaisait à le contredire et à le contrarier en toutes choses. Richelieu passa donc mal son temps dans ce compte rendu; à peine son nom y est-il prononcé, et de la grande action morale qu'il exerça en enlevant le dernier assaut, aucune mention n'est faite. C'était réparer une injustice par une autre; aussi, quelques années plus tard, Richelieu étant devenu maréchal de France, tandis que Maurice cessait de vivre et le comte d'Argenson d'être ministre, il retrouva assez de crédit pour faire insérer, à la suite de la dépêche, une note rectificative tout à son avantage, dont il se fit délivrer copie, et qui figure encore à l'heure qu'il est dans les dossiers du ministère. Voltaire, de son côté, écrivant à peu près à la même époque son *Histoire de Louis XV*, et libre, cette fois, de toute contrainte, reprit en prose le thème qu'il avait développé en vers. En revanche, la mémoire du maréchal de Saxe trouva dans le célèbre critique Grimm un défenseur ardent, qui ne craignit pas de déclarer tout haut à Voltaire, que le peu de justice qu'il rendait au héros qui avait sauvé la France devait lui attirer l'indignation de tous les honnêtes gens. La controverse s'est ainsi prolongée jusqu'à la fin du siècle; et, en vérité, on pourrait même dire qu'elle dure encore. N'avons-nous pas vu, de nos jours mêmes, le plus récent et le plus populaire de nos historiens, Michelet, ayant à nous raconter Fontenoy, nous peindre, sur la foi d'un compilateur aussi malfamé que Soulavie, le roi et Maurice lui-même tremblant pour leur vie, ne songeant plus qu'à fuir, et sauvés malgré eux par l'apparition soudaine et presque miraculeuse de l'ami de Voltaire[1]?

La dépêche du ministre de la guerre, dont je viens de parler, renferme une autre omission

---

1. *Journal de Luynes*, t. VII, p. 185 et 186. — Michelet, *Histoire de France*, Louis XV, p. 248.

qui paraît plus singulière encore que la première, et qui est due à un motif analogue : à peine s'il y est question de la manœuvre hardie par laquelle Cumberland et Königseck, changeant le terrain du combat préparé par Maurice, faillirent emporter la victoire, et nulle description n'y est faite en termes clairs et facilement compréhensibles de cette puissante colonne anglaise dont parlent pourtant tous les récits contemporains, dont la forme est figurée avec soin sur tous les plans de la bataille conservés aujourd'hui au ministère, et dont l'attitude arrache des cris d'admiration aux commis anonymes qui ont fait le commentaire de ces dessins. On dirait vraiment que la lutte s'est poursuivie toute la journée avec un succès, peut-être un instant incertain, mais sans s'écarter du plan primitif du général en chef. C'est encore ici un effet de l'humeur justement aigrie du maréchal.

On a vu, en effet, qu'à la première heure il ne faisait nulle difficulté de convenir franchement que Cumberland, en se frayant un chemin à travers un passage regardé comme impraticable, l'avait pris au dépourvu et atteint en quelque sorte au défaut de la cuirasse. Mais, sur ce point encore, il s'aperçut bientôt qu'on s'emparait de son aveu pour en abuser et pour soutenir que, tous ses desseins ayant été déjoués par cette surprise, la victoire ne lui appartenait plus en propre, mais bien au hasard d'une inspiration soudaine qui lui était étrangère. C'était une manière de faire rentrer en scène, par ce détour, le *Deus ex machina* dont on faisait le sauveur de la patrie. L'éloge affecté du général anglais devenait ainsi, tout simplement, une manière de faire tort au français, qui ne pouvait manquer d'en concevoir une vive impatience. Le bruit qu'on faisait autour de la fameuse colonne commença à importuner ses oreilles : il en témoigna son mécontentement même à ces tacticiens de chambre, qui, du fond de leur cabinet, endoctrinent habituellement le lendemain d'une bataille, et la livrent en quelque sorte à nouveau sur le papier pour tirer parti de tous les incidents à l'appui de leurs systèmes. De ce nombre était le célèbre chevalier Folard, ami personnel de Saxe, comme il l'était aussi de Belle-Isle, et l'un des théoriciens militaires que tout le monde consultait le plus volontiers. Celui-là avait, cette fois, une raison toute particulière de témoigner pour l'opération de Cumberland une approbation admirative. Folard, en effet, professait une véritable prédilection pour l'ordre de bataille qui consiste à disposer des troupes en bataillon carré. Il prétendait en avoir trouvé les modèles dans ces monuments de l'antiquité qu'il ne cessait d'étudier, et c'était, disait-il, à une formation de ce genre qu'Épaminondas avait dû la victoire de Leuctres et celle de Mantinée. Lui-même, on peut se le rappeler, avait donné le conseil à Belle-Isle de suivre cet exemple dans sa fameuse sortie de Prague, et Belle-Isle s'en était bien trouvé. Ce fut le thème qu'il développa, à ce qu'il paraît, avec complaisance dans plusieurs lettres à Maurice, et qui finit par lui attirer de la part de son ami une rebuffade un peu vive. Maurice prit la peine de lui démontrer que la composition de la colonne à laquelle il attribuait tant de mérite était le produit, non d'un calcul stratégique, mais d'un accident et d'une nécessité résultant de la configuration du terrain comme de la nature de la résistance qu'elle avait dû rencontrer: — « Parlons un peu, lui écrivit-il, de la colonne à laquelle vous revenez toujours; le hasard a produit celle que les Anglais ont faite à Fontenoy; ils nous ont attaqués par lignes, mais, comme leur centre trouvait une grande résistance au village de Fontenoy, leur droite a attaqué la brigade des gardes qu'elle a repliée; voulant faire ensuite un quart de conversion pour prendre le village de Fontenoy en flanc et par derrière,... comme ils avaient débordé, en le faisant, le terrain où était la brigade des gardes, ces deux lignes me présentaient le flanc, ce que tout le monde a pris pour une colonne, et, pour fermer ce flanc, ils avaient mis un bataillon ou deux en travers, ce qui formait le carré long... Vous voilà au fait, mon cher chevalier, et laissons là Épaminondas et toutes les colonnes du monde[1].

Le vainqueur de Fontenoy n'avait pas tort de se défendre, car ce n'était pas sa renommée

---

1. Maurice de Saxe à Folard, 18 juillet 1745. (Ministère de la guerre.)

seulement, c'était le rang élevé qu'il venait de gagner à la pointe de l'épée, c'était son droit de commander, presque même son droit de vivre dont on cherchait tout bas à le dépouiller. Quelque surprise qu'on eût éprouvée de voir sa fermeté d'âme dominer, pendant cette journée d'épreuve, le mal qui épuisait ses forces, on restait convaincu que cet effort suprême était le dernier soupir d'une âme expirante, et qu'il ne survivrait pas, au moins moralement, à ses victoires. On le voyait déjà ou enterré, ou réduit à cacher dans la retraite l'affaiblissement de ses facultés. Chacun se demandait à qui serait, après lui, confiée la tâche d'achever l'œuvre commencée, et à quelles mains serait remis le commandement qui allait lui échapper. Aucun nom n'était naturellement désigné ; Belle-Isle était captif; Noailles, depuis Dettingue, avait perdu crédit et confiance. Celui qui crut avoir quelque chance d'être appelé et qui se mit tout de suite, bien que discrètement, sur les rangs, fut un prince du sang, le comte de Clermont, qui s'était distingué dans la campagne précédente et avait conduit avec succès un corps d'armée dans l'Autriche antérieure pendant le siège de Fribourg. La faveur d'ailleurs semblait revenue aux princes, puisque Conti commandait l'armée du Rhin, et Clermont se souvenait qu'il était petit-fils du grand Condé. Mais, pour produire utilement sa prétention, il lui importait de savoir exactement combien de temps pouvait s'écouler avant qu'elle pût être exprimée tout haut, en d'autres termes et pour parler sans détour, combien de jours Maurice avait encore à vivre. Pour s'édifier sur ce point, Clermont n'imagina rien de mieux que de s'adresser à l'ami personnel de Maurice lui-même, celui qui vivait dans sa familiarité et qui, introduit par lui dans l'armée française, devait lui rester attaché par tous les liens de la reconnaissance, le comte de Lowendahl. Des émissaires furent dépêchés au général danois pour l'interroger en confidence sur le véritable état de la santé de son ami, en lui laissant apercevoir qu'en échange de ce service rendu le mérite éclatant dont il venait de faire preuve lui-même sur le champ de bataille trouverait dans le successeur de Maurice un appréciateur aussi éclairé que celui qu'il était menacé de perdre. J'ai le regret de dire que Lowendahl ne se refusa ni à se laisser poser ces questions douloureuses, ni à s'entretenir des espérances qui pourraient s'ouvrir pour lui le lendemain de la retraite ou de la mort de son protecteur. — « Je ne suis, mon cher Polignac, écrivait-il à l'un des envoyés du prince, ni un suffisant, ni un fat; rompu dans les affaires du monde, je comprends que mon temps n'est pas encore venu d'être maréchal de France, et je sens que je ne puis le devenir plus promptement qu'en servant sous un prince victorieux qui veuille prôner mon application et me pousser vivement... Lisez donc dans mon âme tout ce que je dois désirer : c'est nommément d'avoir monseigneur à la tête des armées et de me voir honoré de sa confiance... Je vous dis et je vous répète que le maréchal de Saxe ne reviendra que difficilement. Il s'affaiblit de jour en jour, et, dans deux mois d'ici, je le vois bien bas et, peut-être, hors d'état d'agir; voilà deux ponctions qu'on lui fait; il est comblé de grâces que le roi lui fait, mais je prévois qu'il n'en jouira pas longtemps. » — Et un autre émissaire de Clermont, rendant compte des informations qu'il avait recueillies, ajoutait : — « On est ici toujours pour le pauvre hydropique, qui tiendra bon tant qu'il pourra;... en vérité, c'est un spectre, et le pauvre homme en fait mille fois plus qu'il ne peut. Il veut, sans doute, remplir la maxime ancienne : *Oportet imperatorem stantem mori*, et il finira par là. On le gardera présentement tant qu'il aura un battement; après quoi il pourrait se faire, si Votre Altesse Sérénissime était sur le tas, qu'on eût recours à elle. » — Et il terminait en faisant observer que, tout en sachant gré à Lowendahl de sa complaisance, il ne fallait pourtant se fier à lui que médiocrement, vu son intimité avec Maurice, « car j'ai toujours l'idée qu'il veut se servir de la patte du chat pour tirer les marrons du feu, et il est toujours barbouillé avec le Sarmate [1] ».

Pendant qu'on se disputait ainsi l'héritage du grand général mourant, comme s'il eût déjà été enseveli dans son triomphe, le héros lui-même,

1. Papiers de Condé. — Lettres adressées au comte de Clermont, 3 et 4 juin 1745. (Ministère de la guerre.)

que faisait-il? Hélas! il était occupé, lui aussi, à réclamer avec ardeur la succession d'un de ses meilleurs et plus fidèles amis. Il est vrai que celle-là au moins était ouverte. C'était celle du vieux maréchal de Broglie, qui, toujours en exil dans son nouveau duché depuis sa malheureuse campagne de Bavière, venait d'être frappé pour la seconde fois d'un coup d'apoplexie, le lendemain même de la bataille de Fontenoy. Avant de rendre l'âme, le vieux soldat trouva encore la force d'envoyer au roi, de sa main paralysée et tremblante, l'expression de sa joie patriotique. Il lui recommandait en même temps, en termes touchants, la situation de sa famille, dont la fortune n'avait jamais été considérable et qui restait après lui dans une condition très gênée. Son vœu était que le gouvernement de Strasbourg, dont il avait conservé le titre, malgré sa disgrâce, fût accordé en survivance à son fils aîné, le nouveau duc de Broglie, qui, à vingt-sept ans, avait déjà le grade de brigadier et servait avec éclat dans l'armée de Conti.

En mourant, il exprima le désir que sa lettre

au roi et la demande qu'elle renfermait fussent confiées au maréchal de Saxe. Il se rappelait (et le lecteur peut-être aussi se souviendra) que, pendant toute la campagne de Bavière, Maurice avait été le confident et le conseiller du vieux maréchal, et, comme il aimait à l'appeler lui-même, son bras droit. C'était même (tout porte à le croire), à l'inspiration de cet aide de camp, déjà placé très haut dans l'estime publique, qu'était due l'inspiration du dernier acte de cette campagne, celui qui avait attiré sur le général la défaveur royale. Broglie pensait donc que Maurice, dans tout l'éclat de sa gloire, se rappellerait ces jours d'épreuve, et il n'hésitait pas à le prier de servir de père à ses enfants. A peine était-il expiré que l'abbé, son frère, venant de recevoir son dernier soupir, transmettait ce vœu à Maurice avec un billet dont le ton seul attestait leurs anciennes relations d'amitié : — « Le maréchal de Broglie est mort aujourd'hui, à deux heures après-midi, dans la confiance que vous aiderez sa veuve et ses enfants. Il est temps, agissez, mon cher frère; il ne faut pas vous en dire davantage.

J'ai l'honneur d'être avec beaucoup de respect, monseigneur, votre très humble et très obéissant serviteur [1]. »

Quelque diligence que fît l'abbé, quand son courrier arriva au camp, la nouvelle de l'agonie, sinon de la mort, du maréchal de Broglie circulait déjà, et, comme on était en train de chercher des récompenses dignes du service que Maurice venait de rendre à l'État, l'idée de disposer en sa faveur de la place importante qui allait se trouver vacante était venue à plus d'un esprit. Maurice, qui était informé de ce projet, y avait volontiers donné son adhésion ; aussi, dès qu'il eut pris connaissance de la demande que lui recommandait son ami mourant, sa pensée fut de se faire confirmer tout de suite l'espérance qu'on lui avait donnée, afin que, le fait étant accompli, il n'eût point (c'est son expression) à tromper la confiance dont le maréchal de Broglie l'avait honoré. Mais, à sa grande surprise,

---

[1]. Le maréchal de Broglie au roi : Broglie, 20 mai 1745. — L'abbé de Broglie au maréchal de Saxe, Broglie, 22 mai 1745. (Ministère de la guerre. — *Correspondances diverses.*) — Papiers de famille.

et à son grand mécontentement, il se trouva que l'affaire n'allait pas toute seule et qu'une grave objection s'opposait à ce qu'il fût désigné pour un gouvernement : il était protestant ; un gouverneur avait un serment religieux à prêter en entrant en fonctions et des attributions de justice à rendre aussi, au nom de Dieu, ce qui, dans les idées du temps, ne pouvait convenir à un hérétique. Cette difficulté inattendue lui causa beaucoup d'impatience, et il s'en expliqua avec le comte d'Argenson d'une manière très vive et même avec une certaine éloquence : — « On m'a dit hier, écrit-il, que des obstacles insurmontables se rencontrent pour que je pus (*sic*) jouir de pareilles grâces, et j'en suis très affligé. J'ai toujours regardé le gouvernement d'Alsace comme une retraite convenable, et même la seule que je pusse désirer pour l'état qu'elle me donnerait ; mais je crois bien que je me suis trop flatté quand j'ai présumé que la cour pousserait ses bontés et sa confiance jusqu'à ce point-là... Je pense, et je crois voir à quoi m'en tenir, par rapport à mon établissement en France ; comme attaché à la gloire du roi, je prendrai la liberté de vous faire observer, monsieur, pour le bien du service de Sa Majesté, que les grâces militaires qu'on accorde dans les autres monarchies aux personnes d'un certain ordre sont toujours brillantes; les chétives républiques même font des efforts pour les acquérir... leur reconnaissance est éclatante, et elles prodiguent pour cela les honneurs et les richesses, et ce qui peut flatter ceux qui ont de l'élévation. Lorsqu'on ôte ce point de vue aux hommes vertueux et qu'ils ne peuvent l'acquérir que par la bassesse, tout est dit... » Quant au maréchal de Broglie et à sa famille, la seule allusion qui est faite à leur demande dans cette lettre est celle-ci : — « Ce qui m'arrive là-dessus pourra servir de consolation à madame de Broglie, au cas que vous ne lui accordiez pas de grâces pour ses enfants. » — Peut-être la veuve de son ami attendait-elle de son intervention quelque consolation plus sensible que celle d'être associée au traitement dont il croyait avoir à se plaindre [1].

[1]. Le maréchal de Saxe au comte d'Argenson, 20 mai 1745. (*Correspondances diverses.* — Ministère de la guerre.)

Quoi qu'il en soit, il avait le droit de tout demander et, sans élever si haut la voix, il était sûr de tout obtenir. Il eut, ou du moins on lui promit, non seulement le gouvernement de Strasbourg, mais celui de l'Alsace tout entière, et, quant aux enfants du maréchal de Broglie, ils durent se contenter d'une pension de 1000 écus chacun, sur la cassette royale. C'était l'épée à la main et sur les champs de bataille que le nouveau duc de Broglie devait reconquérir plus tard la survivance de son père.

Maurice rendit compte du succès de cette petite négociation à sa sœur la princesse de Holstein, dans des termes qui font voir qu'il avait exactement supputé les avantages de toute nature attachés à l'honneur qu'il sollicitait, et que l'arithmétique lui était plus familière que l'orthographe : — « Je ne vous entretiendrai pas, lui disait-il, de la victoire que j'ai remportée le 11 de ce mois sur les alliés avec l'armée de Sa Majesté Très Chrétienne qui était présente, et qui a été des plus complètes. Les Anglais y ont été étrillés comme des chiens courtauds; l'affaire a duré neuf heures et, quoique je sois mourant, j'ai soutenu cette journée avec vigueur. Le roi m'a marqué sa reconnaissance; il m'a donné le commandement d'Alsace qui vaut 120 000 livres; 40 000 livres de rente en fonds de terre; les grands honneurs du Louvre comme aux princes lorrains; j'ai avec cela, de mes pensions et régiments, 140 000 livres : ainsi, je jouis des grâces de la cour, environ 300 000 livres, ce qui peut s'évaluer sur le pied de 30 000 ducats de Saxe avec les agréments, tels que le gouvernement d'Alsace, qui fait l'état d'un souverain[1]. »

On me reprochera peut-être, et j'ai en vérité moi-même quelque honte de m'arrêter à ces misères qui se mêlent à toutes les renommées, à ces ombres qui font tache dans l'éclat des

---

1. Le maréchal de Saxe à la princesse de Holstein, sa sœur, 31 mai 1745. — (*Correspondance conservée à la Bibliothèque de Strasbourg.*) — Cette lettre, dont l'authenticité ne peut être douteuse, donne pourtant matière à quelque difficulté. En fait, le maréchal de Saxe n'a jamais joui, à aucune époque, ni du gouvernement de l'Alsace ni du gouvernement particulier de la ville de Strasbourg (qui en était distinct en principe, quoique les deux postes fussent souvent occupés par la même personne). Son nom ne figure dans aucun des *Annuaires* ni sur aucune des listes qu'on a

plus vives lumières; mais la critique, de nos jours, a des exigences impitoyables, elle veut tout connaître et ne laisse pas éblouir ses regards même par l'auréole de la renommée. Consolons-nous en pensant que ces faiblesses sont de tous les temps et de tous les pays, et que de plus grandes encore se révélaient au même moment, avec un plus triste éclat et moins de ménagement, dans le camp des ennemis de la France. Là, on ne se disputait pas pour savoir quelle part devait revenir à chacun dans l'honneur de la victoire, mais bien quelle part de tort devait être attribuée à chacun dans la défaite commune, et c'était entre les alliés (comme il arrive dans toutes les coalitions, surtout quand la fortune les maltraite) un

---

conservées des principaux fonctionnaires d'Alsace, et le maréchal de Coigny fut gouverneur de la province jusqu'à sa mort, arrivée en 1760. Il faut donc croire que la promesse dont parle la lettre de Maurice (comme d'une chose déjà accomplie) ne fut pas tenue. On trouva probablement quelque compensation équivalente à lui accorder, car de l'humeur dont il vient de se montrer dans la citation précédente, il n'aurait pas enduré avec patience un manque de parole qui l'aurait frustré d'un avantage sur lequel il avait compté.

échange de récriminations amères. Les Anglais attribuaient tout le mal à la lâcheté des Hollandais, qui avaient reculé et quitté la partie dès la première heure; et ceux-ci, pour ne pas demeurer en reste, accusaient l'imprudence de la manœuvre conseillée par Königseck et exécutée par Cumberland, et qui, disaient-ils, après quelques moments d'un succès apparent, avait fini par faire prendre l'armée entière dans une souricière. La querelle se prolongea pendant toute la durée de la retraite, et elle devint si vive, que, dans les quartiers où les troupes des diverses nations se trouvaient rapprochées, il y eut des duels entre les officiers et des rixes au cabaret entre les soldats. Puis, quand il fallut rédiger une relation commune de la bataille, les trois généraux ne purent tomber d'accord sur la manière de présenter les faits; et, de guerre lasse, chacun resta libre d'en rendre compte, comme il l'entendait, à sa cour. M. d'Arneth nous a conservé le rapport envoyé par Königseck à Marie-Thérèse, et (ceci devient tout à fait curieux) on y remarque justement la même lacune que dans le compte rendu du ministre français : la manœuvre capitale qui occupait toute l'Europe y est discrètement voilée sous des termes ambigus et presque passée sous silence Königseck, à qui on reprochait de l'avoir imaginée, puisqu'en définitive elle n'avait pas réussi, s'en justifiait à Vienne pendant que Maurice trouvait qu'à Paris on en faisait trop de bruit[1].

Des camps la querelle passa au congrès des diplomates, qui restaient encore en permanence à La Haye autour de Chesterfield, attendant, d'heure en heure, la nouvelle d'une victoire dont ils se partageaient d'avance les fruits. Foudroyés par ce retour de fortune inattendu, ils ne purent dissimuler d'abord leur consternation, puis leur dépit et même leur fureur; et l'on vit le moment où l'âpreté de leurs reproches mutuels mettait en péril l'alliance de leurs gouvernements.

A ces divisions, qui sont le fléau de toutes les coalitions, se joignait le contre-coup des discordes civiles, qui, de tout temps, travaillaient les Provinces-Unies. C'était, comme au jour des

---

1. D'Arneth, t. III, p. 411-415.

de Witt, la vieille querelle de la bourgeoisie républicaine et des partisans du stathoudérat. Depuis un siècle, toutes les fois que, le pouvoir suprême étant vacant, la sécurité ou l'honneur de la nation était mis en cause, les amis secrets ou déclarés de la maison de Nassau accusaient l'incapacité jalouse de leurs adversaires républicains, et ils avaient beau jeu, cette fois, le choix malheureux du prince de Waldeck leur fournissant un grief dont ils ne se faisaient pas faute de tirer parti. De leur côté, les républicains n'allaient-ils pas jusqu'à insinuer que, Königseck étant l'ami du prince de Nassau, il avait laissé perdre la bataille tout exprès pour opérer une réaction en sa faveur? Aussi dit-on que, si ce vieux et digne général avait paru dans une ville de Hollande, sa vie eût été menacée.

L'agitation passant toujours assez vite, dans les pays républicains, des conseils politiques sur la place publique et dans la rue, on put craindre le retour de quelqu'un de ces mouvements populaires qui avaient si souvent ensanglanté les cités flamandes. — « On a doublé les gardes hier soir, écrivait l'abbé de La Ville le 14 mai, de crainte que la défaite des alliés en France ne servît de prétexte aux malintentionnés pour exciter quelques rumeurs séditieuses parmi le peuple. » — Et, quelques jours après : — « Un magasin de poudre a sauté la nuit dernière, circonstance qu'on a présentée au peuple comme une des preuves démonstratives que le sort de la patrie est confié à des poltrons. Enfin, on ne néglige rien de tout ce qui peut occasionner ici une fermentation assez vive pour opérer une révolution dans le gouvernement. » — La Ville ajoutait qu'il était obligé de s'observer dans son langage et de ne tenir que des propos modestes, pour ne pas « aigrir » la sensibilité hollandaise.

Seulement il s'en fallait que tous les Français, habitant encore la Hollande, s'astreignissent à cette règle de prudence. Habitués dans ce pays de liberté à une grande franchise de parole, et objets naguère de menaces insultantes, ils prenaient tout haut leur revanche avec une fierté bruyante. — « Je suis arrivé ici, écrit d'Amsterdam un négociant français, le 17 de mai : *ubi fletus et stridor dentium*. Je suis entré chez le libraire où je tiens ordinairement séance; j'y ai trouvé deux de nos ennemis consternés et j'ai joui de leur tristesse. Un d'eux m'a demandé des nouvelles. — Je n'en sais aucune, ai-je répondu. — On dit que le roi a couché botté et habillé sur la paille dans un méchant hameau? — Oui, ai-je dit, c'est mon roi. — Et M. le dauphin aussi? — Oui, ai-je répondu, c'est le fils de mon roi. — On me marque que M. le duc de Penthièvre a fait de même? — Oui, me suis-je écrié, il est du sang de nos rois[1]. »

Ces provocations à l'esprit républicain n'apaisaient pas les esprits; aussi peut-on juger de l'accueil qui fut fait aux propositions pacifiques dont d'Argenson avait pris, dès le lendemain de Fontenoy, la généreuse et un peu naïve initiative. On ne voulut pas même en entendre la lecture jusqu'au bout, et je crois, en vérité, qu'il n'y eut qu'un seul Hollandais

---

[1]. La Ville à d'Argenson, 14, 17, 18, 21 mai 1745. (*Correspondance de Hollande*. — Ministère des affaires étrangères.) — *Pol. Corr.*, t. IV. — Frédéric à Podewils ministre, à La Haye, 22 mai 1745, p. 172-173.

qui fût en humeur d'y prêter l'oreille. Ce fut le ministre des États généraux à Paris, l'ami de cœur de d'Argenson, le brave Van Hoey, toujours prêt, dans ses sentiments évangéliques, à faire bon marché de l'intérêt et peut-être aussi de l'honneur de son pays. Celui-là s'associa cette fois encore, à la proposition d'Argenson, mais avec une exagération dont l'effet eût été suffisant pour détruire tout son crédit sur ses maîtres, s'il en eût encore conservé quelque ombre. Il semblait vraiment, dans son enthousiasme pour la modération du roi de France, oublier que c'était le sang de ses compatriotes qui avait coulé à Fontenoy. — « Puisse, écrivait-il à d'Argenson avec une tendre effusion, le Dieu des armées combattre toujours pour le meilleur et le plus pacifique des rois ! Puissent les plus grandes victoires rendre toujours sa modération plus éclatante que jamais ! Puisse-t-il triompher plus que jamais de la vengeance et des autres appâts séduisants de la guerre ! Oui, il faut que notre roi dompte tous ces monstres ! — Votre roi, me direz-vous ? Oui, mon roi, car ses vertus lui ont soumis, pour jamais, tous les bons citoyens de la terre... Mais je reviens de mon extase pour embrasser Votre Seigneurie mille fois. J'admire sa sagesse. Dieu veuille toujours bénir son ministère pacifique et le rendre toujours plus cher au roi et plus respectable aux hommes. Adieu, mon cher marquis, aimez-moi, car je vous aime autant qu'il est possible d'aimer. »

En recevant cette véritable déclaration d'amour, d'Argenson ne put s'empêcher d'en exprimer quelque surprise. — « Voilà, dit-il, un vrai *Pater noster*. Mais quel regret pourtant de ne pouvoir traiter par l'intermédiaire d'un homme qui a des intentions si droites, tant de zèle pour la gloire et les avantages de sa patrie! Cela le met dans le même état, où était dans la république romaine P. Caton, qui s'était attiré la haine, parce qu'il censurait les vices et les vicieux et que sa vertu farouche ne lui faisait rien envisager de bien, que ce qui pouvait assurer le bien du peuple romain[1]. »

---

1. Van Hoey à d'Argenson, 20, 29 mai 1745. — D'Argenson à La Ville, 16 mai 1745. (*Correspondance de Hollande.* — Ministère des affaires étrangères.)

Ce n'était pas non plus à Londres, où l'orgueil national et la haine contre la France étaient plus excités encore qu'à La Haye, que les offres de d'Argenson avaient chance d'être écoutées. Là, à la vérité, l'impression produite par la fâcheuse nouvelle fut moins vive au premier moment. Les communications arrivant avec lenteur et difficilement en ce temps-là, à travers la mer, les ministres anglais essayèrent d'abord de cacher au public, et peut-être de se dissimuler à eux-mêmes, l'étendue de la défaite. Le mot d'ordre donné à la presse fut d'insister sur les pertes considérables de l'armée française et sur le danger qu'elle avait couru, pour laisser croire qu'en définitive l'issue du combat était restée douteuse. Cette sécurité vraie ou feinte était telle, que le roi, qui se trouvait en ce moment dans le port de mer de Harwick, prêt à s'embarquer pour l'Allemagne, hésitait à revenir sur ses pas pour tenir conseil à Londres, de crainte de jeter le trouble en paraissant trop ému. Son fils aîné, le prince de Galles, montra plus d'indifférence encore, car il se fit voir au spectacle, gai et souriant comme à son ordinaire, le jour même où de tristes rumeurs commençaient à circuler, et n'interrompit pas un instant sa vie de plaisir. Il est vrai que, très ouvertement opposé à la politique de son père et très mal avec son frère cadet, il ne s'affligeait peut-être au fond de l'âme que médiocrement de leur échec. Mais, au bout de quelques jours, des lettres privées vinrent porter le deuil dans les familles en annonçant des pertes cruelles, et il n'y eut plus à douter de l'humiliation des armes anglaises.

L'opinion publique se retourna alors avec indignation contre les auteurs de ce mystère calculé et contre ceux qui avaient donné le scandale de cette insouciance apparente. — « Vous savez déjà en gros, écrit le célèbre Horace Walpole à un de ses amis, ce qui s'est passé devant Tournay; nous ne voulons pas convenir que ce soit une victoire pour les Français, mais c'est comme une femme qu'on n'appelle pas madame tant qu'elle n'est pas mariée, eût-elle une douzaine d'enfants naturels. En réalité, nous sommes restés trois heures sur le champ de bataille, et j'ai bien peur qu'un trop grand nombre des nôtres n'y restent pour toujours... On dira ce qu'on voudra, c'est un rude coup... » — « C'est la première fois, écrit-il encore un peu plus tard, que, dans une bataille contre les Français, la chance tourne contre nous. Quand on a appris à épeler dans l'histoire d'Édouard III et d'Henri V, et à bégayer dès l'enfance les noms d'Azincourt et de Crécy, ceux de Tournay et de Fontenoy sonnent péniblement aux oreilles[1]. »

De ce moment, il n'y eut plus de sûreté à parler la langue ou à avoir l'accent français dans les rues de Londres. Il est vrai qu'il n'y avait plus guère, résidant en Angleterre, qu'un seul Français de quelque importance : c'était l'illustre prisonnier Belle-Isle, que j'ai laissé gardé à vue dans le château de Windsor, mais à qui on venait justement de rendre un peu plus de liberté. On lui avait permis de s'établir à ses frais dans une maison particulière et de circuler dans la contrée sans surveillance, moyennant sa parole d'honneur qu'il ne cher-

---

1. *Correspondance d'Horace Walpole avec Horace Mann*, 17 mai, 1er juillet 1745.

cherait à nouer, en Angleterre, aucune relation politique, et qu'il ne donnerait dans sa correspondance avec la France aucun renseignement sur l'état intérieur du pays. Il usait déjà de cette facilité pour faire visite aux possesseurs des châteaux du voisinage et paraître même en public dans les courses de chevaux, où son grand air et sa bonne grâce avaient fini par le rendre l'objet d'une curiosité bienveillante. Mais il dut s'interdire ces modestes passe-temps, dès qu'il put craindre qu'on cherchât à lire sur son visage la trace d'une joie patriotique qu'il n'aurait pu contenir. — « J'ordonnai, dit-il, à mes gens de ne plus sortir, et je restai dans mon intérieur à regarder mes pages jouer à la boule pour éviter quelque triste aventure que pourrait occasionner la mauvaise humeur de quelques Anglais qui, de quelque condition qu'ils soient, s'occupent tous des affaires publiques et militaires[1]. »

Qui l'aurait cru? le lieu peut-être où on parut le moins s'émouvoir de la victoire française, ce

---

[1]. *Journal de la captivité du maréchal de Belle-Isle*, tenu par son ordre. (Ministère de la guerre.)

fut à Vienne, ou, tout au moins, dans les conseils intimes de Marie-Thérèse. C'était pourtant sur un territoire appartenant à la maison d'Autriche que la bataille s'était livrée, et la perte d'une de ses plus belles provinces pouvait en être la conséquence; mais c'est que la reine attendait, à la même heure, de moment en moment, la nouvelle de l'issue d'un autre conflit dont le succès paraissait lui tenir beaucoup plus à cœur. Pendant que Louis XV entrait dans les Pays-Bas, le prince de Lorraine marchait, à grandes journées, vers la Silésie pour y rencontrer Frédéric; et dès le début de la campagne la reine avait paru mettre plus de prix à la destruction de son ennemi voisin qu'à la défense de ses possessions éloignées. Soit que la soif de la vengeance, seule faiblesse de cette grande âme, l'emportât désormais chez elle sur tout autre sentiment, soit que, se sentant Allemande avant tout, le soin de reconquérir en Allemagne même la prépondérance dont avaient joui ses aïeux et la parcelle du sol germanique qu'on lui avait ravie fût à ses yeux le premier de ses intérêts comme de ses devoirs, toujours est-il que, préoccupée de faire rendre à son époux, par les électeurs de Francfort, la couronne impériale, et de refouler l'usurpateur prussien dans les sables du Brandebourg, tout ce qui se passait au delà du Rhin et à distance semblait beaucoup moins la toucher. L'Angleterre s'était bien aperçue de cette indifférence relative quand elle avait vu le duc d'Arenberg, emmenant avec lui le gros des troupes autrichiennes, ne laisser qu'un faible détachement avec Königseck, sous les ordres de Cumberland, et elle ne s'était pas fait faute de s'en plaindre. Le reproche n'étant que trop bien justifié par l'événement, Marie-Thérèse devait craindre de voir la réclamation se reproduire avec plus de force et d'être contrainte, pour y faire droit, à l'envoi de nouveaux renforts qui auraient diminué les forces dont elle avait besoin, soit pour défendre, au midi, contre le prince de Conti, la liberté de la diète électorale, soit pour appuyer, au nord, l'attaque du prince de Lorraine. Ce fut, nous dit un observateur sagace qui vivait dans son intimité, le souci principal que lui causa l'échec de ses alliés à Fontenoy. Elle craignit que la secousse ne fît échapper de ses mains la proie qu'elle croyait déjà tenir[1].

Mais cet ennemi lui-même, objet de tant de haine, ce ravisseur impuni, ce Frédéric, en un mot, que pensait-il du succès de nos armes, dont il était l'allié encore nominal, bien que toujours douteux et surtout toujours maussade? Si on se rappelle dans quelles dispositions nous l'avons laissé, on jugera que son impression dut être et fut effectivement assez mélangée. La nouvelle vint le chercher en pleine campagne, dans un camp établi en avant de Breslau, autour duquel il avait concentré toutes ses troupes, après avoir, non sans peine et sans coup férir, rappelé à lui tous les détachements qui gardaient l'entrée de la Silésie. Il laissait ainsi cette province ouverte à l'attaque des Autrichiens commandés par le duc de Lorraine, et des Saxons sous les ordres du duc de Weissenfels. C'était à dessein qu'il attirait sur ce point toutes

1. D'Arneth, t. III, p. 65. — Erizzo, ambassadeur de Venise à Vienne, 29 mai 1745. (*Archives de Venise.*)

les forces ennemies, trouvant que cette position était la meilleure qu'il pût choisir pour leur résister; vainqueur, il gardait sa conquête, mais vaincu, il ne lui restait plus de ressources. De la lutte décisive qui allait s'engager dépendait donc le sort de sa puissance et de sa renommée. C'est dans cet état d'inquiétude qui, même chez les âmes les plus fermes, précède les heures critiques que parvint à ses oreilles l'écho de la victoire française. Il connaissait trop bien le cœur humain pour ne pas apprécier le puissant appui moral qu'un tel exemple pouvait lui prêter, en rendant courage à son monde et en portant le trouble dans l'âme de ses adversaires. Puis, comme il nourrissait toujours l'espérance d'obtenir une paix favorable par l'intermédiaire de l'Angleterre, et qu'il entretenait même sous main, dans cette pensée, des relations constantes avec le ministère anglais, tout ce qui pouvait faire repentir le roi et la nation britannique de leur ardeur belliqueuse secondait, au fond, ses desseins secrets. Mais, d'autre part, il avait blâmé tout haut, avec le ton de dédain sarcastique qui lui était familier, la pointe de Louis XV sur les Pays-Bas ; il en avait d'avance prédit l'échec et décrié les résultats. Le moindre pas fait en Allemagne par le prince de Conti l'aurait encore mieux accommodé que la conquête de la Flandre tout entière. La victoire de Fontenoy faisait mentir ses oracles et engageait la France dans une voie dont il aurait voulu à tout prix la détourner. Sa satisfaction fut donc loin d'être complète, et, eût-elle été même plus vive au premier moment, la réflexion ne devait pas tarder à la tempérer ; cette succession de sentiments est visible dans deux billets écrits par lui à vingt-quatre heures de distance, au reçu de la dépêche qui annonçait l'événement :

« Mon cher Podewils, écrit-il le 21 mai, je suis dans la joie de mon cœur de ce que vous venez de m'apprendre. Je me flatte que la fierté de mon cher oncle sera un peu tempérée par la nouvelle de la défaite de son parti... Je suis persuadé que cela fera nécessairement que les fiers Anglais seront obligés de nous rechercher. » Puis, le lendemain : « Mon cher Podewils, j'ai eu le temps de réfléchir depuis hier sur la bataille de Leuze [1]. Je trouve que cet événement nous est sans doute avantageux : 1° parce qu'il donnera des sentiments pacifiques aux Hollandais; 2° parce qu'il peut enfin ouvrir les yeux des Anglais sur leurs véritables intérêts; 3° parce que toutes les puissances seront obligées de convenir que, lorsque je suis uni avec la France, quoi qu'elles puissent faire, nous aurons toujours la supériorité d'un côté, et que, par rapport à ce principe, leur fierté s'adoucira avec moi. Mais il n'est point apparent que cette bataille nous fasse une diversion considérable. Les Hollandais crieront miséricorde, et on tirera de l'armée du duc d'Arenberg quelques troupes qui seront remplacées par des Saxons... Indépendamment de tout cela, cet événement me flatte et m'encourage, et me donne l'espérance de trouver cette année la fortune plus propice que l'an passé... Ah! puissions-nous avoir un jour comme le 11 mai, et alors nos infâmes envieux, nos voisins perfides, changeraient bientôt de langage, et la paix en

[1]. C'est le nom qu'il donne à la bataille de Fontenoy.

deviendrait pour nous plus glorieuse et plus sûre [1] ! »

A ces calculs faits, comme on peut le voir, dans un intérêt tout personnel, qu'il confondait volontiers avec celui de la cause commune (tout en étant toujours prêt à s'en détacher), se joignait-il dans le fond de l'âme quelqu'une de ces suggestions de l'amour-propre inquiet qu'on ne s'avoue pas à soi-même et dont le génie même ne réussit pas toujours à se préserver? On sait quel plaisir il avait pris, pendant la campagne précédente, à accuser l'incapacité, la lâcheté même de tous les Français, souverain, princes et généraux; le tout suivi toujours d'un retour orgueilleux sur lui-même et sur la comparaison que la postérité aurait à faire entre le jeune héros de la nouvelle grandeur prussienne et les héritiers dégénérés de Louis XIV. Ce sentiment s'était même fait jour dans les compliments, trop exagérés pour être sincères, dont il avait cru un moment de son intérêt d'accabler les débuts de Louis XV

1. Frédéric à Podewils, 21, 22 mai 1745. — *Pol. Corr.* t. IV, p. 172-174.

dans la carrière des armes. Lui déplaisait-il d'être, cette fois, obligé de parler sérieusement et de reconnaître que, si la comparaison n'était pas encore retournée à son désavantage, il devait au moins entrer en partage de gloire avec un monarque son égal? Qui peut connaître le fond des cœurs? Ce qui est certain, c'est que ceux qui avaient à lui faire leur cour, pour se mettre en grâce, ne croyaient pas pouvoir mieux s'y prendre qu'en diminuant l'importance de la journée de Fontenoy, et surtout de la part personnelle que le roi de France y avait prise. Ce sont souvent les serviteurs qui devinent les faiblesses des maîtres, et les trahissent par le soin qu'ils mettent à leur complaire.

C'est Chambrier, par exemple, qui écrit de Lille, d'où il se prépare à aller rejoindre le roi pour lui faire compliment : — « La suite fera connaître de quelle importance est le gain de cette bataille ; mais il y a des gens qui croient que cette affaire n'est pas finie et que les alliés pourraient bien revenir à la charge. Les Français vantent la bonne contenance de leur roi et

ÉVACUATION DE L'ALLEMAGNE.

du dauphin, au point qu'on pourrait croire qu'il peut y avoir un peu d'exagération... »
— « Ce sera quelque chose de bien singulier, ajoute-t-il, s'il ne résulte pas ici, de cette victoire, une enflure si considérable qu'on ne saura plus comment parler à ces gens-ci, tant ils auront les oreilles chatouilleuses sur les choses qui ne sont pas de leur goût, par la délicatesse qu'ils témoignaient, malgré leurs revers, dès qu'il s'agissait de quelque chose qui blessait un peu le ton de hauteur que Louis XIV a établi ici. Un ministre de la conférence m'a dit un jour à ce sujet : — « On ne connaît pas encore Louis XV ; il sera aussi haut que Louis XIV et peut-être plus haut. Je sais de bonne source que le roi de France, voyant à un moment la cruelle situation de son armée, dit au maréchal de Saxe : — « Tout est perdu ! » A quoi celui-ci répondit : — « Pourvu que Votre Majesté ne le fasse pas paraître, il y aura du remède ; ce jour est si important qu'il faut vaincre ou mourir [1]. »

---

[1]. Chambrier à Frédéric, 14, 17 mai 1745. (Ministère des

Quoi qu'il en soit, et quelle que fût son humeur secrète, Frédéric n'en laissa rien voir, le jour où il dut recevoir dans son camp le marquis de Valori, accompagné d'un officier français, M. de La Tour, dépêché tout exprès du camp de Tournay pour lui raconter le détail de la journée du 11 mai. Il les accueillit, au contraire, avec toutes les marques d'une véritable satisfaction, examina avec eux un petit plan de la bataille qui lui fut montré, et témoigna la plus vive admiration pour les dispositions du maréchal de Saxe. Puis, il retint ses

affaires étrangères.) — Un petit fait que je ne puis insérer dans ce récit, parce qu'il se rapporte à une date postérieure, montre quel dépit secret Frédéric avait ressenti, et garda même assez longtemps, de l'honneur que Louis XV et son fils s'étaient fait à Fontenoy. On a vu qu'il consacra quelques pages de ses *Mémoires sur l'Histoire de son temps* au récit de la bataille, et j'ai déjà eu occasion de dire qu'il existe deux textes différents de cette partie des *Mémoires*, l'un écrit en 1746, au lendemain des événements, l'autre retouché et remanié plus tard à tête reposée, pendant les loisirs de la vieillesse du grand monarque. Ce second texte seulement avait vu le jour et était connu jusqu'à ces derniers temps. C'est en 1879 qu'a été publié, à Leipzig, le texte primitif jusque-là resté ignoré dans les archives de Berlin. Or, dans ce texte, écrit un an juste après la bataille de Fontenoy, Frédéric, encore obligé de compter avec l'évidence et le témoignage unanime des contemporains, rend pleine justice

ÉVACUATION DE L'ALLEMAGNE.

hôtes à dîner, où on but à plusieurs reprises à la santé du vainqueur de Fontenoy. En se levant de table, il engagea M. de La Tour à rester quelques jours auprès de lui pour être témoin de ce qui allait se passer, et repartir chargé de la bonne nouvelle qu'il espérait bien lui-même renvoyer à son tour au roi de France. Mais le soir, prenant Valori en tête à tête sous sa tente, il lui laissa voir le fond de sa pensée et le peu de prix, qu'à son point de vue particulier (ce serait trop de dire égoïste), il attachait à tous les lauriers qu'on pouvait cueillir

à la conduite de Louis XV et du dauphin : *Louis XV et le dauphin, dit-il, payèrent de leur personne dans cette journée décisive pour la France; si le roi ne l'en eût empêché, le dauphin aurait chargé les ennemis à la tête des gardes du corps.* — Mais dans le texte remanié plus de trente ans après, l'auteur, n'ayant plus à craindre d'être contredit par aucun témoin oculaire, se met plus à l'aise et change absolument de ton et d'appréciation. — « Louis XV et le dauphin, dit-il, *se trouvaient en personne à cette action*. On les avait placés auprès d'un moulin, qui était en arrière; depuis, les soldats français n'appelaient leur roi que *Louis du Moulin.* » Je n'ai pas besoin de dire que je n'ai trouvé aucune trace dans les écrits contemporains de cette grossière plaisanterie, incessamment répétée cependant depuis lors par tous les historiens français, en particulier par Michelet, qui trouve moyen de la faire figurer dans un récit de la bataille, lequel ne tient pas plus de deux pages.

hors de l'Allemagne : — « Je suis toujours bien charmé de la gloire personnelle, lui dit-il, que le roi a acquise et des avantages qui lui reviennent de cette mémorable victoire ; mais, convenez-en avec moi, elle ne m'est d'aucune utilité ; je n'en ai pas moins d'ennemis sur les bras, et la reine de Hongrie ne regarde pas cet événement comme un de ceux qui doivent lui être extrêmement nuisibles... Je vous accorde que les Hollandais pourront être d'abord consternés, et rechercheront les moyens de sortir d'affaire, mais prenez garde qu'ils le chercheront inutilement. Ils sont à présent dans les entraves de l'Angleterre et forcés malgré eux à en suivre toutes les impressions et tous les mouvements. Or, c'est se faire illusion de croire que les Anglais seront consternés de cette aventure au point de changer de mesures. Au contraire, je suis fortement persuadé que la nation s'irritera et qu'il sera moins difficile que jamais de l'engager à redoubler d'efforts. Croyez-moi, il n'y a qu'un moyen de mettre la reine de Hongrie à la raison, c'est en mettant le prince de Conti en état d'agir avec supériorité et de suivre le duc d'Arenberg, s'il revient contre moi en Bohême... Si le prince de Conti était en forces pour marcher sur Égra, quel bien n'en résulterait-il pas? La Saxe ne tarderait pas à changer de mesure, Hanovre tremblerait, et vous jugez bien que, pour tous les cercles prêts aujourd'hui à se déclarer contre vous, ils crieraient beaucoup et vous obéiraient. Vous ne doutez pas non plus que, si vous étiez forcés de repasser le Rhin, je n'eusse raison de me croire abandonné, et que, quelque effort que je fasse par moi-même, il faudrait que je succombasse... Mais alors vous aurez la plus grande partie de l'Allemagne contre vous, les Anglais et les Hollandais y trouveront des troupes à leur solde tant qu'ils voudront et le grand-duc sera empereur. Mais, je vois ce que c'est, ajoute-t-il, vous craignez de vous enfourner en Allemagne, mes chers amis. »

Revenant alors avec un merveilleux sang-froid sur sa situation personnelle et la passe étroite où il s'était volontairement engagé, il explique à Valori, en détail, par quel artifice et dans quel dessein il avait lui-même appelé les

Autrichiens en Silésie, où il espérait les écraser. C'était en les trompant par le moyen de faux espions qui leur avaient fait croire que son mouvement de recul était le commencement d'une évacuation complète de la province. — « J'ai ouvert, dit-il, tous les passages de la haute et de la basse Silésie. On ne peut prendre des souris sans ouvrir la souricière; je me flatte et j'espère qu'ils y entreront. L'état de mes affaires veut ce coup décisif; si je les bats, comme je l'espère, je ne ferai pas comme par le passé, je suivrai ma victoire[1]. »

Sa confiance ne tarda pas à être justifiée par le succès. Trois jours après, le 4 juin, la bataille était livrée et gagnée. Les Autrichiens avaient donné en plein dans le piège qui leur était tendu : ne voyant rien devant eux dans les passages, pourtant aisés à défendre, qui gardaient la Silésie, et, trompés par de faux rapports, ils s'étaient avancés sans défiance[2], et rien n'égala leur surprise quand ils trouvèrent devant

---

1. Valori à d'Argenson, 30 mai 1745. (*Correspondance de Prusse.* — Ministère des affaires étrangères.)
2. On voit, par une dépêche de Venise du 5 juin 1745,

eux à Friedberg, en avant du petit ruisseau de Strigau, l'armée prussienne rangée en bataille. Frédéric ne leur laissa pas le temps de respirer. Le 4 juin, à deux heures du matin, il faisait attaquer par sa droite les Saxons, qui formaient la gauche de l'armée envahissante. Le prince de Lorraine, prévenu trop tard, n'eut que le temps de venir à leur aide, et Weissenfels était déjà battu et en pleine déroute, au point du jour, avant que les Autrichiens eussent eu le temps de seller et de brider leurs chevaux. Le roi prit alors le commandement de son aile gauche, et, complètement délivré d'inquiétude du côté de son flanc droit, opéra un mouvement de conversion qui, menaçant d'envelopper les Autrichiens et de leur couper la retraite, les força d'abandonner rapidement le champ de bataille. Ils regagnèrent en désordre ces défilés de montagnes qu'ils s'étaient estimés heureux, quelques jours avant, de franchir sans y rencontrer d'obstacles. Ils laissaient derrière eux quatre

---

que le prince de Lorraine avait fait partager à Vienne son illusion et qu'on s'applaudissait de l'évacuation de la Silésie.

mille morts, sept mille prisonniers, parmi lesquels trois généraux et soixante-seize drapeaux.

« La ruse, dit Frédéric, prépara cette action et la valeur l'exécuta. » — Sa joie était telle que le soir, en revoyant Valori, qui, du reste, avait suivi de sa personne, toute la journée, les incidents du combat, il lui dit, avec l'accent d'une émotion presque pieuse : « Mon cher ami, Dieu m'a singulièrement protégé et mis l'esprit d'aveuglement parmi mes ennemis. » — « Voyez donc, dit Valori dans ses *Mémoires*, combien on se trompe quand on dit qu'il ne croit pas en Dieu! » — Quant au prince de Lorraine, qui avait fait preuve, dans cette rencontre, d'autant d'imprévoyance que d'indécision, c'était sur un ton bien différent qu'il écrivait à Vienne dès le soir même : — « Je n'ose, disait-il à son frère le grand-duc, mander la nouvelle à la reine, mais je m'en remets à votre prudence. Ce malheur me fait d'autant plus de peine que nos gens ont fait comme des cochons. Pardonnez le terme; mais je suis furieux et vous supplie de prier la reine de me continuer toujours ses bontés, de même que vous. »

ÉVACUATION DE L'ALLEMAGNE.

Rentré dans sa tente, Frédéric remit, comme il l'avait annoncé au messager de Louis XV, un petit billet ainsi conçu : — « Monsieur mon frère, j'ai la satisfaction d'apprendre à Votre Majesté que mes armées viennent de remporter une victoire sur les Autrichiens et Saxons; comme MM. de Valori et de La Tour y ont été présents, je m'en rapporte à la relation qu'ils en feront à Votre Majesté. Elle aura vu que je n'ai pas tardé à suivre son exemple; c'est à présent le tour du prince de Conti. » — Et, en *post-scriptum*, seulement ces deux lignes : — « Je félicite Votre Majesté sur l'action glorieuse qui s'est passée à Fontenoy et sur la prise de Tournay[1]. »

1. *Histoire de mon temps*, chap. XIII. — Frédéric à Louis XV, 4 juin 1745. *Pol. Corr.*, t. VI, p. 182. — D'Arneth, t. III, p. 72, 77, 419. — Valori, *Mémoires*, t. Ier, p. 235.

II

Le ciel s'était donc subitement éclairci de tous les côtés de l'horizon; Frédéric passait de l'extrême péril à tout l'éclat d'une gloire nouvelle, et l'alliance des cours de France et de Prusse, naguère si fortement ébranlée par une série de mécomptes et de mésaventures, semblait de nouveau raffermie par une double victoire. Ce changement à vue était complété par d'excellentes nouvelles venues d'Italie, où le maréchal de Maillebois, qui avait fait échange de commandement avec le prince de Conti, venait de faire la plus brillante entrée de campagne. Pressé par les armées réunies de France et d'Espagne, le général autrichien Lobkowitz abandonnait les côtes de la Méditerranée pour se retirer dans le Milanais, et la république de Gênes, jusque-là engagée dans la cause de Marie-Thérèse, se trouvant sans défense, faisait sa soumission aux deux maisons royales de Bourbon par un traité signé à Aranjuez le 4 juin, quinze jours après Fontenoy, et le jour même de Friedberg. Tout souriait donc aux deux vainqueurs ; restait à savoir quel parti ils sauraient tirer, pour leur cause commune, des avantages qu'ils venaient de conquérir, chacun pour son compte, à la pointe de l'épée, par des efforts séparés.

Il était un fruit de leur triomphe qui semblait leur être assuré, pour peu qu'ils voulussent bien, se rapprochant l'un de l'autre, joindre leurs mains pour le cueillir ; c'était le choix d'un candidat à leur gré pour le trône impérial. Nul doute que si Louis XV (comme Frédéric l'en pressait), profitant de l'émotion causée par ce réveil de la gloire et de la puissance françaises, eût donné ordre au prince de Conti de s'avancer rapidement en Allemagne et de mettre la main sur la ville impériale où le collège princier devait se réunir, l'élection, ne pouvant plus s'opérer qu'avec sa permission et sous ses yeux, ne se fût terminée que suivant son bon plaisir. L'expérience récemment faite par Belle-Isle prouvait avec quelle docilité l'urne électorale de Francfort se prêtait à reproduire le nom dicté par la victoire. On ne voit pas trop qui aurait gêné

Conti dans l'accomplissement de ce coup de force, et encore moins qui l'en eût fait repentir. Il n'avait que peu de choses à craindre du duc d'Arenberg, qui ne ramenait de Flandre qu'un corps d'armée, en assez mauvais état, de trente à quarante mille hommes, et n'avait plus aucun secours à attendre des Anglais, déconcertés et dispersés. Fontenoy avait rendu un nouveau Dettingue impossible. Sur sa gauche, du côté de la Bavière, il avait moins encore à redouter, et il dépendait de Frédéric de le délivrer à cet égard de toute inquiétude. Il suffisait que ce favori de la fortune voulût bien tenir la parole qu'il avait donnée fièrement à Valori quand il annonçait que, vainqueur, *il suivrait sa victoire*. En poussant hardiment sa pointe, soit sur Vienne, à travers la Bohême et la Moravie, pour inquiéter Marie-Thérèse dans ses propres foyers, soit sur Dresde, pour lui enlever l'appui des Saxons, il ne laissait plus à la reine vaincue aucune troupe disponible qu'elle pût diriger sur Francfort, où la domination de Conti serait ainsi devenue incontestée.

Que manquait-il donc aux deux souverains

alliés pour assurer à leur politique ce nouveau succès, qui semblait en quelque sorte venir au-devant d'eux? Une seule chose, mais essentielle : la volonté. J'entends cette volonté sérieuse, qui est décidée à proportionner les moyens au but, et résignée aux sacrifices nécessaires pour l'atteindre.

J'ai expliqué, à plus d'une reprise, par quel retour d'opinion l'exclusion de la maison d'Autriche du trône impérial, premier objet de la guerre dont souffrait l'Europe, et poursuivie naguère avec ardeur par les deux puissants ennemis de Marie-Thérèse, n'arrivait plus maintenant qu'en seconde ligne dans leurs préoccupations et dans leurs préférences. Chacun d'eux avait désormais en vue un but d'ambition plus direct, plus personnel et en quelque sorte plus tangible que la revendication abstraite de l'indépendance du Saint-Empire. Si la France s'attachait bien encore, avec une molle obstination, à refuser à Marie-Thérèse le titre qu'avaient porté ses aïeux c'était par un engagement de faux point d'honneur et dans l'espoir de l'humilier encore plus que de l'amoindrir. Au fond, Louis XV et ses ministres reconnaissaient, sans se l'avouer à eux-mêmes, que la tâche de créer et de soutenir un empereur de leur façon leur imposait plus de charges qu'elle ne leur donnait de force réelle. Enivrés d'ailleurs de leur victoire, le prince, comme les généraux, étaient adonnés tout entiers à leur glorieuse expédition de Flandre. Loin de songer à enlever à Maurice un seul soldat pour renforcer Conti, ils n'auraient pas vu sans regret un mouvement en avant trop prononcé de l'armée du Rhin qui les aurait exposés, suivant la juste et piquante expression de Frédéric, au risque de s'enfourner en Allemagne. Frédéric, de son côté, ne pouvant espérer pour lui-même la dignité suprême, ne voyant aucun candidat à son gré parmi ceux qui y pouvaient prétendre, ne maintenait son opposition à l'élection de François de Lorraine que comme un élément de négociation et un moyen d'échange le jour où il aurait des conditions de paix à débattre avec son épouse. C'était une valeur à porter en compte dans le marché qu'il espérait bien toujours conclure par l'entremise et avec le courtage de l'Angleterre. En un mot, conquérir la Flandre pour l'un des monarques, conserver, étendre la Silésie pour l'autre, c'étaient là les objets de leur principale et plus chère pensée. La comédie électorale qui allait se jouer à Francfort n'occupait que la moindre partie de leur attention et de leurs vœux.

Et, ce qui rendait plus languissant et encore moins efficace le concours apporté par les deux puissances à un résultat qui ne les intéressait plus qu'en apparence, c'est que leurs sentiments mutuels leur étaient parfaitement connus, et que chacune lisait clairement dans le fond de l'âme de l'autre. Il n'était pas, dans un des centres politiques d'Allemagne ou d'Europe, un seul agent français qui ne soupçonnât les négociations, à peine cachées, entretenues par Frédéric avec l'Autriche par l'intermédiaire de l'Angleterre, et ne s'attendît à apprendre d'un jour à l'autre qu'une paix particulière était conclue par lui au prix de l'abandon de son allié. D'Argenson restait presque seul à compter encore sur la fidélité de son allié, et encore, quand on lui apportait des preuves trop évidentes du contraire, il ne trouvait, pour s'obstiner dans sa confiance, d'autre raison à donner que celle de sa phrase favorite : — « Le roi de France aime encore mieux être trompé que de tromper lui-même. » — Dans cette conviction, aucun général français n'aurait osé faire un pas en Allemagne de crainte d'être pris au piège. Même disposition à Berlin, Frédéric ne se faisant aucune illusion sur la répugnance que les souvenirs de Prague avaient laissés dans le cœur des Français pour toute aventure analogue. Tout en sollicitant de Conti un coup d'audace, il se gardait bien d'y compter et se mettait, à tout événement, en mesure de s'en passer. Chacun restait ainsi en observation et comme en arrêt, de peur d'être dupe de l'autre. Mettez maintenant en présence de cette incertitude, de cette paralysie des deux armées victorieuses, une résolution intrépide comme celle de Marie-Thérèse, jamais intimidée, jamais ébranlée, jamais découragée et ne voulant qu'une chose à la fois, mais ne la perdant jamais de vue, et il était clair que, bien que battue à droite et battue à gauche, l'intrépide princesse saurait se frayer hardiment son chemin entre ses ennemis étonnés et arriver encore à mettre la main avant eux sur la couronne de Charlemagne.

Le premier indice apparent de cette hésitation des vainqueurs à profiter de leur victoire, ce fut l'attitude expectante adoptée tout de suite par Frédéric, très différente de l'essor qu'on s'attendait à lui voir prendre, et qui eût été dans ses habitudes comme dans son caractère. Au lieu d'entrer résolument en Saxe ou de s'avancer en Bohême, on le vit, après deux ou trois journées de marche, s'arrêter sur la lisière de cette dernière province, dans le voisinage de Königgrätz, et s'établir à quelque distance en arrière de l'Elbe, mettant son camp dans le petit village de Chlum, où il ne passa pas, l'arme au bras et sans bouger, moins de six semaines. Il a donné dans l'*Histoire de mon temps*, et ses biographes ont donné pour lui, plus d'une raison de cette immobilité inattendue, entre autres la crainte, s'il passait la frontière de Saxe, de déterminer l'intervention de la Russie (qui avait promis à Auguste sa protection), et l'intérêt d'obtenir ses ressources de l'Autriche en *mangeant* les plus fertiles contrées de ses meilleures provinces. La vérité est que, voulant éviter toute démarche qui lui aurait fermé le retour vers une voie pacifique, il marquait pour ainsi dire le pas, regardant alternativement des deux côtés de l'horizon pour voir ce qui lui arriverait, soit d'Angleterre, en fait de propositions d'accommodement, soit de France, en fait de secours pécuniaires ou militaires. — « Allez tout de suite à Hanovre, écrivait-il à son ministre à Londres, Andrié (en lui reprochant avec vivacité d'avoir laissé partir le roi George sans l'accompagner); sachez au juste l'impression que la victoire complète que, grâces à Dieu, j'ai remportée sur les Autrichiens, fera sur le roi d'Angleterre et sur son ministre, ce qu'ils pensent de faire et s'il n'y a pas moyen de tourner les négociations de manière que les Anglais viennent eux-mêmes proposer un accommodement avec la reine de Hongrie d'une façon plus convenable qu'on ne l'a fait jusqu'ici. » — « Ne craignez pas, écrivait-il le même jour à Podewils (grand partisan, on le sait, du raccommodement avec l'Angleterre), que je me pré-

cipite dans mes résolutions. Je poursuis à présent mon grand objet, qui est de déloger les Autrichiens de Königgrätz, où ils ont un magasin très important... Cela fait, je suis au terme de mes opérations. Je gagne, par cette position, le temps de pousser mes opérations et de parvenir à la paix... Je ne fais la guerre que pour parvenir à la paix, et vous pouvez être persuadé que je suis trop philosophe pour suivre l'impétuosité de mes passions dans des objets de cette importance, dont dépend le salut de l'État... »
— Et, quelques jours après : — « Je vise toujours à la paix ; si nous pouvons l'avoir par les Anglais, ce sera la voie la plus courte pour sortir d'embarras... Demain, l'avant-garde marche à Königgrätz ; c'est là mon *nec plus ultra*. Ne croyez pas que je ferai les sottises que les Autrichiens souhaitent de me voir faire. Je m'en garderai bien ; il ne s'agit, en attendant, que de voir ce que fera notre politique. Je crois que nous avons amolli le cœur endurci de Pharaon, et qu'à présent il sera plus souple et plus traitable. »

Mais, en même temps, il donnait ordre à

Chambrier de reprendre, avec le ministère français, la conversation que la bataille de Fontenoy avait interrompue, et d'insister plus que jamais sur les exigences qu'il avait mises en avant et qui consistaient, comme je l'ai dit, dans ces trois points : octroi d'un subside pécuniaire pour subvenir à l'état épuisé de ses finances; déclaration d'hostilité ouverte à la Saxe, si elle continuait à prendre parti contre la Prusse; enfin, pour rendre cette déclaration sérieuse et suivie d'effet, marche résolue du prince de Conti en Allemagne. — « Nous allons voir ce qui en sera, disait-il en renouvelant ainsi ses demandes. Si le prince de Conti fait des sottises, la France sera la première à s'en repentir; j'attends l'événement pour en juger[1]. »

Sa résolution d'attendre et de voir venir fut pourtant mise à quelque épreuve; car l'événement, pendant ces premières heures au moins, ne lui apporta, ni d'un côté ni de l'autre, la

1. *Histoire de mon temps*, chap. XIII. — Valori, *Mémoires*, t. Ier, p. 237-238. — Frédéric à Andrié, 18 juin; à Podewils, 10-18 juin 1745. — *Pol. Corr.*, t. IV, p. 189 à 196; — à Chambrier, 15 juin 1745. (Ministère des affaires étrangères.) — Droysen, t. II, p. 504, 505.

satisfaction qu'il attendait. D'une part, ni Fontenoy ni Friedberg n'avaient encore assez amolli le cœur du Pharaon britannique pour le disposer à entrer avec sincérité dans la voie des accommodements. Le ministre anglais Harrington, qui accompagnait son roi sur le continent, était bien, toujours au fond de l'âme, disposé à ouvrir l'oreille aux bonnes paroles des envoyés de Frédéric; mais, une fois qu'il avait touché le sol allemand, George oubliait complètement qu'il était roi d'Angleterre et passait sous le joug de son ministère hanovrien, dont le chef, le baron de Münchhausen (le même qui avait présidé à l'arrestation de Belle-Isle), était tout dévoué à la cause autrichienne. Marie-Thérèse, par son entremise, ne cessait d'entretenir sous main l'inimitié de l'oncle contre un neveu qu'il n'avait jamais aimé et dont la gloire, chaque jour croissante, ne faisait que l'irriter de plus en plus; elle lui laissait même entrevoir qu'une fois ce voisin et ce parent détesté mis à terre (moyennant un dernier effort qu'il dépendait de lui de rendre plus heureux que les autres), il trouverait dans ses dépouilles de quoi agrandir son électorat. Ni Andrié, qui rejoignit George à Hanovre, ni le jeune Podewils, qui quitta La Haye pour venir le retrouver, ne purent tirer de lui une parole significative[1].

A Paris, les ouvertures de Frédéric eurent encore moins de succès. Chambrier n'avait pas mal jugé quand il prévoyait qu'exaltée par sa victoire et se croyant revenue aux jours de Louis XIV, la cour de France se montrerait moins abordable que jamais, et il ne fut pas longtemps sans avoir à signaler dans les réponses qui lui furent faites ce ton de *hauteur* et d'*enflure* qu'il avait prévu. Ce ne fut pas, à la vérité, chez d'Argenson, toujours disposé à bien prendre ce qui venait de Berlin; mais Louis XV était très justement fier de la part qu'il avait eue à la journée du 11 mai; il se regardait désormais comme l'égal en gloire d'un confrère auquel il s'était toujours cru supérieur par l'éclat de son rang. Il trouvait un peu court

---

[1]. *Pol. Corr.*, t. IV, p. 191, 197, 199. — Droysen, t. II, p. 517, 518. — *Die Englische Friedens Mittlung in Jahre 1745*, par Ernest Borkhowski. Berlin, 1884, p. 78.

et un peu sec le compliment de deux lignes mis par Frédéric en *post-scriptum* de l'annonce de sa propre victoire. Puis Frédéric n'avait-il pas dit tout haut, à plusieurs reprises, sur ce ton gouailleur qu'on lui connaissait, que les événements de Flandre étaient sans doute très beaux; mais que, quant à lui et pour le succès de la cause commune, il y attachait aussi peu d'importance qu'à ce qui se passait au Monomotapa, à Pékin ou sur le Scamandre? Enfin, se raillant un peu des adulations dont Louis XV était l'objet, il tenait à faire voir que, les méritant peut-être mieux, il avait le bon goût de ne pas les rechercher. — « Voltaire, écrivait-il, veut faire un poème sur ma journée du 4, qui fait un grand tintamarre dans le monde; priez le poète de n'en rien faire. Je préfère, s'il veut me faire plaisir, qu'il m'envoie un chant de *la Pucelle.* »

On ne manquait pas de redire ces bons mots à Versailles, car Frédéric parlait et riait toujours si haut que tous les échos des commérages d'Europe en retentissaient. — « Le roi de France, écrit Chambrier, est un peu fâché que Votre Majesté tourne en ridicule sa guerre de Flandre : le gain de la bataille de Fontenoy lui a rendu les oreilles délicates ; on m'a parlé de tout cela le cœur un peu gros. » — Et d'Argenson lui-même, malgré sa résolution de ne jamais douter de l'amitié prussienne, était troublé de ces incartades. — « Quelle tête, écrivait-il, que ce roi de Prusse ! Ceux qui l'ont vu le jour de la bataille disent qu'on ne vit jamais de si grand prince, si modeste et si sage, et puis le lendemain ce n'étaient que mauvais discours et fanfaronnades. » — Il espérait pourtant être venu à bout de tempérer la mauvaise impression faite sur l'esprit du roi. — « Le roi en est revenu, disait-il à Chambrier ; il ne tiendra qu'au roi de Prusse d'avoir toujours son amitié. » — Mais la mauvaise humeur royale ne s'en retrouva pas moins tout entière quand on vint au chapitre très délicat des subsides que le roi de Prusse réclamait. Ce fut une opposition générale dans le conseil. Le contrôleur Orry, surtout, qui connaissait l'état épuisé du trésor de France, et entendait chaque jour le gémissement des populations surchargées d'impôts, —

mais qui ne se refusait jamais à une dépense quand il s'agissait de plaire au maître, — sûr cette fois d'être appuyé dans sa résistance, se montra d'une économie intraitable. Il se refusait absolument à croire que le roi de Prusse eût réellement besoin de secours, et rappelant qu'il s'était vanté souvent, au début de la guerre, de la bourse si bien garnie que lui avait laissée le vieux roi son père : — « Quand on avait fait un tel héritage, disait-il, devait-on demander la charité ? »

Rien n'était plus vrai cependant : le fonds paternel était mangé, et le sol ingrat, les populations très peu riches du Brandebourg ne fournissaient pas de quoi le remplacer. L'aveu qu'il fallait faire de cette indigence n'était pas ce qui coûtait le moins au conquérant de la Silésie et qui devait lui rendre le refus moins sensible. Quand le ministre de France dut lui transmettre les réponses maussades et les fins de non-recevoir négatives de son gouvernement : — « Mon cher Valori, lui dit-il, vous savez quels sont mes principes sur l'article des subsides. Vous devez conclure que mon besoin est extrême, puisque je me suis résolu à en demander. Je ne vous cacherai point que, malgré ma victoire, ce secours ne m'est point devenu moins nécessaire. Vous voyez dans quel état est ma cavalerie; je n'ai pas un écu pour la remonter; je n'ai pas de ressources à espérer de mes peuples. Croyez que c'est à contre-cœur et avec bien de la peine que j'expose mon indigence, après avoir voulu toujours passer pour au-dessus de mes affaires. Mais il faut avouer qu'il n'y a que la France, l'Espagne et la Hollande qui soient en état de soutenir une guerre qui se prolonge. Pour nous, cela est au-dessus de nos forces. Cette dernière campagne m'a coûté d'extraordinaire, je vous le jure sur l'honneur, sept millions d'écus; c'est à peu près le fond du sac. » — « Je lui ai trouvé, remarqua Valori, un air humilié qui m'a fait comprendre qu'effectivement ses besoins étaient tels qu'il me les avait dépeints[1]. »

---

1. Chambrier à Frédéric, 4-6 juin 1745. — D'Argenson à Vauréal, ambassadeur en Espagne. — Valori à d'Argenson, 6 juillet 1745. (*Correspondances de Prusse et d'Espagne.* — Ministère des affaires étrangères.)

Sur le second objet des réclamations du roi de Prusse, l'attitude nettement hostile à prendre envers la Saxe, le ministère français se montra au premier moment mieux disposé, et le nouvel envoyé de France à Dresde, Vaulgrenant, reçut l'ordre de menacer Auguste III et son ministre favori, le comte de Brühl, de l'inimitié de la France, s'ils persistaient à appuyer l'Autriche dans ses tentatives agressives sur le territoire prussien. Seulement la menace arrivait un peu tard, quand tout un corps d'armée, parti de Saxe, figurait déjà dans les troupes autrichiennes en qualité d'auxiliaire, et après que Marie-Thérèse avait eu l'art de s'attacher le roi et surtout la reine de Pologne par un nouveau traité qui complétait celui de Varsovie : une des stipulations de ce traité opérait un partage anticipé des provinces méridionales de Prusse, dont une part devait venir agrandir l'électorat saxon. L'appât de cette perspective de vengeance et de conquête était si puissant sur ce couple débile et haineux que même l'échec de Friedberg ne réussissait pas à l'en détacher. Il est vrai que Marie-Thérèse, veillant à préserver ses alliés de toute tentation de découragement, avait eu soin, le lendemain de la bataille perdue, d'envoyer à la reine, sa cousine, un messager porteur de ces paroles éloquentes par lesquelles elle excellait à remonter les courages : — « Quoique le mal ne soit pas petit, disait-elle, on l'a cru plus grand qu'il ne l'est, suivant la relation que je viens d'en recevoir, qui m'a appris, à ma grande satisfaction, la bravoure avec laquelle les troupes saxonnes se sont distinguées. La cause est trop juste pour ne pas se *confier en Dieu qu'à la fin elle triomphera*. Pour manifester sa toute-puissance, Dieu a jusqu'ici dirigé toutes les choses, en sorte que les événements les plus heureux ont suivi les plus grands revers. »

Elle lui annonçait en même temps l'envoi de nouveaux renforts qui rendraient son armée, en quelques semaines, autant ou même plus forte qu'elle n'avait été en pénétrant dans la Silésie. Ce langage plein de confiance réussit si bien à la faire renaître que, quand Vaulgrenant vint s'acquitter de son message comminatoire, au lieu d'avoir affaire à des esprits troublés par la mauvaise fortune, il trouva dans le cabinet saxon la sécurité la plus complète. Le thème couramment adopté était que l'avantage remporté par le roi de Prusse était plus que médiocre et ne compromettait en rien l'avenir. Il eut beau grossir sa voix, il ne parvint pas à faire peur, ni même à se faire prendre au sérieux[1].

Ce qui contribuait d'ailleurs plus que toute chose à rendre ses menaces vaines, c'est qu'il avait lui-même l'ordre d'en tempérer l'effet, en continuant à presser Auguste d'accepter la candidature au trône impérial en concurrence

1. D'Arneth, t. IV, p. 38, 40, 81, 82, 420. — D'Argenson à Vaulgrenaut et Vaulgrenaut à d'Argenson, juin 1745, *passim*, (*Correspondance de Saxe*. — Ministère des affaires étrangères.) — Le traité par lequel Marie-Thérèse et Auguste III se partageaient d'avance les duchés méridionaux de la Prusse avait été signé à Leipzig le 18 mai 1745. Il venait donc à peine d'être ratifié au moment de la bataille de Friedberg. Ce document, qui resta alors inconnu, a reçu depuis lors une grande publicité dans une circonstance fameuse : il figure au nombre des pièces que Frédéric, envahissant la Saxe, au début de la guerre de Sept ans, prit par force dans les archives de Dresde, et fit connaître à toute l'Europe dans un mémoire où il résumait tous ses griefs contre la cour de Saxe. Un second traité du 25 août 1745 devait développer celui-là.

avec le prétendant autrichien. C'était à coup sûr un étrange entêtement que de persister à transformer en rival de Marie-Thérèse le prince même qui se rangeait ouvertement dans son alliance, et dont les troupes servaient sous ses drapeaux. Mais cette chimère, qui prêtait à rire et causait beaucoup d'impatience à Frédéric, était toujours chère au ministère et surtout au ministre français, qui ne pouvait se décider à en faire le sacrifice. D'Argenson en était véritablement épris; ce qui le séduisait, c'était la preuve de grandeur d'âme que donnerait le roi de Prusse vainqueur en tendant la main à son ennemi vaincu pour lui offrir une couronne. — « Cela serait beau, généreux et digne d'un grand prince », écrivait-il à Valori. — Auguste III n'avait aucune raison de compter sur la générosité de Frédéric, et encore moins d'envie de s'y fier. Mais le vœu exprimé par la France lui offrait un moyen de se faire ménager par elle; aussi se gardait-il de lui ôter absolument toute espérance. Dans ses entretiens avec Vaulgrenant, il avait toujours soin d'établir qu'en s'alliant avec l'Autriche pour résister à l'ambition de son voisin de Prusse, il avait réservé la liberté de son vote électoral, qu'il était maître d'en disposer à son gré, et d'accepter même l'empire pour lui-même, s'il jugeait que le salut de l'Allemagne fût intéressé à son élévation. Était-ce tout à fait un jeu, et ce langage ne renfermait-il pas une part de sincérité? Auguste ne gardait-il pas, en effet, une arrière-pensée de se réserver une chance personnelle, pour le cas où l'élection d'un étranger comme François de Lorraine serait reconnue (ainsi que beaucoup de juristes allemands le soutenaient) contraire aux constitutions de l'Empire et aux prescriptions de la Bulle d'Or? Qui pourrait le dire? Qui peut jamais savoir ce qui se cache de détour et de duplicité au fond d'une âme peureuse? Mais, en attendant, ce faux-fuyant lui permettait de se maintenir avec le ministre français sur le terrain d'une négociation indéfiniment prolongée. Tant qu'il n'avait pas opposé aux instances de la France une réponse décidément négative, Vaulgrenant ne quittait pas Dresde, le ministre de Saxe à Versailles ne recevait pas ses passeports, et la déclaration de guerre sollicitée par Frédéric, toujours promise, toujours annoncée, était renvoyée du jour au lendemain [1].

Cette obstination à se leurrer d'un frivole espoir eut encore, pour la cause des alliés en Allemagne, une conséquence plus grave : elle empêcha complètement Conti de faire la démonstration que tout le monde attendait et dont l'effet eût été d'enlever l'élection de haute lutte. Toutes les fois, en effet, qu'Auguste avait l'occasion, par lui-même ou par son favori Brühl, de laisser entrevoir au ministre de France qu'il ne serait pas absolument éloigné de suivre ses conseils, il se pressait d'ajouter qu'il n'accepterait jamais une grandeur personnelle que si elle lui était déférée par le vœu libre et spontané des princes électeurs. Il se refusait d'avance à toute complicité même indirecte dans une tentative quelconque de contrainte et de *coercion*. Vicaire intérimaire de l'Empire, il ne por-

---

[1]. *Correspondance de Saxe*, juin 1745, *passim*. — D'Argenson à Valori, 15 juin 1745. (*Correspondance de Prusse*. — Ministère des affaires étrangères.)

terait pas lui-même atteinte à l'indépendance de sa patrie, et le meilleur moyen, même pour la France, de faire accepter son choix, c'était de se disculper d'avance de toute idée d'entreprise sur la liberté du corps germanique. Ces paroles généreuses trouvaient en d'Argenson un auditeur disposé d'avance par la tournure naturelle de son esprit à entrer dans de telles vues; car, se confiant volontiers, on le sait, à l'action de sa bonne foi et de sa sincérité dans les affaires humaines, il répugnait à l'emploi de la force et doutait de son utilité. Il ne fit donc point difficulté d'envoyer à Conti un projet de déclaration qui devait être publié dès que la diète songerait à se réunir. Ce manifeste portait en substance que le roi de France, ne voulant gêner en rien l'élection impériale, ne laissait ses troupes dans l'empire qu'afin d'empêcher la reine de Hongrie d'user de violence pour forcer les délibérations de la diète électorale, et que Sa Majesté, ne voulant point employer ses armes pour retarder l'ouverture de la diète, croyait devoir laisser à ses amis dans l'Empire et aux intéressés le soin de pourvoir à l'élection par les moyens convenables conformes aux constitutions de l'Empire.

Et, dans une note de sa main, envoyée pour commenter ce projet d'instruction, il ne faisait pas difficulté d'ajouter que la présence de l'armée française en Allemagne avait pour but d'agir sur les esprits plutôt *métaphysiquement* que physiquement, en les ramenant par l'opinion plus que par la crainte. Conti, à qui, au fond, cette attitude convenait (car il craignait toujours de s'avancer, ne sachant ce qu'il avait ni devant ni derrière lui), ne se fit pas faute de publier d'avance et même d'étendre les assurances qu'on lui commandait de donner. Son inaction, affectée d'ailleurs, en était le meilleur commentaire[1].

Ces déclarations répétées causèrent, même parmi les ennemis de la France, un étonnement général. Les petits princes de l'Empire n'étaient pas accoutumés à être traités avec tant d'égards. Peut-être même, toujours prêts, comme ils

---

[1]. D'Argenson à Conti, 29 mai. — Conti à d'Argenson, 10 juin. — Note de d'Argenson, 25 juin 1745. (*Correspondance d'Allemagne.* — Ministère des affaires étrangères.)

l'étaient au fond, à suivre la fortune, aimaient-ils qu'on les dégageât de toute responsabilité en pesant sur leur faiblesse et en leur forçant ouvertement la main. L'Autriche, d'ailleurs, y mettait moins de scrupule, et ils avaient tout lieu de penser qu'en refusant d'user de tout moyen de contrainte, la France ne faisait qu'en laisser l'usage à Marie-Thérèse, qui n'hésiterait pas à s'en servir. Mais, chez les amis de la France, à qui les dernières victoires venaient de rendre courage, ce fut une véritable consternation. — « Les bras me tombent, » écrivait à Conti lui-même le malheureux Chavigny, qui restait encore en Bavière dans la plus fausse situation du monde, essayant d'empêcher le jeune électeur de compléter sa défection en prenant activement parti contre nous : — « J'avoue que je ne sais pas autre chose que de jeter mon bonnet par-dessus les moulins... Que peut-on espérer de cette espèce de déclaration que Votre Altesse Sérénissime devra faire de ne gêner en rien l'élection ?... N'eût-il pas été plus simple de garder un silence qui aurait au moins tenu les esprits en suspens ?

J'en demeure là de crainte de m'émanciper trop... La cour de Vienne aura ses coudées franches, elle disposera à son gré des cercles qui n'eussent osé remuer, tandis que nous aurions fait bonne contenance; le grand-duc sera Empereur, et il ne le sera pas plus tôt qu'il entraînera l'Empire et le fera déclarer. A quoi serviront les prodiges du roi de Prusse en Silésie?... Quel parti peut-il prendre, sinon de faire sa paix, et il ne faut pas douter que la cour de Vienne et ses alliés ne lui fassent un pont d'or... Je n'ai pas peine à pénétrer l'esprit qui dirige notre politique : nos bureaux sont maîtres du fond comme de la forme; leurs préjugés nous persécutent au dedans pendant que l'opinion nous détruit au dehors [1]. »

Chavigny n'en disait pas assez : ce n'étaient pas les bureaux du ministère seulement, devenus en effet plus que froids sur la suite à donner à l'élection de Francfort, c'étaient tous les ministres français, les généraux et le roi lui-

[1]. Chavigny au prince de Conti, 15 juin 1745. (*Correspondance d'Allemagne.* — Ministère des affaires étrangères.)

même, qui entraient volontiers à la suite de d'Argenson dans ses vues de neutralité généreuse et d'impartialité électorale. Non qu'ils fussent aussi disposés que lui à donner aux moyens moraux la préférence sur les moyens matériels, mais parce que, uniquement occupés de la Flandre, l'Allemagne leur était à charge, et qu'ils ne demandaient pas mieux que de se laisser convaincre par tous les arguments qui les dispensaient de faire sur ce terrain ingrat un effort sérieux. Le plus empressé à prêcher cette abstention à Francfort, ce dut être le maréchal de Saxe, qui, une fois maître de Tournay, n'avait nulle envie d'en rester là, et s'était mis au contraire tout de suite à l'œuvre pour achever la conquête de la province. — « Ce ne serait qu'un jeu, » disait-il au roi ; et le prince, ayant pris goût à ses promenades triomphales, ne demandait pas mieux que de continuer de les faire en sa compagnie. Mais comme ces combats, bien que peu meurtriers, ne laissaient pas que d'affaiblir l'armée conquérante, quelques renforts étaient nécessaires pour combler les vides, et on ne pouvait prendre que sur le

Rhin. Ordre fut donc envoyé à Conti de laisser partir pour la Flandre un détachement de vingt mille hommes. Si ce n'était pas un commencement de retraite, c'était du moins une renonciation évidente à toute action agressive de quelque importance.

Frédéric ne s'y trompa pas ; il attendait d'heure en heure, avec plus d'impatience que d'espoir, la nouvelle des mouvements militaires qu'il avait sollicités, et, voyant entrer sous sa tente Valori, qui ne quittait plus l'armée, — « Eh bien, lui dit-il, le prince de Conti a-t-il enfin rencontré et battu les ennemis ? » Quand il sut qu'au contraire le général français venait de se laisser enlever tout moyen d'agir : « Voilà qui est fait, dit-il, je n'attends plus rien de ce côté-là et je n'ai plus que de mauvais pronostics à faire... Je prévois que le prince de Conti repassera le Rhin et que l'élection du grand-duc se fera malgré le roi votre maître, ainsi que l'association des cercles et de la plupart des princes d'Allemagne, et qu'ils porteront la guerre en France... Voilà ce que va opérer ce beau et inutile détachement ?... Je n'en reviens pas, poursuivit-il ; au nom de Dieu, à quoi est-il bon ? vous aviez devant vous une armée battue. Je parierais qu'elle ne reparaîtra pas de toute la campagne. Qu'aviez-vous besoin de ce secours ? La campagne du roi est faite, et glorieusement. Il fallait, au contraire, détacher de la Flandre, s'il était possible, après la prise de Tournay, pour l'Allemagne. C'est là qu'il faut être le maître, et par cela seul que le roi votre maître peut en imposer à ses ennemis et secourir ses alliés. Mais je vois de reste à quoi je dois m'attendre : le Rhin repassé, il n'y aura plus de ressource. »

Et, comme Valori cherchait à lui persuader et à se persuader lui-même que tout n'était pas perdu, et que Conti gardait encore de quoi faire un heureux effort : — « Mon ami, dit-il, l'espérance est une monnaie dont vous cherchez à me payer depuis longtemps et qui ne me met pas du tout à l'aise ; je n'en veux plus, il me faut des faits. » — Ce mot de monnaie, répété avec insistance, fit penser à Valori que ce n'était peut-être pas là seulement une métaphore : — « Aussi je crois, disait-il en rendant compte de cet entretien orageux, que la chose deviendrait moins difficile si on pouvait au moins lui faire envisager un dédommagement de ses dépenses. Il lui faut de l'argent, cela est sûr et certain [1]. »

En réalité, bien que dépité et découragé de se voir si mal secondé, Frédéric hésitait encore. Il lui en coûtait de couper le dernier fil qui le rattachait à l'alliance française pour se retrouver isolé, à bout de ressources, et, malgré les plus éclatants faits d'armes, obligé, en définitive, de s'en remettre à la discrétion, peut-être à la charité britannique. Ballotté ainsi entre deux partis, dont aucun ne se présentait dans des conditions conformes à ses vœux, ne réussissant au point où il l'aurait voulu ni à stimuler la France, ni à séduire l'Angleterre, son irritation et son anxiété étaient extrêmes, et ses ministres lui entendaient dire : « — O profondeur! ô abîmes! l'esprit humain ni tous les politiques de l'univers ne peuvent vous pénétrer ni nous éclairer! »

---

1. Valori à d'Argenson, 21 juin 1745. (*Correspondance de Prusse*. — Ministère des affaires étrangères.)

— « Je le regarde avec terreur, disait son secrétaire particulier Eichel, son front chargé de nuages et ses yeux dont les regards annoncent des orages [1]. »

Le dénouement, qu'il n'était que trop aisé de prévoir, vint bientôt mettre en terme à ses incertitudes. Marie-Thérèse, en effet, informée de l'affaiblissement de l'armée de Conti, encouragée d'ailleurs par l'attitude expectante et indécise de ses deux adversaires, donna l'ordre au corps d'armée qu'elle avait encore en Bavière de se porter à la rencontre de celui qui revenait de Flandre, et dont le duc d'Arenberg avait cédé le commandement au comte Batthiani. La

[1]. *Pol. Corr.*, t. IV, p, 235. — Droysen, t. II, p. 520 et suiv. La preuve qu'à ce moment Frédéric hésitait encore à se séparer définitivement de l'alliance française, c'est que, dans le cours de ce même mois de juillet, il consentit encore à tenter, par complaisance pour le ministre français, un suprême effort auprès d'Auguste III, afin de le détacher de l'Autriche en lui promettant un agrandissement en Bohême pour son électorat, la dignité impériale pour lui-même et la succession au trône de Pologne pour son second fils. Je ne mentionne pas cette proposition dans ce récit, parce qu'elle n'aboutit à aucun résultat et que je doute que Frédéric y eût jamais attaché une importance sérieuse. — Vaulgrenant et Valori à d'Argenson, juin et juillet, *passim*. (*Correspondance de Saxe et de Prusse.* — Ministère des affaires étrangères.)

jonction des deux généraux autrichiens s'opéra en avant de Francfort, sous les yeux mêmes de Conti, qui ne se crut pas en force pour s'y opposer. Puis, quand il se vit en face de ces deux troupes qui, réunies, comptaient plus de cinquante mille hommes, il eut encore moins le courage de leur tenir tête. La peur le prit, soit d'être délogé des positions qu'il occupait entre le Mein et le Rhin, soit d'être tourné et de voir couper ses communications avec le fleuve, et il se décida à le repasser. Il eut beau dire et proclamer que ce mouvement rétrograde n'était qu'une manœuvre stratégique destinée à mieux appuyer et à concentrer ses forces, et promettre qu'au premier jour on le verrait reparaître sur l'autre rive, personne ne s'y méprit : c'était l'abandon ; et tout le prestige reconquis par deux victoires fut à l'instant évanoui. Francfort ouvert aux armées autrichiennes, c'était le diadème impérial mis sur le front de Marie-Thérèse.

Je crois, en vérité, qu'il n'y avait que d'Argenson qui voulût en douter ou du moins en faire encore le semblant, car on se demande si

c'était sérieusement qu'il écrivait à son représentant à Francfort ces surprenantes paroles :
— « Il paraît que le roi de Pologne, ayant toujours regardé le séjour de l'armée de France près de Francfort comme un obstacle au succès des vues qu'il a formées dès le commencement pour la couronne impériale, va présentement se déclarer candidat. » — Était-ce sans sourire aussi qu'il ajoutait : « Il nous avait toujours donné le conseil de ne pas paraître vouloir intimider les électeurs. Nous allons voir ce qu'il y avait de vrai. Les bons patriotes allemands ne peuvent plus hésiter entre le roi de Pologne et le grand-duc, qui va regarder l'empire comme sa conquête. » — En tout cas, si son illusion était sincère, elle n'était pas partagée à côté de lui, même dans sa plus intime confidence : — « Vous allez donc, monseigneur, lui écrivait Voltaire, faire le siège d'Oudenarde? mais on dit que tout va mal en Allemagne et que vous allez repasser le Rhin. Si cela est, vous avez quitté le solide pour le brillant ; et ce n'était pas la peine de donner l'exclusion au grand-duc pour le voir Empereur dans trois mois. Mais ce n'est

pas mon affaire et je n'ai qu'à vous chanter [1]. »

Effectivement, à peine la nouvelle de la jonction des deux généraux autrichiens était-elle parvenue à Vienne, et avant même qu'on y connût la retraite des Français qui en était l'infaillible conséquence, le grand-duc demandait à venir prendre le commandement des deux armées réunies ; Marie-Thérèse, bien que n'ayant plus confiance depuis longtemps dans ses talents militaires, et n'aimant pas à les mettre à l'épreuve, ne chercha pas à le retenir, sûre qu'il n'avait plus que des lauriers à recueillir. Elle-même faisait déjà tous ses préparatifs pour le suivre dès que l'élection serait connue, indiquait ses étapes sur la route qu'elle prendrait et désignait les dames qui devraient l'accompagner.

Reçu par ses troupes avec enthousiasme, le grand-duc se rendit droit à Mayence pour s'entendre, sur la convocation immédiate de la

---

[1]. *Pol. Corr.*, 8, 20, 27, 31 juillet 1745, t. IV, p. 209, 221, 237, 244. — D'Argenson à Saint-Severin, ministre à Francfort, 2 août 1745. (*Correspondance d'Allemagne et de Bavière.* — Ministère des affaires étrangères.) — Voltaire à d'Argenson. (*Correspondance générale*, 8 juillet 1745.)

diète électorale, avec l'archevêque, à qui, en qualité de chancelier de l'Empire, appartenait le droit de la présider, il y fut accueilli avec les honneurs et y parut dans l'attitude d'un souverain. — « Le grand-duc est arrivé, écrivait le résident de France, il est entré à cheval avec une suite de cent personnes, au bruit de l'artillerie et des acclamations du peuple. L'électeur l'a reçu à la porte de la cour et s'est tout de suite enfermé une demi-heure avec lui. On a été après à La Favorite (maison de campagne de l'électeur), où on a dîné. La table était de trente couverts. Le grand-duc donna une tabatière d'or aux chambellans, et à chacun des deux pages qui ont servi à table, une montre d'or. » — De petits princes qui étaient présents, le landgrave de Hesse-Darmstadt entre autres, passèrent devant lui en s'inclinant pour lui baiser la main. Dans les rues qu'il traversait, les habitants mettaient à leur chapeaux une branche verte, couleur de la livrée de la maison d'Autriche.

A Londres, l'évacuation de l'Allemagne par l'armée française parut un événement si décisif et si surprenant qu'on ne pouvait l'expliquer qu'en supposant la perte d'une grande bataille, dont l'annonce et même le détail furent affichés dans toutes les tavernes de la cité. A Berlin, ce fut le signal de la plus vive irritation et d'un véritable déchaînement contre la France. — « Tout le monde veut quitter la France, écrivait le chargé d'affaires qui tenait la place de Valori, puisqu'elle ne pense plus qu'à elle. Si le maître pensait comme tout le monde, nous serions bientôt plantés là. » — Le maître pensant absolument comme ses serviteurs, le résultat ne devait pas se faire attendre [1].

---

1. D'Arneth, t. III, p. 75, 101, 102. — Blondel à d'Argenson : 16 juillet 1745. (*Correspondance de Mayence.*) — Loise à d'Argenson, 10 juillet 1745. (*Correspondance de Prusse.*) — Latouche, agent secret en Angleterre, à La Ville, 10 juillet 1745. (*Correspondance d'Angleterre.*) — Saint-Severin à d'Argenson, 15 juillet 1745. (*Correspondance d'Allemagne.* — Ministère des affaires étrangères.)

III

« Le prince de Conti vient de jouer les Gille sur les bords du Rhin : il y a une complication de procédés honteux dans sa conduite qui le perdra de réputation. »

C'est en ces termes, exprimant plus d'irritation encore que de surprise, que Frédéric, apprenant la retraite de Conti au delà du Rhin, annonça à son ministre Podewils sa résolution, cette fois arrêtée, de ne plus rien attendre ni des généraux ni des ministres français, et de se retirer d'un jeu où, laissé seul par son partenaire, il se repentait amèrement de s'être engagé. Mais la conclusion de la lettre n'était pas celle que le timide Podewils eût présumée, car, en lui donnant les instructions nécessaires pour renouer et hâter les négociations toujours ouvertes à Hanovre, il lui envoyait en même temps un mémoire raisonné résumant les griefs qu'il avait à reprocher à son voisin Auguste; et il lui annonçait l'intention, aussitôt cette déclaration publiée, d'entrer en armes au premier jour sur le territoire saxon.

Podewils resta consterné : cette fois, comme dans tant d'occasions précédentes, il ne comprenait rien aux brusques résolutions de son maître. Entrer en Saxe, n'était-ce pas tourner le dos à toutes les espérances de paix? n'était-ce pas déchaîner la Russie dont la garantie protectrice était toujours promise à Auguste? n'était-ce pas mettre plus que jamais ce prince lui-même sous la dépendance de l'Autriche et assurer son vote encore douteux à l'élection du grand-duc? En un mot, en jetant dans le brasier déjà enflammé un surcroît de matières combustibles, n'allait-on pas rouvrir une nouvelle série d'agitations en Allemagne? « Vous n'y entendez rien, répondit Frédéric sans s'émouvoir à ces observations; vous êtes, comme toujours, une poule mouillée : rien de si mou et de si flasque que vous. Voulez-vous donc que je me livre pieds et poings liés à mes ennemis? Si le roi d'Angleterre et son ministre se prêtent à une négociation, pensez-vous que ce soit par prédilection pour nous? Point du tout; c'est qu'ils croiront avoir besoin du roi de Prusse. Plus nous donnerons de marques de vigueur, plus on sentira à Hanovre le besoin indispensable qu'ils ont de moi, et leur liaison avec les Saxons les obligera à faire tous les efforts imaginables pour moyenner la paix... Joignez les clameurs des Saxons quand nous entrerons chez eux, et vous verrez que ce sera un motif de plus pour faire la paix. J'ai bien prévu que vous feriez mouvoir votre épouvantail de la Moscovie; mais la Saxe sera sûrement *cuite* lorsqu'on apprendra à Saint-Pétersbourg que les hostilités ont commencé... Soyez persuadé que ce coup-là va nous donner la paix. »

C'est ainsi qu'une fois sa résolution prise, ce merveilleux génie retrouvait le calme et la perspicacité qui paraissaient lui manquer souvent dans le trouble de ses délibérations. C'était le coup d'œil et le sang-froid du grand capitaine qui, l'instant d'agir venu, ne fait jamais défaut, qu'il s'agisse de livrer bataille ou de faire retraite. Du moment qu'il avait compris la nécessité de céder, même à tout prix, il sentait aussi qu'il fallait plus que jamais payer d'audace pour qu'on n'abusât pas tout de suite contre lui de cet aveu d'impuissance, et que menacer tout le monde d'un coup de tête, c'était encore le seul moyen de ne pas payer trop chèrement sa soumission. En un mot, pour obtenir la paix à des conditions tolérables, il fallait, non la demander, mais l'exiger, et se donner même l'air de l'imposer.

Dans cette pensée, il n'hésita pas à proposer à l'Angleterre, comme les seules conditions de paix qu'il pût écouter, un programme trop élevé pour qu'il espérât lui-même, au fond de l'âme, le faire admettre. Il demandait qu'on lui assurât la conservation de la Silésie, sous la triple garantie de l'Angleterre, des Provinces-Unies et de l'Empire, et l'extension de cette conquête par l'annexion de trois forteresses prises en Bohême. Si cet accroissement paraissait impossible à obtenir, il se contenterait du payement d'un million de livres sterling pour l'indemniser de ses frais de guerre. Et, en attendant que cet ultimatum fût accepté, son premier lieutenant, le prince d'Anhalt, commandant le corps d'armée qui campait aux portes de la Saxe, restait le *bras levé* (comme il dit lui-même dans son histoire) et prêt à frapper le coup décisif. — « Je croyais meilleur, répondit humblement Podewils en recevant ces instructions, de ne rien livrer au hasard, c'est mon système ; Votre Majesté trouve le sien préférable, cela suffit : vogue la galère [1] ! »

Je n'oserais pourtant répondre de l'accueil qu'auraient reçu à Hanovre ces propositions à la fois hautaines et comminatoires, si elles ne s'étaient trouvées appuyées par un concours de circonstances qui donnèrent à réfléchir au roi d'Angleterre et le contraignirent enfin, bon gré mal gré, de faire trêve à ses ressentiments de famille et à ses sympathies germaniques. George, d'ailleurs, était loin d'être, on le sait, comme Frédéric et Louis XV, un souverain absolu, maître de diriger comme il l'entendait la politique de son royaume. Il avait à compter avec des ministres dont le choix lui était souvent imposé par les majorités parle-

1. Frédéric à Podewils, 20, 28 et 31 juillet, 2, 4 août ; — à Andrié, 5 août 1745. (*Pol. Corr.*, t. IV, p. 223, 240, 244, 247, 249, 251. — Droysen, t. II, p. 524, 532.)

mentaires, et qui restaient exposés eux-mêmes aux critiques d'une opposition hostile et d'une presse ardente et libre. Un coup d'œil rapidement jeté sur l'état de l'opinion en Angleterre, et sur l'impression que produisaient à l'intérieur les événements du dehors, ne sera donc pas inutile pour bien apprécier les causes diverses qui aidèrent à ce moment Frédéric à triompher des répugnances de son oncle.

La première de ces causes et la principale, ce fut l'effet produit par la continuité des succès du maréchal de Saxe en Flandre, dont le retentissement, presque nul en Allemagne, comme on vient de le voir, était au contraire très grand à Londres et commençait à causer une émotion avec laquelle il fallait bien que le roi lui-même se décidât à compter. La conquête des Pays-Bas par la France touchait au vif l'orgueil anglais : c'était tout le fruit perdu des succès de Guillaume d'Orange et de Marlborough. Devant cette perspective redoutable et déjà presque réalisée, les ministres de George durent lui représenter et finirent par lui faire comprendre que le seul moyen de reprendre le terrain déjà perdu et d'éviter un succès plus complet était d'affaiblir ou au moins d'inquiéter Louis XV dans le cours de ses triomphes, en détachant de lui un de ses alliés, et d'obtenir de Marie-Thérèse qu'en pacifiant l'Allemagne elle consacrât toutes ses forces à la défense de ses possessions flamandes ; un intérêt national de premier ordre ne souffrait donc pas qu'on fermât plus longtemps l'oreille aux ouvertures du roi de Prusse. Ainsi c'étaient les victoires de la France qui allaient plaider en faveur de Frédéric, et le maréchal de Saxe qui devenait, sans le savoir, son meilleur avocat.

Le fin politique avait-il lui-même prévu et calculé, en haussant subitement le ton de sa négociation, l'effet de cette coïncidence? C'est possible et même probable, quoiqu'il se soit toujours bien gardé, et pour cause, d'en convenir, car c'eût été reconnaître que ces victoires des armes françaises, — dont il parlait si dédaigneusement, et dont le bruit semblait importuner ses oreilles, — si elles ne venaient pas directement en aide à ses opérations militaires, lui rendaient au moins quelque service en préparant en sa faveur, sur le terrain diplomatique, une diversion utile; et il eût eu mauvaise grâce à constater qu'il comptait profiter des avantages remportés par la France pour obtenir, en se séparant d'elle, de meilleures conditions de ses ennemis.

C'était le fait cependant; et ce n'est pas le résultat le moins étrange de la différence croissante que j'ai signalée et qui se prononçait chaque jour davantage entre la brillante situation conquise par la France sur l'un des deux théâtres où elle soutenait la lutte, et le rôle ingrat et humilié que, sur l'autre, elle se résignait à jouer. Contraste, en effet, le plus singulier peut-être qu'ait jamais présenté l'histoire militaire d'un peuple et d'une époque. Ici, c'était la déroute et presque la honte, là, la gloire dans tout son éclat: tandis que l'une des armées françaises se laissait chasser d'Allemagne, en Hollande, celle que commandait Louis XV s'avançait plus loin que n'avait jamais pénétré, aux jours de sa plus grande prosperité, son glorieux bisaïeul. Il semblait qu'à chaque marche en arrière du prince de Conti sur le Rhin correspondit jour pour jour une marche en avant du maréchal de Saxe sur l'Escaut et sur la Meuse. Devant le vainqueur de Fontenoy, les cités les plus fortes tombaient comme par enchantement et le roi y entrait en triomphe, reçu souvent avec acclamation par la population assez mécontente de la manière dont les Autrichiens l'avaient défendue ou plutôt abandonnée, et il y tenait sa cour comme à Versailles. Après Tournay, c'était Bruges que Lowendahl enlevait de nuit par une surprise qui rappelait la prouesse de Maurice lui-même devant Prague. Après Gand, Oudenarde et Dendermonde. Puis c'était le tour d'Ostende, qui opposait un peu plus de résistance, mais dont le sort n'était plus douteux. Nieuport ne devait pas tarder à suivre, et à chaque fois c'était un combat heureux contre les débris de l'armée anglaise. — « Les Anglais ont encore eu cette fois du pire, écrivait, après l'un de ces engagements, Maurice, guéri et presque ressuscité par cette série de triomphes : ils ont perdu quinze mille hommes, qui est plus de la moitié de leurs troupes ; ils ne répareront pas aisément leurs pertes. M. le prince de Conti, qui ne besogne pas de même sur le Rhin, en est, je crois, un peu jaloux. » — Comme il était bien pour quelque chose dans l'impuissance à laquelle Conti s'était trouvé réduit, il y avait dans cette comparaison plus de malice que de générosité [1].

La perte d'Ostende et de Nieuport, déjà presque consommée, menaçait l'Angleterre de conséquences d'une extrême gravité ; car ces deux villes maritimes étaient les seuls points par lesquels une escadre britannique pût se maintenir en rapport avec les troupes détachées sur les territoires des Pays-Bas, et une fois ces deux voies fermées, il ne restait plus à un Anglais quelconque, roi, ministre ou général, de relations régulières et promptes avec le continent qu'en empruntant le territoire de la Hollande. Mais la Hollande elle-même, combien de temps resterait-elle ouverte? Si l'émoi, en effet, était grand à Londres, qu'était-ce à Amsterdam ou à La Haye, où on entendait en quelque sorte le canon français frapper aux

[1]. Maurice à sa sœur, 29 juillet 1745. (*Archives de Strasbourg.*)

portes? Là, chaque courrier de Flandre était attendu avec angoisse et reçu avec effroi; et, comme dans tous les pays où l'élément populaire domine, c'étaient des alternatives d'abattement, d'effroi et d'irritation qui rendaient toute politique suivie et toute prévision du lendemain impossible : d'autant plus que, comme je l'ai déjà rappelé, au trouble apporté par les bruits du dehors, se mêlaient les orages causés par les luttes intérieures des partis. Tandis que les partisans de la maison de Nassau, maîtres de la populace des grandes cités, prêchaient toujours la résistance à outrance et demandaient, pour la mieux soutenir, la concentration de tous les pouvoirs militaires et civils entre les mains d'un prince et d'un général, les républicains, au contraire, étaient presque aussi effrayés de cette perspective que de celle de la conquête. Ils soupiraient tout bas après une paix qui les délivrerait de ces deux fantômes, et ouvraient parfois discrètement l'oreille aux exhortations de philosophie morale que d'Argenson ne cessait de leur faire parvenir, dans un langage plein d'onction, par de longues dépêches écrites de sa main. Ces jours-là, ils trouvaient, suivant l'expression du bon Van Hoey, que le mariage avec l'Angleterre faisait une vie de ménage bien difficile, et que le proverbe a raison de dire que qui a compagnon a maître. Que ces inspirations pacifiques vinssent à prévaloir, qu'à la suite d'une émeute comprimée ou d'une panique causée par une marche en avant de Maurice de Saxe, on vît ces timides bourgeois pressés de se jeter aux pieds de Louis XV, en faussant compagnie à leurs alliés, qu'adviendrait-il alors des restes de l'armée anglaise enfermée et comme bloquée sur une terre ennemie? Quel serait le sort du roi lui-même, qui s'obstinait, malgré les avis répétés de ses ministres, à prolonger son séjour à Hanovre, quand il ne pourrait plus communiquer avec son royaume qu'à travers les parages orageux de la mer du Nord[1]?

---

1. Van Hoey à d'Argenson, 4 juin. — La Ville à d'Argenson, 18, 25 juin, 16 juillet. — D'Argenson à La Ville, 15, 22 juillet 1745. (*Correspondance de Hollande.* — Ministère des affaires étrangères.)

Ces alarmes, au fond assez fondées et exploitées chaque jour à Londres par la presse, étaient grossies encore par des rumeurs dont le sujet semble plus chimérique, mais qui n'en étaient peut-être que plus facilement accueillies. On répandait le bruit qu'une flotte française était déjà réunie entre Brest et Rochefort, prête à embarquer un corps d'armée qui viendrait prendre terre au premier jour sur le sol de l'Angleterre. On sait avec quelle vivacité s'empare, à certains moments, des imaginations de nos voisins, cette crainte de l'invasion française, contre laquelle il semble pourtant que la nature les ait suffisamment garantis, et bien qu'une expérience séculaire doive les rassurer. Il semble même qu'ils venaient d'éprouver combien ce péril était peu à craindre, puisque une idée de ce genre, un instant accueillie l'année précédente par le gouvernement français, avait été découragée par la seule présence de quelques bâtiments anglais devant Dunkerque. Mais ce sont comme des accès de fièvre intermittente, qui, coupés une fois, n'en reviennent qu'avec plus de force après quelque intervalle, et, quand l'alarme est donnée, elle devient d'autant plus aisément générale qu'en temps ordinaire, la sécurité étant plus grande, nulle précaution suffisante n'est prise contre une éventualité si peu probable. Le vaste territoire de la Grande-Bretagne apparaît alors comme un grand corps désarmé prêt à être percé de part en part. Dans le cas présent, on comptait avec effroi les vides faits dans les rangs de la petite armée royale par les détachements envoyés en Flandre et par l'absence de ses meilleurs officiers; on regardait avec inquiétude les ouvrages défensifs des côtes dégarnies et presque démantelées par l'effet du temps et de la négligence; on s'indignait de l'éloignement et de l'indifférence apparente du roi, et on voyait déjà la capitale plus facilement emportée encore que Prague ou que Gand par une surprise nocturne ou un coup de main.

La mer même, disait-on, était ouverte à l'envahisseur, la plus forte des escadres britanniques étant occupée à poursuivre la marine française dans l'Atlantique. Il est vrai qu'elle venait d'y remporter un brillant succès en se rendant maîtresse de l'île du Cap-Breton et de la ville de Louisbourg, qui défendaient l'entrée du Canada et en menaçant ainsi la plus belle de nos possessions du nouveau monde. Le ministère faisait grand bruit de ce fait d'armes, bien fait, pensait-il, pour consoler les vaincus de Fontenoy, que Neptune (suivant un mot de d'Argenson lui-même) semblait vouloir venger de Jupiter. Mais à quoi bon, répondait l'opposition, cette gloire lointaine et stérile, si la France, légèrement blessée à l'une de ses extrémités, n'en gardait pas moins les bras libres pour porter le fer et le feu au cœur de son ennemie[1]?

Quand les imaginations populaires sont en mouvement, il n'y a point de fait si insignifiant en apparence qui ne donne lieu à des commentaires inattendus. L'opinion une fois accréditée que le ministère de Louis XV préparait un coup d'audace, des gens se disant bien informés assurèrent qu'on n'attendait pour l'exécuter que le retour en France d'un personnage illustre, à qui

1. *Correspondance d'Horace Walpole avec Horace Mann*, t. II, p. 52; — 26 juillet 1745.

six mois de séjour forcé en Angleterre avaient permis d'étudier l'état intérieur du pays, de se rendre compte par là même de ses faiblesses, et qui en partait au même moment pour y reparaître bientôt, muni de ces renseignements précieux, à la tête de l'armée conquérante. Cet hôte dangereux, prêt à devenir un revenant redoutable, n'était autre (on l'aura déjà nommé) que le maréchal de Belle-Isle, à qui, après de longues contestations, il fallait bien rendre sa liberté.

On peut se rappeler qu'à peine arrivé en Angleterre, Belle-Isle avait réclamé sa délivrance en vertu d'un cartel d'échange dont les puissances belligérantes étaient convenues depuis le commencement de la guerre, et qui permettait à tout officier prisonnier de se libérer moyennant le payement d'une rançon dont la quotité devait être fixée en proportion de son grade. On avait (je l'ai dit encore) refusé de faire droit à sa revendication, sous prétexte que, n'ayant pas été fait captif les armes à la main, il n'était pas proprement prisonnier de guerre. Le roi de France tenant à ne pas perdre les services d'un homme comme Belle-Isle, autant que le roi d'Angleterre s'applaudissait de l'en avoir privé, de longs mémoires furent échangés entre les deux cours ennemies, et la question, portée successivement devant un conseil de guerre et devant les juristes, avocats de la couronne britannique, n'eût peut-être jamais été résolue si la victoire du maréchal de Saxe n'eût fourni un moyen sommaire de la trancher. La France déclara nettement qu'elle n'appliquerait la faveur du cartel d'échange à aucun des nombreux prisonniers faits sur le champ de bataille de Fontenoy, si on continuait à refuser d'en laisser bénéficier Belle-Isle. Force fut bien alors de s'exécuter, pour ne pas laisser trop de familles anglaises privées de leur chef ou de leurs membres les plus chers. Mais un peu honteux de paraître avoir cherché une mauvaise chicane et de ne s'en départir que par contrainte, le cabinet anglais déclara à son tour qu'il rendrait l'illustre captif à sa patrie par égard pour son rang élevé, et parce que l'Angleterre ne craignait aucun de ses ennemis, sans recevoir de lui aucune rançon : générosité qu'à son tour le cabinet français se refusa à accepter.

Les ministres anglais, d'ailleurs, le duc de Newcastle et son frère Pelham, le duc de Grafton, le comte d'Harrington, étaient tous des seigneurs ou des gentilshommes appartenant à la confraternité aristocratique qui régnait alors d'un bout de l'Europe à l'autre. La guerre elle-même n'interrompait pas, dans ce monde d'élite, les bonnes relations héréditaires d'amitié et même de famille. Il leur en avait coûté d'avoir à se montrer si maussade pour un homme de si bel air et de si grand monde que Belle-Isle; aussi, pour effacer cette impression fâcheuse, se mirent-ils en devoir, avant son départ, de le combler de politesses. On le pressa de venir de Windsor à Londres, où il n'avait pas eu permission de mettre le pied tant qu'il était en surveillance; il y fut invité, choyé dans les meilleures maisons de la cour et de la Cité. Ce fut pendant quelques jours la personne à la mode que tout le monde voulait voir, et, comme on disait déjà alors, *le lion de la saison*. — « Nous sommes venus dîner à Pultney, écrivait-il à la maréchale sa femme (avec qui on ne l'avait guère jusque-là laissé correspondre), où l'on m'a donné une fête complète. La maison est située sur le bord de la Tamise; M. Vaneck (c'était le nom du propriétaire), qui est extrêmement considéré dans la Cité de Londres, avait engagé, avec la permission de la régence, les aldermen d'envoyer leurs trois plus magnifiques barques, remplies, deux de tous les principaux habitants de la Cité et l'autre, de dames, avec tous leurs pavillons et quantité d'instruments, qui vinrent passer et repasser sous la terrasse où j'étais, et s'y arrêtèrent ensuite pour faire toute sorte de politesses. Je fis donner magnifiquement, comme il convenait, pourboire à tous les matelots. Il y en avait plus de soixante en uniforme avec leurs officiers, ce qui fut suivi de plusieurs acclamations réitérées à la manière anglaise... Aujourd'hui, j'ai été voir une belle maison de la duchesse de Marlborough, et, de là, le parc et le jardin de Richemont, maison royale. On m'y a donné une fête. J'ai trouvé en chemin M. le duc de Newcastle, qui venait à cheval au grand galop m'embrasser et me dire adieu. Il a descendu de cheval et moi de carrosse, et nous nous sommes fait toute sorte d'amitiés. C'est réellement l'homme le plus poli et le plus obligeant que je connaisse. »

Grâce à cet aimable accueil, Belle-Isle put visiter à son aise tous les monuments de Londres, se montrant, en homme de goût, sensible surtout à la beauté des magnifiques villas des environs, si différentes, par les agréments du site et des jardins et la commodité des aménagements intérieurs, des froides et fastueuses demeures de la noblesse française. En revanche, on ne se lassait pas d'admirer ses manières aussi aisées que nobles et son grand air d'élégance. Partout où il passait, on accourait comme au spectacle; les dames surtout étaient véritablement éprises de ce beau cavalier, qui, de son côté (dit quelque part le secrétaire qui tenait son *Journal*), les *gracieusait* fort. Cette bienveillance générale fut entretenue jusqu'à la fin de son séjour, qui dura toute une semaine, par de grandes largesses que Belle-Isle, tout en gémissant de la cherté de toutes les denrées à Londres et se plaignant d'être *écorché* partout, prodigua sans compter. Il avait à cœur, dit-il, de faire honneur au nom français et aussi de réparer (on me laissera bien mentionner ce petit trait de caractère qui fait sourire) le tort que lui avaient causé d'anciens ambassadeurs, et en particulier son vieil ennemi, le défunt maréchal de Broglie, qui, ayant résidé à Londres vingt ans auparavant en cette qualité, ne passait pas pour avoir fait assez grandement les choses [1].

Il venait à peine de partir pourtant, voituré sur la route de Douvres avec une suite nombreuse, dans deux carrosses à six chevaux, et arrêté dans chaque bourgade par une foule curieuse de le contempler, qu'à la réflexion l'impression changea : des critiques s'avisèrent qu'on s'était montré peut-être trop prodigue envers lui de confidences compromettantes. On lui avait tout expliqué, tout raconté, tout laissé voir : quelle idée emportait-il et allait-il donner

---

[1]. Lettres de Belle-Isle pendant sa captivité. — Journal tenu par son secrétaire. (*Correspondances diverses*, 1745. — Ministère de la guerre.)

chez lui de la force de résistance de l'Angleterre? — « Quelle est notre situation? écrivait Horace Walpole (le témoin est un peu suspect, j'en conviens, en raison de son hostilité contre ceux qui avaient déplacé son père, mais il vivait cependant dans un monde politique assez élevé pour ne pas ajouter foi à de trop grossiers commérages). Jugez-en par la conversation du maréchal de Belle-Isle : il a dit, il y a peu de jours, qu'il nous croyait si peu en état de nous défendre, qu'avec cinq mille goujats de l'armée française, il se ferait fort de conquérir l'Angleterre, et c'est le moment qu'on choisit pour le relâcher... Ne dirait-on pas, ajoute-t-il, qu'il est venu à Londres marquer d'un fil écarlate les fenêtres de ses amis, afin de les reconnaître quand les Français viendront prendre possession du pays?... En vérité, je crois que, quand dix mille Français seront à une marche de Londres, on louera des fenêtres à Cheapside et à Charing-Cross pour les voir passer [1]. »

---

1. Horace Walpole à Horace Mann, 26 juillet, 1er août 1745.

Rien dans la correspondance de Belle-Isle, très sobre de détails (peut-être par délicatesse) sur l'état politique de l Angleterre, ne confirme les propos que Walpole lui prête. Rien, non plus, n'autorise à croire que l'idée de conquérir l'Angleterre se soit jamais substituée, même pendant les loisirs de sa captivité, aux autres rêves d'ambition et de gloire dont son imagination était toujours possédée. Aussi les soupçons dont il était l'objet seraient-ils bientôt tombés, si les craintes d'invasion qui les avaient fait naître n'avaient reçu d'une coïncidence inattendue une confirmation qui parut sans réplique. Belle-Isle n'était pas encore embarqué à Douvres qu'on apprenait que le jeune Stuart, fils du prétendant, dont l'arrivée avait été annoncée à plus d'une reprise l'année précédente, était bien réellement cette fois débarqué dans un petit port obscur de la côte d'Écosse. Il arrivait seul, à la vérité, n'ayant trouvé pour franchir le détroit, lui et huit gentilshommes de sa suite, qu'un navire de commerce français armé en course. Mais personne ne put croire qu'il eût hasardé un pareil coup de tête, s'il n'eût été sûr qu'une escadre française arrivait derrière lui pour le rejoindre et tenter une diversion formidable sur quelque autre point du territoire britannique. S'il présentait avec cette témérité sa tête aux balles de la première sentinelle anglaise qu'il rencontrerait, c'est qu'il espérait bien ne pas paraître à Édimbourg avant que Londres eût capitulé.

Rien n'était moins fondé, et c'est, au contraire, parce qu'après une année de sollicitations et d'efforts, il n'avait pu obtenir du ministère français aucun secours effectif ou même aucune promesse positive, que le jeune audacieux, las d'attendre et de délibérer, se jetait en avant, à corps perdu, espérant qu'une fois engagé on ne pourrait le délaisser sans déshonneur. L'idée de tenter en Angleterre une contre-révolution dynastique, tour à tour admise, puis abandonnée pendant toute l'année 1744, avait bien été agitée de nouveau, pendant la campagne actuelle, dans le conseil de Louis XV, mais sans y avoir jamais prévalu; le projet, toujours chaudement appuyé par le cardinal de Tencin (protecteur né de la cause des Stuarts dont il avait représenté à Rome les intérêts), rencontrait dans d'Argenson un contradicteur. Deux raisons d'un grand poids à ses yeux décidaient ce ministre à s'y opposer. D'une part, il craignait de mécontenter Frédéric, intéressé par ses alliances de famille et par les sympathies de ses coreligionnaires en Allemagne au maintien de la succession protestante en Angleterre, à laquelle il pouvait, le cas échéant, être appelé lui-même. De l'autre, ayant peut-être un instinct plus juste que ses collègues des idées de droit politique qui commençaient à se répandre en Europe, l'homme d'État philosophe doutait qu'il fût possible et même légitime d'imposer par la force à une nation un gouvernement qu'elle répugnait à accepter. A aucun prix, il ne voulait consentir à appuyer les prétentions de l'héritier des Stuarts avant que les espérances dont ses partisans le flattaient eussent reçu des faits et du mouvement spontané des populations au moins un commencement de confirmation. Tout au plus consentait-il jusque-là à quelque envoi secret d'argent et d'armes. — « Mais les troupes, répétait-il avec constance aux émissaires qui venaient le trouver, on n'en aura que quand la révolution sera commencée; les donner avant, c'est ce que le roi regarde comme absolument contraire à ses principes; cette révolution doit se faire par elle-même : de semblables événements ne réussissent que par la volonté des peuples, et leurs voisins en guerre avec eux y nuiraient au lieu d'y servir. » — Et le père de Charles-Édouard, le prétendant lui-même, celui qui s'intitulait roi d'Angleterre, ayant écrit de Rome au roi pour le presser de venir en aide à son fils, d'Argenson hésita longtemps à laisser Louis XV même lui accuser réception de sa lettre. — « Croyez-vous, disait-il à son commis Ledran, qu'il convienne que le roi réponde ou ne réponde rien au pauvre roi Jacques? Un mot de consolation serait digne du bon cœur du roi. »

Désespérant d'entraîner son collègue, Tencin finit, avec cette hardiesse qui appartient souvent à ceux qui n'ont pas l'expérience du péril, par engager le jeune prince à courir tout seul l'aventure. — « Partez, lui dit-il, votre seule présence pourra vous former un parti et une armée, et alors il faudra bien que la France vous soutienne. » — Le conseil était de ceux qu'un jeune homme goûte facilement : Charles-Édouard se décida donc à le suivre et à se mettre en route tout seul, non cependant sans avoir, une dernière fois, essayé d'émouvoir le roi par de nobles paroles. — « Je pars, Sire, lui écrivait-il, dans le désir de me faire connaître par mes actes; je vais combattre mes ennemis, qui sont les vôtres, et tenter ma destinée, qui, après Dieu, est entre les mains de Votre Majesté. »

A son arrivée en Écosse, quand les seigneurs et les chefs des principaux clans qui l'avaient appelé surent qu'il était venu seul, sans aucun des appuis qui leur avaient été promis, aucun d'eux ne voulait plus se compromettre dans une entreprise qui paraissait désespérée, et ils le pressaient de se rembarquer avant que l'alarme fût donnée à la police anglaise. Vainement essayait-il de les entraîner par les élans d'une éloquence juvénile; ce furent les populations des bourgades voisines qui, averties de sa présence et transportées de joie de saluer l'héritier de leurs rois, se levèrent spontanément et firent taire toutes les résistances. Le nombre de ses adhérents était pourtant encore très faible, et quand le prince se décida à arborer l'étendard royal, fait d'un morceau de taffetas qu'un homme de sa suite avait apporté, il ne se trouva pas plus de 1200 hommes autour de lui pour le saluer [1].

Avec de si faibles commencements, il semble qu'il eût suffi d'un peu de sang-froid aux ministres anglais qui, en l'absence du roi, formaient un conseil de régence, pour mettre le pied sur l'étincelle avant que l'incendie fût allumé. Mais, ils étaient si convaincus que la petite escorte du prince était l'avant-garde d'une armée française et que Charles-Édouard n'était que l'avant-coureur du maréchal de Belle-Isle ou du maréchal de Saxe, que ce fu-

---

[1]. Voltaire, *Siècle de Louis XV*, ch. xxiv. — Correspondance relative aux relations avec les prétendants. *Vol.* Stuarts, juillet-août 1745. (Ministère des affaires étrangères.) — Pichot, *Histoire de Charles-Édouard*, t. Iᵉʳ, p. 303, 305.

rent eux-mêmes qui grossirent le péril en l'exagérant. Leurs alarmes, trop manifestes, encouragèrent les défections en laissant voir qu'ils doutaient de la solidité de l'établissement qu'ils avaient à défendre. D'ailleurs, ils avaient à se préserver personnellement de tous les soupçons, car le public se méfiait d'eux et ils se méfiaient les uns des autres, le dernier remaniement ministériel ayant fait entrer dans le cabinet des jacobites récemment ralliés dont la fidélité était douteuse. Les mesures prises à la hâte se ressentirent de cet état d'agitation. — « La régence tout entière est revenue à Londres, écrit Horace Walpole, pour prévenir l'invasion. » — On publia sur-le-champ une proclamation qui promettait une récompense de 30 000 livres sterling à celui qui mettrait la main sur le prince. On rappela 10 000 hommes de l'armée de Flandre, qui n'en avait jamais compté plus de 20 000, et que les combats et la maladie avaient déjà fort réduite. Enfin, on supplia le roi, on lui enjoignit presque de revenir sans délai au milieu de ses sujets. Pour l'y décider, il devait suffire de lui faire lire le manifeste rédigé par Charles-

Édouard et que ses partisans répandaient déjà en Écosse ; car le grief principal allégué par le représentant de la vieille dynastie contre la nouvelle était la prédilection des princes allemands pour leur terre natale. — « Vous savez, y était-il dit, que l'électeur de Hanovre a toujours vécu en Angleterre comme dans un pays de conquête, toujours prêt à lui échapper. Les richesses des Indes et du nouveau monde ne font que passer par vos mains pour tomber dans les siennes et couler dans son électorat. Il ne vous laisse que des pierres, généreux Anglais, tandis qu'on bâtit Hanovre d'or et de diamant, et la Tamise est tributaire de la Leine. »

La nouvelle de l'invasion prochaine de l'Angleterre suivit ainsi de près à Hanovre celle de la conquête de la Flandre, et en les recevant coup sur coup, accompagnées d'un appel auquel il lui répugnait plus que jamais de se rendre, George en éprouva un dépit qu'il ne put contenir. On le vit, dit-on, arracher sa perruque pour la fouler aux pieds et déchirer avec ses dents la dentelle de ses manchettes. Coûte que coûte pourtant, il fallait bien se résigner et regagner cette terre d'Angleterre où ne l'attendaient que des soucis. Par suite, l'accommodement avec la Prusse devenait nécessaire : c'était le préliminaire obligé de ce départ. Quand ce n'eût été que pour soustraire aux chances de la guerre l'électorat désormais sans défense, on ne pouvait laisser aux portes du Hanovre dégarni un voisin hostile et armé. George dut céder et accepter de mauvaise grâce la main que, sans plus de cordialité, lui tendait son neveu.

IV

Mais s'accommoder avec la Prusse, c'était bientôt dit ; pour qu'un tel arrangement fût utile et efficace, il ne suffisait pas que Londres et Berlin s'entendissent, il fallait que Vienne aussi se mît de la partie ; rien n'était fait pour la pacification de l'Allemagne, rien non plus pour la défense de la Flandre, si Marie-Thérèse ne consentait pas, en rentrant dans les conditions du traité de Breslau, à laisser Frédéric en paix en Silésie. C'est à ce prix seulement que, n'étant plus elle-même inquiétée en Bohême, elle pourrait porter le gros de ses forces dans ses possessions des Pays-Bas, pour remplacer les troupes anglaises forcées de quitter le continent. L'ambassadeur anglais à Vienne, sir Thomas Robinson, reçut donc l'instruction de représenter à la reine la nécessité absolue de ce sacrifice, et de la menacer même d'un abandon complet si elle hésitait à s'y résoudre, de lui tenir, en un mot, un langage assez ferme pour l'y déterminer.

Robinson n'aborda la reine qu'en tremblant. Si nos lecteurs n'ont point oublié le nom et le caractère de ce brave diplomate, ils doivent se rappeler aussi quels étaient son pieux dévouement, son admiration même un peu naïve pour la princesse, dont la beauté et le génie avaient toujours exercé sur lui un véritable charme. C'était bien lui dont les instances l'avaient décidée, trois ans auparavant, à mettre sa signature au bas de ce même traité qui avait si peu duré et qu'on le chargeait de faire revivre. Mais qu'il en avait coûté de discussions orageuses entrecoupées de larmes et d'éclats de passion! Le souvenir même l'en faisait frémir. De quel air venir refaire à la reine aujourd'hui la même demande quand l'événement avait si bien justifié sa résistance? A quelles scènes ne fallait-il pas s'attendre? Que lui répondre quand elle démontrerait sans peine que ce malencontreux traité, violé presque aussitôt que conclu, n'avait servi qu'à laisser Frédéric reprendre haleine, rassembler ses forces afin de fondre de nouveau sur elle, et se préparer en silence un poste avancé d'où il avait pu commodément, à son heure, envahir la Bohême? Quelle duperie donc de signer des conventions avec un homme sans foi, qui n'attendait pas même, pour les déchirer, que l'encre fût séchée! Robinson augurait d'autant plus tristement du débat qu'on le chargeait de soutenir, qu'il apercevait moins que jamais, chez la reine, de tendance à une disposition conciliante; chez cette âme intraitable, nul indice d'ébranlement. Si la défaite de son armée en Silésie l'avait peu troublée, les fâcheuses nouvelles de Flandre la laissaient plus froide encore. Elle avait même montré si peu d'émotion de la prise de Gand que personne (écrivait Robinson lui-même) n'avait osé lui en parler et lui demander ce qu'il y avait à faire (*What is to be done?*). Surpris, choqué même un peu de tant d'indifférence, l'Anglais en venait parfois à se demander si, des deux ennemis qu'elle avait à combattre, le plus voisin n'était pas, au fond de l'âme, celui qu'elle détestait le plus, et si, forcée de choisir, elle n'aimerait pas mieux laisser faire Louis XV en Flandre pour rester plus libre d'écraser Frédéric en Allemagne. Le soupçon, on le verra, n'était pas sans fondement, et la question valait la peine d'être posée [1].

Quoi qu'il en soit, rassemblant son courage, Robinson arriva à l'audience royale avec un discours en règle, divisé en plusieurs points. Il entra en matière par quelques chiffres dont la précision, la brutalité même, étaient à ses yeux le meilleur des arguments : 1 168 753 livres sont sorties, lui dit-il, de l'Angleterre en une seule année, uniquement en subsides de guerre,

---

1. Robinson à Harrington, 28-31 juillet 1745. (*Correspondance de Vienne.* — Record Office.)

sans compter les trois quartiers qu'attendent encore les électeurs de Cologne et de Bavière. Cette dépense ne peut être ni continuée ni surtout accrue. L'Angleterre ne peut tenir tête à tant d'ennemis à la fois, et puisqu'on ne peut songer à détacher la France de la Prusse, c'est la Prusse qu'il faut détacher de la France. Suivait un tableau, nullement adouci, assombri plutôt, au contraire, des périls de la situation ; rien n'était dissimulé, ni la défaillance à craindre de la part de la Hollande, ni l'invasion déjà préparée du sol anglais. La guerre de Bohême ne paraissait pas, disait Robinson, se présenter avec des chances plus favorables ; mais fussent-elles les meilleures possibles, on n'aboutirait jamais qu'à l'évacuation complète de cette province par les armes prussiennes, puisque la tentative de reprendre la Silésie avait malheureusement échoué. Or c'était là un avantage qu'on pouvait espérer obtenir du roi de Prusse sans coup férir, par un traité qui assurerait en même temps l'élection du grand-duc ; et, libre de ce côté, la reine pourrait consacrer toutes ses forces à venir en aide aux puissances maritimes. C'est le service qu'elles avaient le droit d'attendre de sa reconnaissance aussi bien que de sa générosité, pour prix de tant d'efforts consacrés depuis cinq années à sa cause. Le moment, d'ailleurs, ajouta-t-il en terminant, était précieux, il fallait se hâter de le saisir; car la France hésitait encore à donner au roi de Prusse un secours d'argent qu'il sollicitait avec instance. Si elle se décidait à l'accorder, tout serait dit : la porte, un instant ouverte, serait refermée, et l'alliance des deux cours scellée à nouveau. — On se demande comment le cabinet anglais avait connaissance de ce détail, tout intime, des rapports de la France et de la Prusse ? Était-ce Frédéric lui-même qui avait eu le sang-gêne un peu cynique d'en faire confidence ?

A la grande surprise de l'orateur, la reine le laissa achever sa harangue sans l'interrompre. « Je ne la vis jamais si calme, » écrivait-il. Mais c'était le calme d'une résolution arrêtée, et cette possession de soi-même qui vient, avec l'âge, de l'habitude du commandement. — Quand il eut fini : — « Rien, dit-elle, n'égale ma reconnaissance pour la nation anglaise, et je le ferai voir par tout ce qui sera en mon pouvoir. » — Elle ajouta qu'elle allait conférer dès le lendemain avec ses ministres, et que le chancelier d'État ferait connaître sa réponse. Il n'y avait qu'un point sur lequel elle aimait mieux s'expliquer tout de suite, c'est que, quelle que fût sa résolution, paix ou guerre, elle n'enlèverait jamais un seul homme du voisinage du roi de Prusse; il y allait de la sûreté de sa personne et de sa famille : avec un homme tel que ce roi, on ne pouvait jamais prendre trop de précautions.

La conversation tourna alors à un dialogue très pressant, mais sans que la reine élevât la voix ni donnât aucun signe d'irritation... — Quoi! pas un homme, dit Robinson, des soixante-dix mille hommes qui sont opposés au roi de Prusse? C'est lui témoigner plus de méfiance que n'en inspirait Louis XIV lui-même! — Non, je l'ai dit, pas un homme. — Si tant de troupes sont nécessaires à la reine pour sa sécurité personnelle, elle ne sera pas surprise que l'Angleterre ait besoin de rappeler les siennes pour sa propre défense. — Mais quel mal y aurait-il donc à laisser la Hollande accepter de la France la neutralité de son territoire ? — Quel mal ! mais il n'y a pas, en ce cas, un Anglais, jusqu'au dernier, qui ne fût obligé de rendre son épée ! — Et pourquoi dites-vous qu'il est plus facile de détacher la Prusse que la France ? » — Cette étrange question venait comme un trait de lumière à l'appui de la conjecture que formait déjà tout bas Robinson, et dut lui causer une vive émotion ; aussi se hâta-t-il de répondre : — « Mais c'est qu'il est plus aisé au roi de Prusse de faire la paix en gardant ce qu'il a déjà qu'il ne le serait de faire rendre à la France ce qu'elle a pris et ce qu'elle est en si bon train de conquérir. — Mais pourquoi ne pas attendre qu'un nouveau coup soit porté au roi de Prusse ? — Êtes-vous bien sûre d'être appuyée cette fois-là encore par les Saxons ? — Qu'importe ! le prince Charles peut bien livrer la bataille à lui tout seul. — Cette bataille, Madame, si elle est gagnée, ne vous rendra pas la Silésie, et, si elle est perdue, elle vous ruine dans vos propres États. — Dussè-je conclure avec ce roi demain, je lui livrerai bataille ce soir. Quelle nécessité donc de se presser et pourquoi ne pas attendre la fin de la campagne? En octobre, vous ferez ce que vous voudrez. — En octobre, la guerre sera finie partout, et nous n'aurons plus qu'à accepter les conditions qui nous seront faites. — Mais ce sera la même chose si mon armée se rend de la Bohême sur le Rhin et du Rhin dans les Pays-Bas : elle n'arrivera jamais à temps ; il n'y a pas un de mes généraux qui voudrait commander une armée pour une marche aussi inutile. En tout cas, ce ne seront sûrement ni le grand-duc ni le prince Charles qui s'en chargeront. Le grand-duc n'est pas si ambitieux que vous le pensez d'un vain titre d'honneur et moins encore d'en jouir sous la tutelle du roi de Prusse. Mon Dieu, laissez-moi jusqu'au mois d'octobre, et je vous aurai de meilleures conditions.

Robinson, à bout de voie et voyant qu'il ne gagnait rien par le raisonnement, crut devoir recourir aux derniers moyens et déclarer que, quoi qu'il en pût coûter au roi d'Angleterre d'abandonner ses alliés, il n'y avait plus à espérer d'obtenir ni du Parlement anglais de nouveaux subsides, ni des États généraux de nouvelles mesures de guerre, et que c'était sa raison pour demander une réponse prompte et catégorique. — « Vous l'aurez, dit la reine; c'est pour cela même que je vous ai reçu aujourd'hui et que je réunis mon conseil demain, quoique je sache d'avance, ajouta-t-elle, que, quelque chose qui s'y décide, on fera ailleurs ce qu'on voudra, avec ou sans moi [1]. »

La réponse annoncée fut donnée, en effet, dès le lendemain, sous la forme d'un long mémoire, dont les considérations, très développées, pouvaient se résumer pourtant en une

---

[1]. Robinson à Harrington, 3 août 1745. (*Correspondance de Vienne.* — Record Office.) — Cette conversation a-t-elle eu lieu avant que l'on fût informé à Hanovre du débarquement du prince Charles-Édouard en Écosse? C'est ce qu'il est difficile de savoir, l'irrégularité et la lenteur des communications épistolaires étant telles, à cette époque, qu'il est impossible de suivre exactement le sort des correspondances. Ce mois d'août 1745 est plein d'événements de tout genre, également importants, qui se produisent sur des théâtres différents. J'ai vainement essayé de déterminer comment ces divers incidents ont agi les uns sur les autres et sur les dispositions de ceux qui s'y trouvaient mêlés.

seule pensée : refus absolu de faire avec le roi de Prusse un arrangement quelconque d'où pût résulter l'éloignement d'un seul bataillon de la frontière prussienne. — « Il y a des paix, disait le mémoire, mille fois plus funestes que la guerre même, puisqu'elles exposent des peuples à des calamités plus grandes encore, et que peu à peu elles ôtent absolument toute ressource pour se sauver. En peu d'années la reine en a fait la triste épreuve, et les pauvres peuples se ressentiront au delà de mémoire d'homme de ce qu'il leur en a coûté... La reine pourrait-elle, sans se rendre responsable devant Dieu, la postérité et ses peuples, sur une simple lueur d'espérance et à la vue d'un ennemi si dangereux, dégarnir ses pays héréditaires des seules troupes qui lui restent pour les envoyer à cent lieues de leur frontière?... Que deviendrait alors la reine? Pourrait-elle demeurer à Vienne? Où trouverait-elle un asile? Elle est non seulement reine, mais encore chérie de ses peuples, et ne saurait, par conséquent, sans blesser la conscience, les exposer à une perte totale et certaine après qu'ils ont prodigué leur sang et leurs biens non seulement pour sa défense, mais pour le bien de toute l'Europe. » — D'ailleurs, la reine avait des engagements envers le roi de Pologne en Allemagne, et le roi de Sardaigne en Italie, qui ne lui permettaient pas de traiter sans leur concours, encore moins de laisser un d'entre eux exposé aux ressentiments de son voisin de Prusse.

Mais si la reine, ajoutait le mémoire, ne pouvait consentir, pour complaire aux puissances maritimes, à mettre en péril la sécurité de ses propres États, il y avait un autre moyen, plus efficace et moins périlleux, de leur venir en aide qu'elle mettait à leur service : c'était, aussitôt après l'élection qui allait avoir lieu à Francfort (et dont le résultat n'était plus douteux), de faire avancer sur les points menacés le corps d'armée qui stationnait aux entours de la ville impériale, sous les ordres du grand-duc lui-même, pour assurer la liberté de la diète. On le dirigerait, soit sur les Pays-Bas, soit sur le Hanovre, suivant le désir qu'exprimerait le roi d'Angleterre. Nul doute que l'Empire entier se portât avec élan à la suite du chef qu'il viendrait de nommer. La distance, quelle qu'elle fût, serait plus rapidement franchie que celle qui séparait l'armée de Bohême des autres théâtres de la guerre. — Craignait-on, cependant, le retard causé par les formalités de l'élection? « En ce cas, disait le mémoire, pour prouver combien le salut des Pays-Bas et l'accomplissement des désirs de ses alliés tiennent au cœur de la reine, elle ne balance pas de déclarer et d'assurer, tant en son nom qu'au nom de Son royal époux, que, supposé qu'il ne fût pas possible de concilier l'affaire de l'élection avec ledit prompt secours et diversion, elle et Son Altesse Royale sont dès à présent pleinement déterminées à *post-poser* le premier objet au second, et cela sans qu'on ait le moindre petit retardement à craindre pour ce dernier. La reine ne saurait donner une preuve plus éclatante et moins équivoque de son zèle pour les intérêts et même pour les désirs de ses alliés. » — Le mémoire se terminait enfin par une sorte de *sursum corda*, où l'on reconnaissait la main de la reine elle-même. Rappelant les épreuves par lesquelles avait passé tant de fois la maison d'Autriche, et celles qu'elle avait elle-même traversées... : « Les affaires ne sont pas, disait-elle, aussi désespérées qu'on les présente... La reine a fait plus pour la cause commune que ses augustes prédécesseurs n'ont jamais fait; elle continuera à y employer les mêmes soins que par le passé. Ces efforts et ces soins joints à sa constance l'ont tirée, avec l'aide de Dieu, de périls infiniment plus grands que ceux d'aujourd'hui. La pureté de ses intentions, solidement pacifiques, est parfaitement connue à ce même Dieu qui a tant de fois frustré les conseils et les espérances de ses ennemis, lors même qu'elles paraissaient bien mieux fondées [1]. »

Le refus étant sans réplique, Robinson dut se borner à le transmettre à sa cour sans commentaire. Mais, dans l'intervalle, les événements avaient marché, et la situation devenait

---

[1]. Réponse à la proposition faite par M. le chevalier Robinson le 1er et le 4 août 1745. (*Correspondance de Vienne.* — Record Office.)

à Hanovre plus pressante d'heure en heure. C'était d'abord l'Écosse entière qui, après quelque hésitation, se ralliait au drapeau du prétendant. Le nom de Stuart y était resté très populaire et se rattachait à tous les souvenirs d'une indépendance regrettée; aussi une vive sympathie ne tarda-t-elle pas à se manifester envers le jeune héritier de cette race chérie, dès qu'on put s'apercevoir que le ministère de George, aussi troublé qu'impuissant, lui opposait plus de bruyantes paroles que de résistance effective. Charles-Édouard put s'avancer hardiment vers Édimbourg, à la tête d'une troupe dévouée et grossie de village en village par des recrues nouvelles. S'il était une fois reçu dans la capitale, il était roi tout de bon, et toute l'Europe allait compter avec lui. D'un autre côté, le roi de Prusse faisait avancer ses troupes sur la lisière de la frontière saxonne, et le prince d'Anhalt avait l'instruction de la franchir si le contre-ordre ne lui arrivait pas avant un jour fixé; une fois cette agression faite, toute idée de paix était éloignée, et la carrière des aventures était rouverte. Il n'était donc plus temps d'hésiter ni de délibérer, et tous les conseillers de George le pressaient de conclure et de partir. Frédéric, de son côté, n'était guère moins désireux de sortir d'incertitude, quoiqu'il mît plus d'art et de sang-froid à dissimuler son impatience ; aussi le décida-t-on sans peine à ne pas insister sur des exigences qu'il n'avait, en réalité, mises en avant que pour la forme, et à se contenter de rentrer purement et simplement dans le *statu quo ante bellum*. Dès lors, tout fut aplani, et par une convention signée le 26 août entre les ministres anglais et l'envoyé prussien, le traité de Breslau fut déclaré rétabli dans toutes ses clauses principales, la Silésie restant à Frédéric, comme la Bohême à Marie-Thérèse, et les deux souverains devant s'engager à se garantir réciproquement l'intégrité de leurs territoires. La même garantie était étendue à la Saxe, au Hanovre, au Palatinat et à la Hesse. Frédéric, en échange, promettait sa voix au grand-duc pour l'élection impériale. Le roi d'Angleterre dut faire partir sur-le-champ un courrier pour Vienne, afin d'exiger de Marie-

Thérèse la cessation des hostilités en Allemagne, le roi de Prusse consentant, de son côté, à un armistice de six semaines, délai pendant lequel le traité serait gardé secret, et le protocole resterait ouvert pour attendre l'adhésion de l'Autriche et du roi de Pologne aux stipulations faites en leur nom.

Rien de plus irrégulier assurément que ce procédé du cabinet anglais, stipulant pour le compte d'autrui sans y être autorisé et sachant même pertinemment qu'il ne l'était pas. Mais l'étrangeté même d'une telle conduite attestait assez quelle impérieuse nécessité l'avait dictée, et manifestait avec évidence le parti pris par toute la nation britannique et imposé par elle à son souverain d'abandonner définitivement l'Allemagne aux chances de la guerre. Cet isolement constaté de Marie-Thérèse était pour son adversaire un sérieux avantage, quand même elle s'obstinerait à continuer seule la lutte.

Tout devait être singulier, d'ailleurs, dans cet acte conclu en dehors de toutes les règles ordinaires. Si le roi d'Angleterre se croyait permis de faire parler ses alliés sans leur aveu et contre leur sentiment, Frédéric, de son côté, oubliait entièrement de parler des siens. C'était la troisième fois, de compte fait, que, parti en guerre avec la France, il la laissait à moitié route sans la prévenir; mais il faut lui rendre, cette fois, la justice que, s'il n'y mit pas plus de façon que dans les occasions précédentes, il y apporta cependant moins de mystère. Il usa même de si peu de ménagements pour dissimuler sa défection, que ceux-là seuls purent s'y méprendre qui fermaient à dessein leurs yeux et leurs oreilles pour ne pas voir et ne pas entendre.

En réalité, que son dessein fût dès longtemps arrêté de faire, dès que l'occasion s'en trouverait, sa paix pour son compte et à son profit sans le concours de son allié, c'est (je l'ai déjà dit) ce dont nul observateur un peu perspicace ne doutait en Europe; c'était un secret de comédie dont les spectateurs avisés avaient la confidence. Mais, à partir du jour où le dernier Français eut mis le pied de l'autre côté du Rhin, loin de faire le moindre effort pour cacher son jeu, Frédéric parut tenir, au contraire, à ne plus sauver même les apparences. Rien qu'à l'entendre se plaindre tout haut et à tout venant de l'abandon où le laissait la France, il est clair qu'il se mettait en devoir d'user de représailles et voulait qu'on en fût averti. Personne ne pouvait se faire moins d'illusion à cet égard que l'envoyé de France, Valori, qui, sans cesse à ses côtés, avait appris par une expérience de longue date à lire ses sentiments sur son visage, et mesurait les changements de son humeur, comme on suit les variations de la température, par la différence de traitements dont lui-même était l'objet. Aussi, quand le pauvre ambassadeur vit tout d'un coup succéder à des reproches, dont la vivacité familière n'était pas exempte d'une certaine bonhomie, une hauteur froide et une rudesse affectée qui le tenaient à distance, il comprit que le pas décisif était franchi et que tout était dit. Ces indices, qui n'avaient rien de nouveau pour lui, révélaient une résolution arrêtée sur laquelle le prince ne voulait pas être interrogé, ni, quand le moment de parler serait venu, admettre aucune représentation. Impossible, d'ailleurs, de l'aborder et d'obtenir un instant d'audience et d'attention, même sur les points où Valori avait le plus de droit de se faire entendre.

Ainsi, Valori étant venu réclamer le concours de la chancellerie prussienne pour obtenir la restitution d'un navire français armé en course et indûment arrêté dans les eaux de la Russie, le roi s'y refusa absolument, sans le laisser aller jusqu'au bout de sa demande : — « Voulez-vous, dit-il, que je me brouille avec la Russie pour vos pirates? D'ailleurs, l'entier abandon que le roi de France fait de mes intérêts m'autorise assez à abandonner les siens. » — Sans se laisser déconcerter par ces rebuffades, Valori, qui ne voulait pas trop tôt lâcher prise, n'en persistait pas moins à se traîner à la suite de l'état-major royal, mais c'était pour se voir relégué avec les valets qui suivaient l'armée dans des gîtes détestables, où il n'était pas même à l'abri d'une surprise de l'ennemi. Une fois, le logement qu'on lui assigna était si peu sûr et si mauvais qu'il crut pouvoir s'en plaindre. — « C'est bien, dit le roi, je vous ferai donner une sentinelle ;

mais si vous vous trouvez mal ici, vous pouvez retourner à Berlin, où tous vos collègues sont restés. » — Valori ne manquait pas de rendre tristement compte à son ministre de tous ces affronts qu'il devait dévorer en silence ; il n'osait pourtant en tirer la seule conclusion qui s'offrît d'elle-même à l'esprit, et s'abstenait de tout commentaire, comme c'est l'habitude des agents intimidés quand ils sentent que leur chef a un thème tout fait d'avance et n'aime pas apprendre les vérités qui le contrarient[1].

Effectivement, à force de s'être souvent porté garant de la fidélité du roi de Prusse, d'Argenson s'était piqué d'honneur à n'en plus démordre, et il persistait même à cette dernière heure dans une confiance qu'il croyait pouvoir encore appuyer sur des raisons à ses yeux démonstratives. — Comment croire, s'écriait-il, que le moment choisi pour une défection et une défaillance serait celui où les deux souverains alliés, vainqueurs l'un et l'autre sur des théâtres

---

1. Valori à d'Argenson, 21 juillet, 1er, 8 août, 3 septembre 1745. (*Correspondance de Prusse.* — Ministère des affaires étrangères.)

différents, allaient recueillir les fruits de leur union par l'écrasement de leur ennemi commun? Comment le roi de Prusse ne verrait-il pas le service que le roi de France lui rendait en abattant en Flandre l'une des *têtes de l'hydre autrichienne?* et quel moment aussi pour se rapprocher d'un oncle qu'il n'avait jamais aimé, que celui où une révolte triomphante allait peut-être faire tomber de la tête de George une couronne qui n'y avait jamais été solidement placée et le réduire à l'état de simple électeur de Hanovre! Non, concluait-il, pour faire taire toutes les prévisions fâcheuses, le roi de Prusse, *en grand politique qu'il est,* surfait ses griefs pour qu'on lui en donne une plus large compensation. Ses plaintes sont des *simagrées* pour obtenir de nous les subsides qu'il sollicite. — Dans cette conviction, il crut avoir pourvu à tout et fermé la bouche aux faiseurs de mauvais présages en arrachant au contrôleur-général la permission d'offrir, pour l'entretien de l'armée prussienne, un maigre secours de 500 000 livres par mois. Cette mesquine largesse, annoncée avec triomphe à Chambrier, dut être officiellement offerte par Valori, en même temps qu'il remettrait une lettre de Louis XV où, en énumérant tous les succès qu'il avait remportés en Flandre, le roi de France invitait son allié à se féliciter avec lui des avantages qu'en devait retirer la cause commune [1].

A ne faire qu'un calcul d'arithmétique, on était loin de compte, car c'étaient 12 millions de livres à payer en deux termes que Frédéric avait demandés, et on lui en octroyait à peine la moitié répartie pour une année en douze échéances. Mais cette offre, dont l'exiguïté était offensante et presque dérisoire, eut de plus le malheur d'arriver juste au moment où, tout étant convenu avec le roi d'Angleterre, il ne restait plus qu'à envoyer au ministre prussien, à Hanovre, les pouvoirs pour signer la convention dont les articles étaient arrêtés ; aussi Frédéric, se voyant désormais sûr de son fait et heureux de pouvoir repousser avec dédain une aumône qu'il était humilié d'avoir mendiée, crut-il l'occasion bonne pour l'annoncer à

[1]. D'Argenson à Valori, 25 juillet, 7, 30 août 1745 (*Correspondance de Prusse.* — Ministère des affaires étrangères.)

Louis XV, en lui répondant que tout était fini entre eux. Dans une lettre qu'il prépara lui-même, il fit cette annonce en des termes dont la hauteur faisait de la rupture de l'alliance presque une déclaration d'hostilité. Après quelques compliments du bout des lèvres sur les victoires de Flandre : — « Je suis obligé d'informer Votre Majesté, disait-il, que les Anglais m'ont fait des ouvertures de paix, dans lesquelles il n'y a certainement aucune condition avantageuse pour moi, et qui se réduisent simplement au traité de Breslau. Mais Votre Majesté sait trop bien elle-même les raisons que je lui ai si souvent alléguées, auxquelles Elle n'a pas jugé à propos de remédier, qui m'obligent de les accepter. J'en avertis Votre Majesté d'avance, je crois qu'Elle a dû s'y attendre de longtemps, et si cela arrive, j'en atteste le ciel qu'il n'y aura pas de ma faute. Il a bien paru jusqu'à présent qu'Elle n'a pas senti l'intérêt de ses alliés en Allemagne, aussi voit-Elle comme Elle les a perdus les uns après les autres. Je suis mortifié de ce qui va arriver, mais j'en ai l'âme bien nette, car, après tout, mon premier devoir est de veiller à la conservation de mon État. Je sens bien que Votre Majesté trouvera ces vérités dures, mais il faut les lui dire, et il faut que les princes, tels grands qu'ils soient, s'accoutument à la vérité; il y a longtemps que je ne l'ai point déguisée, et je dois croire que les ministres de Votre Majesté l'ont veloutée de façon qu'Elle ne l'a pas vue seule [1]. »

Le secrétaire qui reçut cette pièce, avec l'ordre de la transcrire et de l'expédier, en resta si troublé, qu'il ne put se défendre de présenter timidement quelques observations et, au lieu de se mettre à l'œuvre, il crut devoir en toute hâte en envoyer la copie à Berlin. — « Je prends la liberté de vous l'envoyer, disait-il à son chef, le ministre Podewils; le contenu en étant d'une telle importance, que je la garderai un jour ou même une semaine, jusqu'à ce que je sache clairement si Sa Majesté veut bien tenir compte de mes très humbles représentations. »

Effectivement, à la réflexion, Frédéric s'avisa

[1]. Frédéric à Louis XV, 14 août 1745. (*Pol. Corr.*, t. IV, p. 262.)

qu'avant de rompre tout à fait d'un côté, il serait mieux d'être absolument assuré de l'autre. Il imagina une autre manière plus originale et qui n'était guère moins significative de se passer sa fantaisie orgueilleuse et de donner cours à son humeur; une seconde lettre fut substituée à la première, celle-là uniquement pleine de compliments railleurs et d'éloges ridiculement emphatiques : — « Monsieur mon frère, y était-il dit, les succès de Votre Majesté sont pour moi un sujet de triomphe. Elle efface par la campagne de cette année tout ce que la guerre a produit de plus brillant sous le règne du roi son aïeul. La France doit sa gloire à la valeur prudente de son roi, ainsi que le militaire lui doit sa réputation. En même temps que Votre Majesté fait tant de grandes choses qui remplissent le monde d'admiration pour Elle, cette fortune qui l'accompagne fait bien enrager les gazetiers, organes de l'envie et de l'animosité de ses ennemis; il n'y aura donc plus de ressource pour eux, et leur malignité dans sa stérilité ne pourra pas même avoir recours au mensonge; Votre Majesté ne laisse pas à l'erreur le temps de se répandre, et la mauvaise volonté de ses rivaux se change promptement en crainte et en docilité! Ce que je puis apprendre à Votre Majesté de mon armée est bien peu de chose en comparaison de ce qui se fait en Flandre; je m'en rapporte à ce que M. de Valori lui en marquera... Il est à déplorer que, dans un aussi beau tableau, il y ait une tache qui en défigure une partie. Je parle de la retraite du prince de Conti; c'est lui qui couronne le grand-duc et qui met les alliés de Votre Majesté dans une situation violente et funeste. Pour à présent, je crois le mal sans remède, et l'élection du grand-duc sera certaine. »

L'ironie était en vérité trop visible, et d'Argenson lui-même, qui s'attendait à un remerciement, sentit la pointe cachée dans les dernières lignes sous de fausses douceurs. — « Cette lettre (dit une note mise de sa main sur la pièce elle-même), qu'on croyait devoir parler des subsides, ne contient qu'un compliment affecté et ridicule. Le roi n'y répondra sûrement pas. »

Mais un *post-scriptum* suivit la lettre, et, cette fois, l'affaire des subsides n'était pas passée sous silence. C'était un refus très sec, communiqué à Valori dans ces termes dédaigneux : — « Le subside qu'on m'offre peut être bon pour un landgrave de Darmstadt, mais pour mon armée, avec les prodigieuses dépenses de trois corps de troupes que j'entretiens en campagne pour refaire l'armée d'hiver, former les magasins pour le printemps, se mettre en posture d'avoir la supériorité, c'est ce que vous avez assez de bon sens pour voir qui ne se peut point exécuter avec un si faible secours. Je renonce dès ce moment à vos subsides, offerts de si mauvaise grâce et en si modique quantité. Peut-être que je trouverai des ressources en moi-même qui me tiendront lieu d'amis ingrats, et je n'aurai point à rougir d'avoir été à l'aumône d'autres princes, condition dure que la nécessité seule pouvait imposer. Voilà ce que vous pouvez mander à votre cour [1]. »

Valori aurait vu de ses yeux la signature du

---

[1] Frédéric à Louis XV, 23 août; — à Valori, 3 septembre 1745. (*Pol. Corr.*, t. IV, p. 264, 272.)

roi de Prusse au bas d'une convention conclue avec l'Angleterre, qu'il n'aurait pas su mieux à quoi s'en tenir sur la situation qui était faite à la France.

L'historien, qui a traité avec une juste sévérité les pratiques secrètes auxquelles Frédéric ne cessait de s'adonner à l'insu de tous ses alliés, doit donc lui accorder pour ce dernier incident des circonstances atténuantes, et l'acquitter au moins du reproche de dissimulation. Il eût été sans doute plus poli de prévenir à temps, de parler tout haut, et d'appeler la défection par son nom, mais le procédé, peut-être plus courtois, n'en aurait pas appris davantage. Il faut bien convenir aussi que ce nouveau changement de front, motivé par des griefs plus sérieux, avait des conséquences moins graves et présentait par là même un caractère moins odieux que celui qui avait été opéré deux ans auparavant, en pleine campagne, sur les champs de bataille de Bohême. Il ne s'agissait plus cette fois de laisser une armée amie, aventurée au fond de l'Allemagne, bloquée dans une citadelle, n'ayant plus que le choix entre la honte d'une capitulation ou les horreurs de la famine. Aujourd'hui, des deux armées françaises qui allaient avoir à se passer du concours des troupes prussiennes, l'une n'en avait nul besoin pour marcher, sous les ordres de Maurice de Saxe, de victoire en victoire ; l'autre, celle de Conti, s'était mise d'avance en sûreté et à l'abri dans la retraite qu'elle s'était choisie elle-même au delà du Rhin. Enfin, sans en prendre trop à l'aise avec la foi des traités, on ne peut contester tout à fait que les alliances entre les peuples ne sont pas éternelles, et qu'elles périssent par force majeure quand cesse l'intérêt commun qui les a fait conclure.

Ne disputons donc pas aux panégyristes allemands de Frédéric le droit qu'ils réclament pour lui de répudier, à ce moment critique, une alliance qui n'avait pas tenu ce qu'il en espérait et qui devenait compromettante pour sa propre sécurité; à une condition cependant, c'est qu'ils reconnaîtront de leur côté que la liberté qu'il revendiquait pour lui-même, il la rendait par le même fait à son allié. En rompant ses engagements, il nous déliait aussi des nôtres, et quelque usage que nous eussions fait de cette indépendance recouvrée, quelque tort même qu'il en eût souffert, il n'aurait pas eu à s'en plaindre.

Ainsi, il se séparait de nous pour sauver la Silésie, en rendant à Marie-Thérèse la facilité de venir, avec toutes ses forces, nous chercher dans les Pays-Bas. Mais si (comme Robinson en formait le soupçon) un arrangement tout opposé était plus du goût de la princesse ; si elle préférait nous donner carrière dans les Pays-Bas pour avoir ses coudées franches en Silésie, il nous eût été parfaitement loisible, et il n'était nullement déloyal, non seulement de la suivre, mais même de la pousser dans cette voie. Du moment où l'allié de Louis XV le laissait là pour ne plus songer qu'à ses intérêts et à sa personne, la réciproque ne pouvait manquer d'être juste... — « Je conviens, disait quelque part, dans une lettre fort bien raisonnée, le prince de Conti lui-même à d'Argenson, qu'il vaut mieux, comme vous le dites, être trompé que trompeur ; mais si d'aventure le roi de Prusse vient à nous manquer, serait-ce le tromper que de nuire à sa négociation et d'en nouer une dont il fût la dupe ? » — Des documents, qui n'ont peut-être pas jusqu'ici été suffisamment mis en lumière, vont nous faire voir qu'une transaction de ce genre, si elle ne fut pas offerte en propres termes par Marie-Thérèse à Louis XV, eût du moins été facilement obtenue d'elle ; et il nous restera à apprécier par quel excès de scrupule ou par quelle erreur de jugement le ministre qui parlait au nom de la France en laissa échapper l'occasion [1].

---

[1]. Conti à d'Argenson, 1er août 1745. (*Correspondance d'Allemagne.* — Ministère des affaires étrangères.)

CHAPITRE V

La diète électorale se réunit à Francfort pour faire cesser la vacance de l'Empire. — Attitude réservée des envoyés prussiens à la diète. — Efforts inutiles du cabinet français pour empêcher l'élection du grand-duc, époux de Marie-Thérèse. — Les envoyés d'Auguste III se déclarent pour le grand-duc, qui est élu le 4 octobre 1745, sous le nom de François Ier. — Réception à la même date de la marquise de Pompadour à Versailles.

Marie-Thérèse apprend en même temps que l'élection de son époux, la nouvelle de la convention conclue entre la Prusse et l'Angleterre. — Son irritation. — Elle fait proposer à Louis XV, par l'intermédiaire des ministres de France en Saxe et en Bavière, de traiter avec elle. — Hésitation du cabinet français. — Répugnance de d'Argenson à se séparer de la Prusse. — La négociation est engagée par l'intermédiaire d'Auguste III. — Embarras dans lequel Frédéric se trouve placé par le refus de Marie-Thérèse d'accéder à la convention de Hanovre. —

MARIE-THÉRÈSE IMPÉRATRICE.

Il livre bataille aux Autrichiens à Sohr. — Résultat incertain et contesté de la journée. — Couronnement de l'empereur François à Francfort. — Suite de la négociation engagée avec la France, qui traîne en longueur sans aboutir, par suite de la mauvaise volonté de d'Argenson. — Frédéric fait connaître à la France la convention de Hanovre, en la justifiant.

Pendant qu'au nord de l'Allemagne le traité conclu entre la Prusse et l'Angleterre, laissant la France dans un complet isolement, allait avoir pour effet d'interdire à ses armées l'entrée du territoire germanique, au sud, à Francfort, sous de tout autres influences, un but analogue était poursuivi. La diète électorale était réunie dès le 4 août, et les opérations, ou, comme on disait dans le langage des chancelleries du temps, le *négoce* de l'élection était poussé avec une vigueur et une rapidité inaccoutumées, dans le dessein d'arriver sans délai, en posant la couronne de Charlemagne sur la tête de l'époux de Marie-Thérèse, à mettre le

Saint-Empire tout entier sous la puissance de notre ennemie.

En réalité, du jour où le prince de Conti avait pris le parti de faire repasser le Rhin à ses troupes, tandis que l'armée autrichienne restait campée autour du siège de la diète, l'élection de François de Lorraine était faite d'avance, et personne ne s'y méprenait. La moindre intelligence aurait suffi au cabinet français pour comprendre que le résultat était inévitable, et la dignité lui commandait, sinon de s'y résigner de bonne grâce (ce qui était difficile après une partie si imprudemment engagée), au moins de s'y préparer avec calme. Dans la politique comme dans la vie privée, rien ne compromet et ne prête à rire comme des efforts tardifs et désespérés faits pour courir après un succès, quand on s'est enlevé à soi-même tout moyen de l'atteindre. Se retirer de la lutte électorale, puisqu'on s'était éloigné du champ de bataille; — rappeler ses ambassadeurs à la suite de ses soldats; — puis, l'élection faite, protester au nom des libertés germaniques, dont la garantie était toujours confiée à la France par le traité de Westphalie; — mettre en avant quelqu'une des mille difficultés légales que la complication des chartes impériales tenait toujours au service des juristes de bonne volonté; — entre temps, achever d'écraser les armées et les alliés du nouvel Empereur partout où on continuait à les rencontrer, et de conquérir ceux de ses Etats qu'on était à portée d'envahir, — c'était l'unique procédé à mettre en usage pour supporter sans trop de dommage le mécompte présent et en réserver la réparation à l'avenir. Le jour ne tarderait pas à arriver (on pouvait du moins l'espérer) où l'élu de Francfort serait heureux d'acheter, au prix de quelque concession importante, la confirmation d'une grandeur qui ne lui paraîtrait pas à lui-même solidement acquise tant qu'un voisin puissant et victorieux se refuserait à la reconnaître. Du moment où on ne pouvait ni s'opposer ni s'associer à un choix devenu nécessaire, le bon sens indiquait de tenir l'adhésion de la France tranquillement en suspens, pour en faire, au moment propice, le précieux élément d'une négociation future.

Ce fut là précisément l'attitude que le roi de Prusse, avec le sens politique qui ne lui faisait jamais défaut, eut soin d'adopter tout de suite, bien qu'il fût plus intéressé encore que la France dans le choix de l'empereur futur, puisqu'il avait à y prendre part en qualité d'électeur de Brandebourg. On sait, du reste, que, dès le lendemain de la vacance de l'Empire, il avait prévu que la chance tournerait d'une façon à peu près irrésistible en faveur du candidat autrichien, et que, ne se faisant à cet égard aucune illusion, il n'avait jamais formé sérieusement l'intention d'y faire obstacle. Il demandait seulement avec son cynisme de langage habituel que *quelque bon morceau* lui fût assuré en échange de son consentement, et, à la date même où la diète s'ouvrait, le marché, repris et poussé avec vivacité par le cabinet anglais, était, nous venons de le voir, à la veille même d'être conclu. Tant que l'affaire pourtant n'était pas faite — tant que les répugnances de l'Autriche n'étaient pas vaincues — le prudent monarque n'avait garde de lâcher le gage avant d'en tenir la valeur, et de se dessaisir du prix avant d'avoir la chose. Aussi donna-t-il à ses plénipotentiaires à Francfort l'instruction de protester dès le premier jour contre l'irrégularité même de la réunion, en s'abstenant d'y participer. Le motif de leur retraite dut être tiré des dispositions de la fameuse bulle connue sous le nom de *Bulle d'Or*, qui imposait pour la validité d'une élection impériale les conditions suivantes : 1° légitimité des pouvoirs de tous les électeurs ; 2° pleine indépendance de la diète électorale ; 3° de la part des votants eux-mêmes, absence de tout engagement préalable qui pût enchaîner la liberté de leurs suffrages. — Or, suivant l'instruction prussienne, aucune de ces exigences de la Bulle d'Or n'allait recevoir satisfaction. En premier lieu, on annonçait l'intention d'accorder à Marie-Thérèse la représentation de la voix électorale de Bohême, contrairement au droit reconnu et pratiqué dans l'élection précédente. — De plus, la seule présence des troupes de Francfort exerçait une pression matérielle indue. — Enfin, tout le monde savait que, par un article additionnel du traité de Fuessen, l'électeur de

Bavière avait promis sa voix au grand-duc, à telles enseignes qu'en garantie de l'exécution de cette promesse, des garnisons autrichiennes occupaient encore quelques-unes des places fortes de Bavière. L'opération étant par tous ces motifs nulle et viciée en principe, ce serait se rendre complice de l'irrégularité que d'y intervenir.

Telles furent les conclusions que les ministres prussiens eurent ordre de développer, après quoi ils devaient se retirer, et, bien que présents à Francfort, y demeurer comme s'ils n'y étaient pas. La même ligne de conduite fut prescrite, toujours par le conseil de Frédéric, au représentant du jeune électeur palatin, le seul des membres de la diète qui eût imité l'exemple de la Prusse et qui, bien que très vivement sollicité, même menacé et déjà maltraité par l'Autriche, ne lui eût pas encore fait sa soumission. Prusse et Palatinat durent marcher tout de suite et tout le temps du même pas [1].

1. Droysen, t. II, p. 541. — *Pol. Corr.*, t. V, p. 273.

Des diverses allégations de l'instruction prussienne, la dernière peut-être était un peu surprenante de la part d'un prince qui, au moment où il incriminait les engagements pris par l'électeur de Bavière, se mettait en mesure d'en contracter lui-même à Hanovre de tout semblables. Mais Frédéric, on le sait, était l'homme du monde le moins embarrassé pour reprocher amèrement à autrui ce qu'il faisait lui-même sans scrupule. A cela près, les griefs étaient assez fondés : ils auraient même pu être plus nombreux. Il en était un en particulier dont on pouvait remarquer l'absence : c'était le plus fort, le plus populaire, celui qu'on pouvait tirer de la qualité personnelle du grand-duc, étranger à l'Empire par sa naissance, et n'y possédant qu'une puissance d'emprunt, dont il pouvait être privé d'un jour à l'autre, s'il avait la mauvaise chance de survivre à son épouse. De tous les reproches faits à la candidature autrichienne, il n'y en avait pas qui fût de nature à faire une plus forte impression sur l'opinion et sur la conscience des Allemands ; on devait donc s'étonner de voir Frédéric négliger un si bon motif d'opposition. Mais négliger n'était pas le mot, car c'était à dessein (comme Frédéric le fit plus tard remarquer lui-même) qu'il avait évité d'y faire allusion. Il voulait bien, dit-il, protester contre la forme de l'élection, mais non contre la personne de l'élu, par la raison qu'un vice de forme peut toujours être couvert après coup, tandis qu'une incapacité personnelle est ineffaçable, et le seul fait de la faire valoir pouvait constituer une injure impardonnable. Ainsi, en se retirant du collège électoral, il se gardait pour ainsi dire d'en fermer la porte sur lui, afin de rester libre d'y rentrer quand il lui conviendrait. A plus forte raison, et avec plus de soin encore, il évitait de prononcer aucun nom propre et interdisait à ses agents d'entrer en conversation sur un choix quelconque à opposer à celui qu'on allait faire ; et à ceux qui murmuraient encore autour de lui que, malgré les incertitudes et le langage équivoque du roi de Pologne, on pouvait peut-être, à la dernière heure, voir apparaître par surprise sa candidature improvisée, il se bornait à répondre en haussant les épaules :

« — Avez-vous jamais vu faire un empereur incognito[1] ? »

Toute autre, bien moins digne et bien plus compromettante pour l'avenir, fut la conduite dictée aux agents français. Mais précisément, parce que d'Argenson se sentait accusé d'avoir abandonné l'élection aux ennemis de la France, en renonçant jusqu'à l'ombre et à la possibilité d'une action matérielle, il se croyait obligé et presque piqué d'honneur de la faire réussir à son gré par la voie de la persuasion. Aussi, dans les dernières semaines qui précèdent l'ouverture de la diète, tous les envoyés français, résidant auprès des petites cours dont le suffrage pouvait paraître encore incertain, reçurent-ils l'ordre d'assiéger les princes et leurs ministres de représentations éloquentes sur la servitude où ils allaient se réduire en rétablissant la *tyrannie* de la maison d'Autriche et en *mettant de nouveau aux fers la liberté germanique*. Par malheur, le moindre mouvement en avant d'un bataillon de l'armée de Conti aurait

1. Valori à d'Argenson, 3 octobre 1745. (*Correspondance de Prusse.* — Ministère des affaires étrangères.)

produit plus d'effet que toutes les prédications du monde, et le crédit faisait complètement défaut aux prédicateurs, qui étaient d'ailleurs assez mal choisis : car c'était, à Trèves, un ancien commissaire de gendarmerie, Renaud, homme de mauvaise façon, qui avait eu le tort de brutaliser plusieurs fois, sans motif suffisant, le vieux prélat; à Cologne, à la place du spirituel de Sade, un ecclésiastique mal famé, l'abbé Aunillon, choix personnel de d'Argenson, qui avait placé en lui une confiance peu justifiée; enfin à Munich, toujours le triste Chavigny, complètement discrédité depuis que le jeune électeur bavarois, comme un pupille révolté, s'était échappé de sa tutelle. Tous durent reconnaître que leurs exhortations étaient sans effet, tant qu'elles restaient purement morales, et proposèrent de les renforcer par d'autres procédés qui l'étaient moins, et que d'Argenson, dont la délicatesse ne paraissait répugner qu'à l'emploi de la force, ne se fit pas scrupule d'accepter. Une bourse de 2 000 ducats fut offerte au chancelier de l'électeur de Trèves, et une somme de 8 000 écus d'Allemagne aux ministres de l'électeur de Cologne, à raison de 2 000 écus par mois tant que le grand-duc ne serait pas élu Empereur ; ce dernier point confié aux tendres soins d'une grande dame, la comtesse de Brandt, qui avait régné, disait-on, sur l'esprit de l'électeur, et qu'on fit revenir à Cologne tout exprès pour essayer de rétablir son influence.

Vaines tentatives : l'électeur de Trèves était désormais tout en Dieu ; on ne pouvait plus le faire sortir des considérations mystiques. — « Ne voyez-vous pas clairement le doigt du Seigneur? disait-il au résident de France ; c'est la Providence qui a conduit par la main M. de Belle-Isle dans le piège d'Elbingerode ; c'est elle qui, par la mort de l'Empereur, a fait la paix de la Bavière ; la prudence des hommes ne peut rien contre la volonté divine. » Quant à l'électeur de Cologne, son honneur était intraitable : il avait promis, il avait juré, il voulait tenir ; l'abbé Aunillon ne pouvait que s'étonner de trouver si incorruptibles des gens si corrompus. — « Il m'écoute, ajoutait-il, avec un phlegme dont je ne fais pas honneur à sa philosophie [1]. »

Les prétentions de d'Argenson étaient pourtant devenues des plus modestes, car tout ce que, faute de mieux et en désespoir de cause, il se bornait maintenant à demander aux princes qu'il tentait de séduire, c'était de se prêter à l'ajournement de l'élection et de s'opposer par des délais, qu'il était toujours aisé de motiver, à une précipitation peu ordinaire, d'ailleurs, dans les habitudes germaniques. Non qu'il eût cessé d'avoir un candidat de son choix, et même d'exprimer tout haut ses sympathies et ses préférences pour le roi de Pologne, cet étrange prétendant, qui se refusait à l'être et qui, de jour en jour, plus engagé et plus déférent envers l'Autriche, se trouvait ainsi non seulement l'allié, mais presque le serviteur de celui auquel on voulait le donner pour rival. — « Le roi de Pologne, écrivait-il encore, le 2 avril, à l'un de ses agents à Francfort, a au

---

[1]. Renaud et l'abbé Aunillon à d'Argenson, juillet et août 1745, *passim*. (*Correspondances de Trèves et de Cologne.* — Ministère des affaires étrangères.)

fond le cœur des bons patriotes et des Allemands ; il a le droit et il a la raison.. Le parallèle du roi de Pologne et du grand-duc forme un tel contraste que la raison et le sentiment suffiraient pour inspirer au collège électoral des motifs de résistance à se déterminer sans réflexion pour le choix du grand-duc. » — Et à l'électeur de Trèves, pour le prendre par son côté faible, il faisait dire : — « Il faut insister sur l'article de la religion ; le roi de Pologne est le plus droit roi qui ait jamais porté couronne ou dit bréviaire ; sa famille l'est pour le moins autant que lui. » — Il ne renonçait donc pas à sa chimère favorite ; mais, ne pouvant se dissimuler que le vent ne soufflait pas en faveur d'une candidature qui persistait à rester dans l'ombre, il bornait ses vœux à éloigner toute résolution définitive, afin de laisser le temps aux événements d'agir, à Auguste de se déclarer et, comme il le disait et l'espérait toujours, à la raison de se faire entendre. Il se flattait d'avoir obtenu, pour ce système de temporisation, l'appui d'Auguste lui-même et le concours de son représentant à la diète.

Parfois même, avec la mobilité d'imagination qui lui était propre et ce goût de nouveautés originales qui était le fond même de son caractère, il lui arrivait de dire : — « Mais pourquoi l'Empire ne se passerait-il pas de chef ? Une association libre comme celle des cantons suisses et des Provinces-Unies assure aussi fortement la sécurité de l'innocence et ne serait pas sujette aux mêmes inconvénients que l'assujettissement forcé à l'autorité impériale. Les princes ecclésiastiques pourraient, en toute tranquillité, être de bons archevêques et des souverains heureux. Il en serait de même des autres princes, et tous se trouveraient exempts de rechercher, en s'abaissant lâchement devant l'autorité impériale, la faveur et quelques grâces de l'Empereur régnant [1]. »

[1]. D'Argenson à Saint-Severin, ministre à Francfort, 2 et 17 août ; — à Renaud, résident à Trèves, 22 août 1745 ; — Vaulgrenant à d'Argenson, 24 juillet 1745. — Un mémoire, joint à cette dernière lettre, fait voir que le comte de Brühl s'était à peu près engagé à faire, à Francfort, tous les efforts possibles pour retarder l'élection, ce qui n'est pas surprenant, Auguste III ayant un certain intérêt à prolonger une situation qui le faisait caresser et ménager par tous les partis. (*Correspondances de Francfort, de Trèves et de Saxe.* — Ministère des affaires étrangères.)

Mais, tandis que le cabinet français ne cherchait plus qu'à gagner du temps, d'autres, devinant sa pensée et allant plus droit en besogne, ne songeaient, au contraire, qu'à se hâter pour en finir. Dès le 3 août, les représentants, réunis en conférence préliminaire, se montrèrent résolus à rendre (comme on disait) l'*activité* à la voix de Bohême, ce qui ouvrait la porte de la diète aux envoyés de Marie-Thérèse; et cette décision amenant, comme on s'y attendait, la retraite immédiate de la Prusse et du Palatinat, il fut déclaré qu'on passerait outre sans tenir compte d'aucune absence, et que l'élection aurait lieu à la pluralité des présents. Puis, de crainte que la discussion des articles qui, sous le nom consacré de *capitulations*, devaient être présentés à l'Empereur élu (comme la condition et la règle de son administration future) n'entraînât quelques délais, on convint, afin de rendre ces formalités le moins longues possible, de s'en tenir aux dispositions prises dans l'élection précédente. En un mot, tout fut préparé, comme l'annonçait un agent français, pour enlever *militai-*

rement l'opération électorale. On sentait que la diète, appartenant désormais à Marie-Thérèse, n'était plus que l'instrument d'une main puissante.

La protestation de la France aurait dû suivre immédiatement celle de la Prusse, et il ne manquait pas à Francfort d'agents français pour la présenter. Il y en avait jusqu'à trois : La Noue, résident ordinaire dans la ville impériale; Blondel, accrédité auprès de l'archevêque de Mayence, et qui avait suivi le prince-primat à la diète; enfin le comte de Saint-Severin, seigneur de distinction, exercé déjà à de hautes fonctions, et qui devait remplir, en qualité d'ambassadeur extraordinaire, le rôle si récemment dévolu à Belle-Isle, et joué par lui avec un éclat qu'on n'avait pas oublié. C'était celui-là dont la voix, se faisant entendre en même temps qu'arrivait en Allemagne l'écho, malheureusement trop affaibli, des victoires françaises dans les Pays-Bas, aurait pu avoir quelque retentissement. Sa retraite, après une apparition solennelle et suivie d'une protestation hautaine, aurait pu jeter quelque trouble dans des âmes timides et des esprits naturellement indécis. Mais un incident ridicule ne laissa pas à Saint-Severin, qui se sentait d'avance condamné à l'impuissance, même la ressource de garder un peu de prestige en s'enveloppant dans sa dignité.

Sa nomination avait été le chercher sur la route de Russie, où il allait remplir une mission extraordinaire, et il avait dû arriver à Francfort sans aller prendre à Paris ses lettres de créance : un secrétaire était chargé de les lui apporter. Seulement on n'avait pas réfléchi que les troupes autrichiennes occupaient toutes les routes qui conduisaient de la frontière de France à Francfort, et que l'accès en était interdit tout particulièrement aux Français. Sans doute, à l'ambassadeur lui-même, se présentant avec son caractère officiel et l'extérieur de son rang, on eût hésité à barrer le chemin ; mais un simple secrétaire, portant dans sa valise des lettres de créance qui n'étaient pas pour lui, n'imposait pas la même réserve. Les commandants autrichiens en jugèrent du moins ainsi, et ne se firent aucun scrupule de lui refuser malicieusement un laissez-passer. A quoi servait donc l'expérience si récemment faite par Belle-Isle? C'était la seconde fois que la légèreté et la loyauté françaises étaient prises au piège par le sans-gêne de la rudesse germanique.

Dufour (c'était le nom du secrétaire), tout interdit, alla demander conseil au prince de Conti, qui campait toujours à proximité du Rhin. Le prince ne se trouva guère moins embarrassé; c'était le cas peut-être pour lui de tenter un coup de tête, en donnant au secrétaire une escorte pour forcer le passage, au risque d'amener un de ces conflits qui, engagés par hasard entre des armées en présence, se terminent souvent à l'avantage du plus audacieux. Mais Conti ne se sentait ni en force suffisante ni assez sûr d'être avoué et approuvé, même en cas de succès, par son gouvernement, pour essayer pareille aventure. On se borna donc à chercher quelque moyen de tourner l'obstacle qu'on ne pouvait franchir, et un moment on s'était arrêté à l'idée d'embarquer le secrétaire sous un déguisement et avec ses lettres de créance dans sa poche, sur un des bateaux marchands qui remontaient le Mein. Mais, réflexion faite, cette manière gauche d'entrer en scène, pour un représentant de la France, sembla, non sans raison, pire encore que de n'y pas paraître du tout. La voie d'eau, d'ailleurs, n'était guère plus sûre que celle de terre, le grand-duc ayant réquisitionné, pour le service de ses troupes, tous les bateaux dont la ville de Francfort disposait ; on les lui avait accordés sans difficulté, et ils sillonnaient la rivière à toute heure. Il fallut donc patienter et parlementer avec les commandants autrichiens, qui finirent par entendre raison, mais seulement quand l'élection fut assez avancée pour que la remise des lettres de créance ne fût plus qu'une formalité inutile. En effet, à partir d'un certain moment du *négoce*, les électeurs étaient en quelque sorte au secret et ne pouvaient plus communiquer ouvertement avec les ambassadeurs étrangers, qui, de plus, le jour même du vote, devaient sortir de la ville, sauf à stationner quelque part dans les environs, jusqu'à ce que le résultat fût connu. En attendant, Saint-Severin, pour ne pas rester tout à fait inactif, se résolut à aller trouver personnellement l'archevêque de Mayence et à lui faire connaître en termes officieux (puisqu'ils ne pouvaient être officiels) le désir de sa cour de voir la diète surseoir à un choix qui ne lui paraissait pas suffisamment préparé. — « Il y a assez longtemps, lui répondit sèchement le prélat, que l'Empire est privé de chef; l'obligation de mon office d'archichancelier est de lui en faire promptement trouver un. » — L'ambassadeur, ainsi rebuté et se souciant peu de se le faire dire à deux fois, trouva alors plus commode de s'enfermer chez lui, en prétextant qu'il était malade (ses lettres même disent qu'il l'était réellement) ; ce qui lui donnait une bonne raison pour ne pas sortir de Francfort au moment indiqué, car il eût été très embarrassé (dans l'état des environs) de trouver, même pour quelques heures, un abri où il pût rester en sécurité [1].

1. Dufour et Conti à d'Argenson, 29 et 30 août 1745 ; — Saint-Severin à Conti, 29 août; à d'Argenson, 1er, 2 et 3 septembre 1745. (*Correspondance d'Allemagne.* — Ministère des affaires étrangères.) — Note de d'Argenson à Saint-Severin, 12 août 1745. (*Correspondance d'Allemagne*). Ministère des affaires étrangères.)

Quand Louis XV fut informé de la triste figure qu'avait faite l'agent porteur de son sceau et de sa signature, il en éprouva une humeur très vive, et dit tout haut que Dufour aurait dû, même au risque de sa vie, se frayer un passage. Mais, quant à d'Argenson, il dut se borner à faire remarquer combien les procédés de l'Autriche étaient différents des siens, puisque, tant que l'armée française avait campé dans le voisinage de Francfort, elle avait laissé circuler en liberté même les envoyés de Marie-Thérèse.

Avec quelque rapidité qu'on eût l'intention de procéder, telles étaient pourtant les lenteurs inévitables de la procédure germanique, que les opérations ne pouvaient guère durer moins de quelques semaines; la Bulle d'Or en prévoyait même jusqu'à quatre, qu'il n'était guère dans les habitudes d'abréger. Pendant cet intervalle d'attente nécessaire, plusieurs incidents survinrent, qui, dans d'autres circonstances et sous une moins forte impulsion, auraient pu déterminer les électeurs à tout suspendre, tandis qu'une fois leur parti pris, l'effet fut contraire et ne fit que les raffermir dans leur résolution. Ce fut d'abord la nouvelle des progrès du prétendant en Écosse et de sa marche rapide et triomphale vers Édimbourg; d'Argenson s'était flatté, en apprenant ce succès (qui l'avait trouvé longtemps incrédule), que le départ, devenu nécessaire, du roi George d'Allemagne, affaiblirait le crédit et l'action de son représentant à la diète. Loin de là, George, toujours Autrichien dans l'âme, n'en fut que plus pressé de régler, avant de s'éloigner, une question qui lui tenait au cœur et qu'il considérait comme très importante pour la sécurité de ses possessions allemandes ; il donna pour instructions à son envoyé, le baron de Münchhausen, de ne rien négliger pour que tout fût résolu le jour où il devait quitter le territoire germanique. Münchhausen lui-même, tout dévoué à Marie-Thérèse, s'acquitta de sa commission avec un tel déploiement de zèle, que Frédéric, informé de cet empressement et à qui tant de hâte déplaisait, en conçut un peu d'humeur et même quelque inquiétude sur la sincérité des engagements qu'on prenait envers lui à Hanovre au même moment [1].

Un mécompte plus grand encore fut causé, — sinon à Frédéric (qui n'avait jamais fait aucun fonds sur l'appui éventuel du roi de Pologne), — du moins aux agents français, par le changement subit qui survint, vers les derniers jours précédant l'élection, dans le langage et la conduite de l'envoyé de Saxe, le comte de Loos. A son arrivée, bien que sa manière d'être fût très louche et son langage peu rassurant, cet agent laissait pourtant encore planer quelque incertitude sur le vote qu'à la dernière heure il aurait à émettre. Il faisait entendre que, s'il s'était refusé à s'associer aux protestations de ses collègues prussiens et palatins, c'était pour garder son action dans la diète, afin de ralentir et au besoin d'entraver la marche de l'opération électorale. Soudainement, il jeta le masque, et, ne se séparant plus de l'envoyé d'Autriche, il annonça tout

---

[1]. Droysen, t. II, p. 541-543. — Frédéric à Podewils, 1er septembre 1745. — *Pol. Corr.*, t. IV, p. 275. — Note autographe de d'Argenson, 24 août 1745. (*Correspondance d'Allemagne.* — Ministère des affaires étrangères.)

haut que sa voix était acquise au grand-duc.

C'était (il n'en fit pas mystère) l'effet direct de l'apparition menaçante du prince d'Anhalt et des troupes prussiennes sur la frontière de Saxe. Si Frédéric, par cette démonstration, avait pensé intimider son voisin, il était loin de compte. Auguste en prit occasion, au contraire, pour sortir d'une situation indécise, qu'il n'avait prolongée que pour éviter d'être poussé à bout et exposé à des extrémités trop rigoureuses. Puisqu'on ne le ménageait plus, dit-il, il n'avait plus lieu de garder lui-même aucune réserve. C'est ce qu'il déclara en termes très nets au ministre de France, Vaulgrenant, et l'annonce fut commentée avec une vivacité plus grande encore par le comte de Brühl, personnellement très irrité d'avoir été désigné dans le manifeste prussien par quelques-unes de ces qualifications injurieuses et piquantes dont Frédéric n'avait jamais le bon goût de se priver, même dans ses documents officiels. Une explication très aigre eut même lieu à ce sujet entre Brühl et Vaulgrenant, chez l'ambassadeur d'Espagne, et en présence d'une nombreuse réunion d'assistants.

Brühl se laissa aller à exhaler tout son dépit. — « Je tâchai, dit Vaulgrenant, de garder autant de sang-froid que l'autre montrait de fureur. — Vous entendez, ai-je dit au ministre d'Espagne, ce qu'on nous dit? Vous voyez quel est le fruit de nos soins et quelle reconnaissance on nous témoigne?... Vous concevez que notre présence ici est déplacée, en même temps qu'elle devient inutile. Informons nos cours et attendons les ordres qu'elles jugeront convenables de nous donner. » — Brühl se montra bien alors un peu ému de cette menace d'une rupture faite ainsi sur place et sans retour, et voulut courir après ses paroles. — « Il me prit la main, ajoute Vaulgrenant, et me dit : — Nous sommes, je l'avoue, vivement ulcérés, et il faudrait n'avoir pas d'entrailles pour ne pas ressentir les injures qu'on nous dit. Il nous faut quelques jours pour nous remettre, mais soyez sûr que nous ne précipiterons rien. » — Vaines assurances : l'instruction donnée au comte de Loos ne fut ni retirée ni atténuée [1].

1. La Noue à d'Argenson, 23 août. — Saint-Severin à Conti, 29 août, 3 et 10 septembre ; — Vaulgrenant à d'Argenson,

D'Argenson fut tout de suite et exactement informé de ce revirement, qui, au fond, n'en était pas un. Ses agents, qui en étaient plus contrariés que surpris, n'ayant jamais partagé ses espérances, mirent même à le détromper un empressement qui n'était pas exempt de malice. — « Il fallait s'y attendre, écrivait l'un deux, car c'était une étrange manière pour le roi de Prusse d'offrir au roi de Pologne la couronne impériale que de la lui présenter à la pointe de son épée. » — On peut s'imaginer, mais on peindrait difficilement, le chagrin que le ministre déçu éprouva en voyant s'évanouir les dernières fumées de ses espérances. — « Que faire, écrivait-il sur-le-champ à son envoyé, si la Saxe nous abandonne ? Nous comprenons maintenant que les espérances dont elle a voulu nous flatter, sur le désir du roi de Pologne de devenir Empereur, n'étaient qu'un moyen dont elle se servait pour arrêter l'invasion qu'elle appréhendait de la part des troupes prussiennes. » — Puis, avec Chavigny dont il avait

---

24, 28 et 31 août 1745. (*Correspondances d'Allemagne et de Saxe.* — Ministère des affaires étrangères.)

deviné le blâme mal dissimulé au moment de la retraite de Conti, il entrait dans une sorte de justification plaintive. — « Nous ne pouvions, disait-il, que rester sur la défensive et non prendre l'offensive; c'était aux Allemands à soutenir le système germanique et à montrer s'ils voulaient secouer le joug autrichien... Leur constitution, à cet égard, peut être comparée à celle de la Grande-Bretagne. C'est aux peuples du royaume à se donner un nouveau roi ; nous pouvons tout au plus les soutenir contre les fauteurs de la tyrannie. Ce n'était pas à nous à attaquer directement la tyrannie et l'usurpation. Ceux qui nous le demandent sont comme ces jacobites outrés qui ont perdu la cause qu'ils soutenaient. » — Mais en même temps, dans des confidences plus intimes, son irritation contre Auguste III s'exprimait avec toute l'amertume de l'affection trompée. — Ce prince naguère si *droit*, l'espoir des *bons patriotes*, n'était plus que contraste et extravagance... « Atteint d'une sorte de stupidité, il se laisse ruiner, déshonorer : il va devenir esclave, quand il pourrait devenir maître ; il s'appuie sur une liaison qui le perdra, bien loin de lui servir jamais à rien, et en lui s'invétère la haine pour ce qui serait propre à le sauver et à l'élever. » — D'Argenson n'en concluait pas moins qu'il fallait soutenir la gageure jusqu'au bout, bien qu'on pût prévoir qu'il faudrait céder à cette conduite *monstrueuse*, et, en guise de dernière ressource, il ouvrait à Saint-Severin un crédit de 300 000 écus pour corrompre, s'il était possible, un des plénipotentiaires autrichiens [1].

Il était trop tard : la date de l'élection était fixée ; on était maintenant si sûr du résultat qu'on avait songé un instant à attendre, pour le proclamer, le 4 octobre, jour de Saint-François et fête du grand-duc ; mais on craignit d'être surpris par quelque nouvel incident, et le 12 septembre fut enfin choisi, « et ce jour-là, écrit La Noue, l'élection du grand-duc de Toscane comme roi des Romains fut proclamée, entre une heure et

---

[1]. D'Argenson à Saint-Severin, 30 et 31 août ; à Vauréal, ambassadeur en Espagne, 7 septembre ; — à Chavigny, 11 septembre 1745. (*Correspondances d'Allemagne, de Saxe et d'Espagne.* — Ministère des affaires étrangères.)

deux heures de l'après-midi, au bruit de trois salves d'artillerie des remparts, au son de toutes les cloches de la ville et aux acclamations d'une populace effrénée, qui ne diminua rien de ses clameurs que fort avant dans la nuit. Les ambassadeurs de Bohême jetèrent de l'argent au peuple et illuminèrent le dehors de leurs hôtels, ce qui fut imité par les ambassadeurs de Hanovre; mais entre les ministres étrangers, M. le nonce est le seul qui se soit piqué d'illuminations [1]. » Ainsi, après cinq ans de luttes sanglantes et au lendemain d'une grande victoire, toute l'œuvre de la France était détruite; l'ancien vassal de Louis XV montait malgré lui au trône des césars; le vœu de Charles VI était accompli : sa fille était impératrice.

Au même moment, par une singulière coïncidence, un autre avènement avait lieu à Versailles, presque royal aussi, bien que d'une nature différente, mais qui devait avoir à peu près autant d'importance pour la suite des évé-

1. La Noue à d'Argenson, 13 septembre 1745. (*Correspondance d'Allemagne.* — Ministère des affaires étrangères.)

nements du siècle. Le roi de France, après avoir célébré la Saint-Louis dans la cathédrale d'Ostende (comme Maurice le lui avait promis), était rentré dans sa capitale ; bien qu'il revînt couvert de nouveaux lauriers, l'accueil qui lui fut fait, cette fois, fut assez froid. Avec l'humeur mobile des Parisiens, on ne rallume pas aisément l'enthousiasme quand on l'a laissé s'éteindre. Puis, en l'absence du véritable vainqueur, qui était resté à tête de son armée pour achever les opérations de la campagne, des commentaires et des critiques avaient recommencé à circuler. De tristes nouvelles arrivaient des succès de la marine anglaise dans les parages lointains de l'Atlantique, et le résultat prévu de l'élection de Francfort faisait juger assez sévèrement la conduite de l'armée du Rhin. Enfin, on savait que, dès que la cour serait rétablie à Versailles, aurait lieu la présentation officielle de la nouvelle marquise de Pompadour à la reine [1].

Effectivement, ce fut au jour indiqué que

---

1. Chambrier à Frédéric, 10 septembre 1745. — Ministère des affaires étrangères.

celle qui remplaçait madame de Châteauroux dans le cœur du roi pour y régner tant d'années en souveraine, paraissant dans tout l'éclat de sa beauté, fut introduite dans ce cercle royal, d'où la tenaient éloignée sa condition comme sa naissance. Elle était amenée par la princesse de Conti, mère du général de l'armée du Rhin, qui s'était chargée de cette commission, dans l'espoir d'assurer à son fils la succession, toujours prête à s'ouvrir, du maréchal de Saxe...
— « Il y avait un monde prodigieux, dit Luynes, dans l'antichambre et la chambre du roi, mais assez peu dans le cabinet... Tout Paris était occupé de savoir ce que la reine dirait à madame de Pompadour. On avait conclu qu'elle ne pouvait lui parler que de son habit, ce qui est un sujet de conversation fort ordinaire aux dames quand elles n'ont rien à dire. La reine, instruite que Paris avait déjà arrangé sa conversation, crut par cette raison même devoir lui parler d'autre chose... Je ne sais si madame de Pompadour entendit ce qu'elle disait, car la reine parla assez bas ; mais elle profita de ce moment pour assurer la reine de son respect et

du désir qu'elle avait de lui plaire. La reine parut assez contente du discours de madame de Pompadour, et le public, attentif jusqu'aux moindres circonstances de cet entretien, a prétendu qu'il avait été fort long et qu'il avait été de douze phrases. M. le dauphin parla à madame de Pompadour de son habit. Ce qu'il y a de singulier dans le choix de madame la princesse de Conti, c'est qu'elle ne connait pas du tout madame de Pompadour ; je crois même qu'elle ne l'avait jamais vue avant ce moment. »
— Puis madame de Pompadour fut installée dans l'appartement qu'avaient occupé avant elle mesdames de Châteauroux et de Mailly. Cette suite de cérémonies, aussi tristes que piquantes, eut lieu pendant cette première semaine de septembre, qui voyait couronner à Francfort l'ambition de Marie-Thérèse. Ainsi se trouvaient mises en présence, par le jeu le plus étrangement combiné du hasard et des passions humaines ces deux femmes, la veille encore séparées par toute la distance que peuvent mettre entre des créatures humaines le rang et la vertu, et dont la rencontre allait, moins de

dix ans après, concourir à changer l'axe de la politique européenne [1].

II

L'annonce de l'élection de Francfort, rapidement portée à Vienne, y fut reçue sans surprise et presque sans émotion. La nouvelle impératrice s'y attendait si bien et avec tant d'assurance, que tout était déjà réglé (je l'ai dit) pour son départ, jusqu'aux moindres détails du cortège et de la dépense. Aussi la joie de l'affection et de l'ambition satisfaites faisait déjà place, dans son âme, à un autre sentiment qu'elle avait peine à dominer.

Peu de jours en effet auparavant, elle avait reçu de son beau-frère le prince de Lorraine un courrier lui apportant une communication si étrange qu'elle avait eu peine à en croire ses yeux. Le prince, qui campait toujours sur la

---

[1]. *Journal de Luynes*, t. VII, p. 59 et 60.

frontière de la Saxe et de la Bohême, lui faisait part qu'un messager du général de l'armée prussienne était venu lui demander un laisser-passer pour un courrier attendu de Hanovre, qui devait être porteur d'une convention conclue entre leurs maîtres communs et le roi d'Angleterre, et dont un des articles stipulait un armistice. Charles, au fond très fatigué d'une guerre qui ne tournait pas à l'avantage de sa réputation militaire, avait accueilli cette ouverture avec un plaisir que sa lettre laissait trop entrevoir; mais, en l'absence de toute instruction de sa cour, il avait, disait-il, dû se borner à répondre qu'il envoyait prendre des ordres à Vienne, et à promettre en attendant de ne faire lui-même aucun acte d'hostilité. Le bruit s'était sur-le-champ répandu dans l'armée que la paix était signée et que la guerre allait finir. Marie-Thérèse apprit ainsi, en quelque sorte par hasard, qu'en son absence et à son insu, en dépit de ses protestations formelles, son allié et son ennemi s'étaient entendus; ce ne pouvait être qu'à ses dépens et dans les termes auxquels elle avait d'avance refusé d'adhérer. La nouvelle était publique, les deux armées en étaient informées avant qu'on eût pris soin même de la prévenir. Son irritation était au comble, et, en réalité, assez naturelle.

On peut juger par là de l'accueil qui attendait le ministre anglais, Robinson, lorsque le lendemain de l'arrivée du courrier du prince de Lorraine, ayant reçu lui-même des dépêches de Hanovre, il vint avec un air de profond mystère informer le ministre autrichien le comte Uhlfeld, qu'il avait un acte très grave à soumettre à l'examen de la reine, mais qu'avant d'en faire part, il demandait qu'on lui promît le secret le plus absolu. Uhlfeld, qui eut probablement peine à le laisser arriver au bout de son discours sans sourire, lui répondit qu'il ne se chargerait pas d'une telle commission, parce que, s'il s'agissait d'une convention d'une nature quelconque à conclure avec le roi de Prusse, la reine était décidée d'avance à ne pas s'en laisser parler. Sur les instances du ministre, cependant, il consentit à consulter la reine au moins sur le point de savoir si elle voudrait s'engager au secret qui lui était demandé. Mais, dans la journée, Robinson apprit que son prétendu secret était connu à peu près de tout le monde, à telles enseignes que le ministre de Saxe, le comte Saul, était parti précipitamment, chargé par Marie-Thérèse d'informer le roi de Pologne de ce qui se passait à l'armée, au cas très peu probable où il n'en aurait pas été déjà directement averti. Robinson crut devoir alors prendre sur lui de renoncer à une réserve qui ne trompait plus personne, et de communiquer le texte même de l'acte dont il demandait la ratification. Les conditions qui y étaient portées étant précisément celles que Marie-Thérèse avait rejetées trois semaines auparavant avec indignation, il n'y avait nulle chance que cette confidence modifiât son impression ; aussi le soir, quand l'ambassadeur se présenta timidement à la cour, la reine passa devant lui sans faire semblant de le voir et sans lui adresser la parole [1].

[1]. Robinson à Harrington, 1er et 4 septembre 1745. (*Correspondance de Vienne.* — Record Office.)

La conduite de Frédéric débutant ainsi, dans l'exécution d'un traité qui n'existait encore qu'en projet, par la violation à peu près formelle d'un des articles, était et reste encore inexplicable. Avait-il pensé qu'en prenant Marie-Thérèse par surprise, pour la mettre en présence d'un fait accompli et du désir pacifique très prononcé des populations, il la ferait capituler sans condition? En ce cas, son mécompte fut complet, car il ne réussit qu'à mettre sa rivale à l'aise, en lui faisant beau jeu pour déclarer tout haut et à tout venant qu'il n'y avait nulle sécurité à traiter avec un homme qui ne pouvait pas même un seul jour se résigner à tenir sa parole. — « Je puis faire la paix, je le sais, dit-elle quelques jours après à l'ambassadeur de Venise, Erizzo, en le prenant à part à Schœnbrunn au milieu d'une fête, mais je ne le veux pas, et je n'entendrai jamais raison là-dessus. Le roi de Prusse ne veut que m'endormir pour m'attaquer de nouveau, à l'improviste, au moment où j'y songerai le moins. » — Elle était si animée qu'elle sembla oublier qu'elle parlait à un observateur qui tenait note et devait rendre compte de tout ce qu'il entendait ; car, Erizzo lui ayant demandé si elle était sûre de tous ses alliés : — « Il y a la Saxe, dit-elle, qui n'est jamais ni une amie sûre ni une ennemie bien déclarée. Je sais bien que, pour la contenter, il aurait fallu que, si le grand-duc est empereur, la reine de Pologne pût être impératrice, et s'il ne tenait qu'à moi, je céderais volontiers ma part; mais il faut prendre ses alliés avec leurs défauts, et leurs engagements sont tels que je les tiens. Quant au roi de Sardaigne, j'en suis sûre aussi, il connaît son intérêt; s'il m'abandonnait, on le lui ferait ensuite payer trop cher. »

Dans ces dispositions, la réponse à envoyer au prince de Lorraine ne pouvait être douteuse : il eut ordre de ne tenir aucun compte de la demande de suspension d'armes qui lui était faite et d'en venir aux mains avec l'armée prussienne le plus tôt qu'il pourrait. « Vous m'avez, lui fit dire la reine, envoyé l'annonce d'une victoire il y a deux ans, le jour que j'ai été couronnée à Prague; j'espère bien en recevoir une pareille pour le couronnement qui se prépare. » Après quoi, elle dut se mettre en route pour Francfort, et, le ministre anglais n'étant pas invité à la suivre, la négociation tomba pour le moment d'elle-même[1].

Mais si elle se taisait à Vienne avec Robinson, elle avait soin de parler ailleurs et à d'autres. Ce n'était pas seulement, en effet, un avis et un engagement de se mettre en garde qu'elle faisait parvenir au roi de Pologne : c'était une ouverture d'une tout autre et bien plus grave nature. Effectivement, le comte Saul était à peine arrivé à Dresde et n'avait pas plus tôt remis ses dépêches au comte de Brühl que celui-ci faisait prier le ministre de France, le marquis de Vaulgrenant, de passer chez lui sans délai. L'invitation devait sembler singulière, car, depuis la dernière altercation que j'ai

---

1. Robinson à Harrington, 4 septembre 1745. (*Correspondance de Vienne*. Record Office. — *Correspondance d'Erizzo*, ambassadeur de Venise, 4 septembre 1745.) — L'appréciation ironique des dispositions de la reine de Pologne ne se trouve pas, je l'avoue, dans la dépêche d'Erizzo ; je l'ai empruntée à une dépêche de Robinson (25 août), parce qu'elle m'a paru donner une idée plus complète des sentiments de l'Impératrice.

racontée, Vaulgrenant avait à peu près rompu tout rapport officiel avec le ministre saxon, et, retiré chez lui, n'attendait plus que ses lettres de rappel. Aussi, quelle dut être sa surprise lorsque, à son entrée, Brühl lui tendit un papier en l'engageant à en prendre connaissance. C'était la copie de la convention signée à Hanovre entre les rois de Prusse et d'Angleterre. La lecture finie : « Voilà, dit Brühl, ce dont nous vous prévenions depuis six mois et ce que vous n'avez jamais voulu croire. » Puis il lui fit clairement entendre que, si le roi de France était disposé à payer son perfide allié de la même monnaie, en s'accommodant de son côté, aux dépens du parjure, avec la reine de Hongrie, il avait tout lieu de penser que la reine, pour sa part, était disposée à s'y prêter. Le changement de langage était si brusque, le coup de théâtre si inattendu, que Vaulgrenant se fit redire la proposition à deux reprises avant d'y ajouter foi, et ce ne fut qu'après un second entretien qu'il crut pouvoir la transmettre à Versailles, sous une forme tout à fait officielle. Encore, craignant toujours quelque piège, conseillait-il de ne s'avancer sur ce terrain qu'avec méfiance[1].

La réserve était naturelle, mais nullement fondée; car, si la résolution de Marie-Thérèse éclatait subitement, quelques paroles, échappées dans ses entretiens avec Robinson, nous ont fait voir que la pensée de tendre la main à la France pour rester libre d'écraser Frédéric s'était déjà présentée à plus d'une reprise à son esprit. En tout cas, cette fois, elle en avait si bien admis et embrassé avec tant d'ardeur le dessein, qu'elle ne crut pas devoir se borner à le faire connaître à Versailles par une seule voie. Ce ne put être, en effet, par un simple hasard que Chavigny, au même

---

[1]. Vaulgrenant à d'Argenson, 10 et 14 septembre 1745. (*Correspondance de Saxe.* — Ministère des affaires étrangères.) — Le comte de Brühl, dans cet entretien avec Vaulgrenant, répéta bien à plusieurs reprises qu'il parlait en son propre nom et sans répondre des résolutions de Marie-Thérèse. Il ajouta même que le texte de la convention lui avait été communiqué par le ministre d'Angleterre et non par la reine. Mais les dépêches de Robinson nous font savoir qu'il y eut, pendant ces jours, une communication constante et un fréquent échange de courriers entre Vienne et Dresde, et Brühl ne se serait pas avancé jusqu'à faire des offres formelles sans le consentement de sa fière et puissante alliée.

moment, voyait se renouveler à Munich le même changement à vue dont Vaulgrenant avait la surprise à Dresde.

Lui aussi, plus dégoûté encore que son collègue, parce qu'il avait eu plus d'échecs à subir, vivait, depuis les derniers événements d'Allemagne, dans une pénible retraite, envoyant lettre sur lettre à Versailles pour conjurer qu'on le tirât du poste ingrat où chaque jour lui apportait un nouvel affront à dévorer. — « Dès qu'il n'est plus possible, écrivait-il encore le 13 septembre, d'arrêter un ouvrage aussi monstrueux que celui qui doit être consommé aujourd'hui à Francfort, me laisserez-vous plus longtemps languir ici ? » — Mais subitement, le 15, son langage change, et sa correspondance, la veille découragée et devenue presque nulle, se réveille et se ranime. C'est que le bruit de la convention de Hanovre vient de se répandre dans la ville, et, en l'apprenant, le comte Chotek, ministre d'Autriche, a dit tout haut : « qu'il serait temps que la cour de Vienne et celle de France se rapprochent l'une de l'autre, et que la reine de

Hongrie ferait un bon parti au roi, si Sa Majesté voulait abandonner un allié qui lui manquait si essentiellement. » Le propos a été tenu devant le ministre de Saxe, qui n'a pas perdu un moment pour venir le répéter à la légation de France. Même changement dans l'attitude de la cour, des ministres et de l'électeur de Bavière lui-même, naturellement flatté de l'espoir d'une réconciliation possible entre ses nouveaux et ses anciens protecteurs. Chavigny signale en particulier une dame de la cour de l'impératrice douairière, élevée à Vienne avec Marie-Thérèse et restée en relations familières avec son amie d'enfance, et qui se mit à prôner, avec une extrême vivacité, le projet de la nouvelle alliance. Il est vrai qu'elle paraissait s'y être préparée auparavant, puisqu'elle s'était mise en coquetterie réglée avec Chavigny lui-même, cherchant, dit celui-ci, à *escamoter* ma connaissance[1].

Chavigny, comme nous le connaissons, était

---

[1]. Chavigny à d'Argenson, 13 et 15 septembre 1745. — (*Correspondance de Bavière.* — Ministère des affaires étrangères.)

trop avisé pour croire que de telles paroles, venant de tels auteurs, fussent dites en l'air, — trop désireux de prendre, par un succès diplomatique, sa revanche de tout ce qu'il avait souffert pour les laisser tomber, — mais trop prudent cependant pour les relever sans précaution ; aussi demanda-t-il qu'on voulût bien s'expliquer plus nettement et lui faire savoir s'il était oui ou non chargé de porter ces ouvertures à Versailles. La reine, lui fit-on répondre, allait passer en personne à Passau, sur la frontière de Bavière, en se rendant à Francfort : elle y avait mandé son ministre, qui se ferait accompagner de l'envoyé saxon ; à leur retour, les deux voyageurs auraient sans doute quelque chose à lui dire.

Effectivement, l'excursion accomplie, une note lui fut remise de la part de la reine elle-même, conçue dans un esprit très pacifique, mais en termes pourtant peu significatifs, car elle déclarait seulement qu'elle était prête à traiter de concert avec ses alliés et à écouter les propositions de la France. Ce n'était rien dire et même c'était renverser les rôles :

la reine paraissait accepter et non offrir elle-même la proposition d'entrer en pourparlers; mais un commentaire suivit, tout à fait différent du texte. L'envoyé de Saxe, obligé à moins de réserve que son collègue, ne fit pas difficulté de raconter comment s'était passée l'entrevue de Passau. A peine arrivée, la reine avait fait monter le comte Chotek dans sa voiture et l'avait entretenu en tête-à-tête pendant toute la durée de la route de Passau jusqu'à Ratisbonne. Là, elle s'était montrée non seulement désireuse, mais pressée de faire affaire avec la France; elle n'avait plus, disait-elle, rien de personnel contre la France, et la France n'avait rien à craindre d'elle. « Elle laissa voir, disait le narrateur, qu'elle était entièrement désillusionnée de la chimère d'entamer la frontière française. » Elle acceptait sans difficulté qu'une négociation fût ouverte à Dresde par les soins du roi de Pologne, ou à Munich par l'intermédiaire de Chavigny. Chavigny, toujours sur ses gardes et écoutant à son tour sans adhérer, chercha indirectement à savoir ce qu'on attendait en fait d'offres ou de concessions de la France. « On pense, reprit son interlocuteur, que vous ne tiendrez pas à garder *toutes* vos conquêtes de Flandre. » De plus en plus surpris et charmé, Chavigny resta cependant assez maître de lui pour déclarer froidement que le roi de France, n'ayant pris les armes que pour défendre la liberté de l'Allemagne, ne la sacrifierait pas aisément à la toute-puissance du grand-duc. Mais rentré chez lui et la plume en main, il avait peine à contenir sa joie. — « Le trait du roi de Prusse est bien noir, mais il a encore plus d'imprudence : lui et le roi d'Angleterre nous servent sur les deux toits [1]. »

En prenant connaissance pour la première fois peut-être de cet incident diplomatique si peu connu, en le tirant, pour ainsi dire, de la poussière des archives où la trace en était restée enfouie (car aucun auteur n'en fait mention, pas même MM. d'Arneth et Droysen, du moins avec ce détail et cette précision), l'historien français comprend sans peine le

[1] Chavigny à d'Argenson, 22 septembre 1745. (*Correspondance de Bavière.* — Ministère des affaires étrangères.)

joyeux étonnement de Chavigny, et il n'éprouve qu'un regret, c'est que ce sentiment n'ait pas été partagé par ceux qui pouvaient mettre l'occasion propice à profit. Quel avantage inattendu s'offrait à la France ! Sa partie était perdue, définitivement perdue en Allemagne; mais, dans les Pays-Bas et en Italie, elle restait victorieuse et maîtresse. Marie-Thérèse, en nous pressant de reconnaître son titre impérial et de lui laisser pleine liberté dans l'Empire, ne réclamait donc de nous aucun sacrifice véritable. Mais, de quelque désir de vengeance qu'elle subît l'entraînement, elle n'était ni assez naïve ni assez dépourvue de sens politique pour croire que rien ne lui serait demandé en échange de la facilité qu'elle obtiendrait de concentrer toutes ses forces contre le roi de Prusse. Elle ne s'attendait pas sans doute que la France allait lui restituer par pure grâce et en hommage tout le territoire conquis par ses armes et occupé à l'heure même par ses armées. L'abandon d'une partie au moins des provinces qui avaient été, au delà du Rhin et des Alpes, le théâtre de nos victoires, était là condition, sinon clairement consentie, au moins sous-entendue et aisée à lire entre les lignes, de la proposition que Marie-Thérèse offrait avec tant d'empressement. L'extension de notre frontière du nord avait été le but constant des efforts de tous nos rois; on pouvait faire un pas dans cette voie et un pas considérable. Il y avait donc là un jour, une heure, une minute à saisir où, la passion l'emportant dans cette grande âme sur tous les calculs de la raison d'État, on pouvait se faire payer largement par elle le prix de cinq années de lutte jusque-là stériles autant que sanglantes. Ce sont de ces occasions qui passent et ne reviennent pas : le génie du politique consiste à les saisir au vol. Le seul motif qui pût faire hésiter à en profiter eût été la crainte de paraître abandonner un allié sur le champ de bataille. Mais Frédéric, en prenant les devants, avait levé d'avance tous les scrupules et pris soin de mettre d'accord la loyauté avec la politique, la conscience avec l'intérêt [1].

[1]. La négociation engagée entre la France et l'Autriche, à ce moment critique, n'est mentionnée dans aucun historien

III

La nouvelle de la convention de Hanovre, dont la proposition de Marie-Thérèse n'était que la conséquence, arrivait, on le voit, au ministère français par deux voies également certaines, et, à dire vrai, il n'y avait rien dans la défection de Frédéric à quoi on ne dût s'attendre. Les avertissements de Valori, bien que

---

antérieur à MM. Droysen et d'Arneth. Mais M. Droysen n'en attribue l'origine qu'à une proposition faite par le ministre saxon Saul à Marie-Thérèse à Francfort, le mois suivant, et M. d'Arneth, qui parle bien de l'entremise de Chavigny et du ministre autrichien à Munich, ainsi que de l'entrevue de Passau, ne paraît pas en avoir compris l'importance. Il pense que Chavigny était chargé d'une ouverture à faire par le cabinet français, et en citant la note écrite qui lui fut remise, il y voit, de la part de Marie-Thérèse, l'intention plutôt d'éluder la proposition que de l'accepter. La correspondance de Chavigny contredit absolument cette appréciation. Chavigny n'avait et ne pouvait avoir reçu aucune instruction de ce genre de d'Argenson, qui était très éloigné de songer à se séparer du roi de Prusse; et, complètement en disgrâce lui-même auprès de son ministre, il n'aurait jamais pris sur lui une démarche de cette importance. (Droysen, t. II, p. 572; — d'Arneth, t. III, p. 127, 130 et 437.)

donnés sous la forme d'insinuations trop timides, auraient suffi pour mettre en garde tout esprit moins prévenu que celui de d'Argenson. Depuis lors, une aventure qui ne fut que ridicule, mais qui aurait pu être très grave, était venue attester à tout le monde et à d'Argenson en particulier, le peu d'égards que Frédéric avait désormais souci de prendre pour la France et tout ce qui la représentait. Valori, se plaignant, comme je l'ai raconté, des dangers auxquels on le laissait exposé en le traînant à la suite de l'armée prussienne, ne croyait pas si bien dire : une nuit qu'on l'avait logé dans un faubourg isolé de la petite ville de Jaromir, il fut réveillé en sursaut par le bruit d'un coup de fusil, et, mettant la tête à la fenêtre, il aperçut l'unique sentinelle qui veillait à sa garde qui se débattait toute seule contre un gros d'hommes armés. C'était une compagnie irrégulière de pandours, qui, battant la campagne aux environs, avait appris, je ne sais comment, la présence du ministre de France dans le voisinage, et trouvait plaisant de mettre la main sur une si bonne prise. L'hôte, acheté pour un peu d'argent, avait livré sa maison sans se faire prier. Nulle défense à ce premier moment n'était possible. Par bonheur, Valori et son secrétaire, un nommé d'Arget, étaient couchés dans deux petites chambres toutes semblables, ouvrant l'une et l'autre sur le même palier. Le chef de la bande, enfonçant l'une des portes d'un coup de pied, crut pénétrer chez le maître et se trouva en face du serviteur. « Êtes-vous le ministre de France, lui dit-il en braquant le canon de son pistolet sur sa poitrine? — C'est moi, » dit d'Arget, payant d'audace et sautant en bas de son lit. Le courageux secrétaire eut encore le sang-froid et l'adresse de glisser sous ses couvertures un portefeuille contenant les papiers qui lui étaient confiés. Le pandour donna ordre qu'on s'assurât de sa personne et qu'on l'emmenât sur-le-champ. Puis il fit procéder à une perquisition qui ne fut, en réalité, qu'un vol en règle. On forçait les armoires, on cassait la vaisselle, on se partageait les effets de l'ambassadeur et de ses domestiques. Tout y aurait passé, si un détachement prussien, averti un peu tardivement par le bruit, ne fût venu mettre l'ordre et faire prendre la fuite aux pillards. Il était temps car Valori, ne voulant pas se prêter à la fraude pieuse de son secrétaire, allait se livrer lui-même, malgré les efforts de son valet de chambre, qui l'arrêtait à grand'peine en lui mettant la main sur la bouche et en le retenant à bras-le-corps.

D'Arget cependant, gardé à vue, les mains liées, pieds nus et en chemise, dut faire un trajet de plusieurs lieues pour être conduit à la tente de l'officier supérieur qui avait commandé l'équipée, et qui ne se tenait pas de joie d'avoir amené un tel personnage dans un tel accoutrement. D'Arget s'empressa de le détromper, mais son généreux artifice faillit lui coûter cher; car ceux qui l'avaient amené, furieux qu'on se fût joué d'eux, témoignèrent leur dépit en déchargeant leurs armes derrière son dos, et le soldat prussien qu'on avait fait captif avec lui tomba raide mort à ses côtés. Alors seulement le commandant prit le captif en pitié, lui fit jeter une pelisse sur les épaules, et lui prêta un cheval pour faire route jusqu'au quartier-général du prince de Lorraine, qui devait décider de son sort[1].

Le lendemain, il n'était question dans l'armée prussienne que de cette surprise nocturne qui ne faisait que médiocrement honneur à la vigilance de ses grand'gardes. Mais, quand Valori vint faire ses plaintes au roi de Prusse et lui raconter tous les détails de sa mésaventure avec une vivacité d'émotion bien naturelle, Frédéric le regarda en riant et lui répondit à peine, sans lui faire une ombre d'excuse ni une promesse de réparation. Loin de là, il parut s'amuser si fort de l'aspect ridicule que présentait le visage du gros homme tout rouge de colère et d'émotion, qu'il ne pouvait s'en taire, et quelques années encore après, il ne crut pas au-dessous de lui de consacrer une page de ses *Mémoires* à en faire une description burlesque. On sait également que ce fut le sujet d'un poème comique qui figure encore dans ses œuvres rimé à l'instar de *la Pucelle*, mais ne ressem-

1. Valori à d'Argenson, 4 septembre; — d'Arget à d'Argenson, 10 octobre 1745. (*Correspondance de Prusse.* — Ministère des affaires étrangères.) — Valori, *Mémoires*, t. I, p. 240-244.

blant au modèle que par la grossièreté et l'indécence[1]. Mais pourquoi, en vérité, le roi de Prusse se serait-il gêné quand le ministre du roi de France était d'humeur assez endurante pour prendre en douceur l'idée que son ambassadeur avait failli être livré la corde au cou à tous les outrages de la soldatesque? Sur la dépêche de Valori racontant le traitement dont il était victime, on lit, de la main même de d'Argenson, cette note d'une brièveté éloquente : — « L'ordre du roi est qu'il se retire à Berlin ou à Breslau et qu'il quitte le camp où il est si mal gardé et si mal voulu. Le roi de Prusse, allié courageux, ferme et entreprenant, met trop peu d'onction et de concert avec un allié tel que le roi. »

L'onction et le concert avaient manqué effec-

---

[1]. Frédéric, *Histoire de mon temps.* C'est dans le premier texte inédit de cette histoire que se trouvent les moqueries si peu convenables dont je parle. Frédéric eut pourtant le bon goût de les faire disparaître dans l'édition qu'il a donnée lui-même au public. Quant au poème auquel l'aventure de Valori sert de pretexte, c'est une détestable rapsodie que les éditeurs des œuvres complètes du roi de Prusse auraient mieux fait de supprimer pour l'honneur de sa mémoire.

tivement au plus haut degré à la négociation que le roi de Prusse venait de conclure, et, puisque d'Argenson avait enfin reconnu sur quels sentiments il pouvait compter de la part de ce *ferme* et *courageux* allié, c'eût été bien le moins que le résultat qu'il pouvait prévoir ne le trouvât pas obstinément incrédule. Aux premiers indices, cependant, qui lui parvinrent de la convention de Hanovre (et ce furent les communications de Chavigny qui arrivèrent les premières, Munich étant plus rapprochée de la France que Dresde), il opposa la résolution très arrêtée de ne pas y ajouter foi. — « Répondre (met-il en note sur la dépêche de Chavigny) qu'il faut rejeter toute idée de négociation avec la cour de Vienne par la médiation de la Saxe. Dire toujours que le roi est persuadé que le roi de Prusse demeure fidèle et que le croire est le vrai moyen qu'il soit ainsi. » — Pourtant, quand il eut en main la copie du texte même de la convention remise par Brühl à Vaulgrenant, et accompagnée de l'offre formelle d'entamer une négociation avec Vienne, il fallut bien se décider à ouvrir les yeux, à réfléchir et à consulter[1].

Sa contrariété fut extrême : ce n'était pas seulement le déplaisir qu'un homme éprouve toujours à s'être trompé, ni la petite humiliation qu'il y a pour un ministre à recevoir la preuve de l'exactitude des avertissements donnés par ses agents et qu'il a refusé d'écouter; ce n'était pas seulement non plus la peine que l'ami de Voltaire devait ressentir à prendre en faute le héros, objet depuis tant d'années de son admiration et de sa confiance. Il avait en outre, à ce moment même, un motif spécial pour ne se prêter qu'avec répugnance à la pensée d'une négociation particulière, engagée en secret avec une seule des puissances belligérantes; car il venait de faire une démarche à peu près publique d'un tout autre caractère. Il voulait donner suite au dessein généreux qu'il avait conçu après Fontenoy, de concert avec son doux ami, Van Hoey, et qui consistait à provoquer la réunion d'un congrès où

[1]. Note de d'Argenson sur la dépêche de Chavigny, du 15 septembre 1745.

seraient appelés les représentants de toutes les puissances afin d'y débattre les conditions de la paix générale. Le siège de ce congrès devait, suivant lui, être une des villes des Provinces-Unies. En conséquence, le chargé d'affaires, La Ville, avait reçu ordre exprès d'en faire de nouveau la proposition aux états généraux, en laissant même entrevoir qu'un armistice pourrait être stipulé pendant toute la durée du congrès, pour laisser la diplomatie faire plus à l'aise son œuvre pacifique.

L'habile chargé d'affaires avait accueilli l'instruction d'assez mauvaise grâce, trouvant non sans motif que c'était un jour singulièrement choisi pour offrir un désarmement aux Provinces-Unies, que celui où les Anglais étaient obligés de les abandonner, et où Maurice de Saxe frappait déjà à coups de canon à leur porte. Il ne fallait donc plus qu'un dernier acte de vigueur pour emporter de haute lutte la soumission complète de la république. Choisir ce moment pour proposer un armistice, c'était un excès de générosité qui ne serait, pensait-il, pas compris et tout simplement taxé de faiblesse. — Les principes sur lesquels cette proposition est faite, monseigneur, écrivait-il, ne devraient qu'exciter admiration, zèle et reconnaissance, surtout chez des républicains; mais l'aveuglement et la haine ne connaissent guère les sentiments de la justice et de l'humanité. La proposition d'un congrès général est déjà regardée ici comme une marque de faiblesse de la part de la France : quelle qualification ne donnerait-on pas à l'offre d'un armistice! On ne manquerait pas de le présenter à l'Europe entière sous le point de vue le plus faux et le moins conforme à vos sentiments. C'est alors qu'on parlerait de l'épuisement de la France... Je suis persuadé que nous n'arriverons à une paix convenable que par la porte de la dignité et de la vigueur ; nos ennemis craindront tout si nous ne paraissons rien craindre... La cour de Vienne ne connaît pas les partis mitigés, qui sont presque toujours des symptômes de faiblesse et le présage de malheurs, et elle vient à bout de ce qu'elle entreprend. » Je ne sais si ces avis auraient suffi pour dissuader d'Argenson d'une tentative au moins prématurée, car les bonnes raisons ont rarement la bonne fortune de dissiper les illusions; mais toujours est-il que la pensée de suivre une négociation en tête à tête avec la cour de Vienne par des voies clandestines, qui déplaisaient à la franchise de sa nature, ne pouvait venir à un moment où son esprit, tout plein d'une brillante chimère, fût moins préparé à la recevoir [1].

La question soulevée par les offres de Saxe et d'Autriche était cependant trop considérable pour être résolue par un ministre, sans être soumise au roi et à ses collègues. Il serait donc très intéressant de savoir comment, à cette heure critique et en face, si on ose ainsi parler, du tournant imprévu qui s'offrait à notre politique, les avis furent partagés. Malheureusement, le journal quotidien de d'Argenson est interrompu pendant son ministère, et nul document authentique ne vient y suppléer. On ne peut donc faire à cet égard que des suppositions plus ou moins vraisemblables. Nul doute

---

1. D'Argenson à La Ville, 16 septembre; — La Ville à d'Argenson, 23 septembre 1745. (*Correspondance de Hollande.* — Ministère des affaires étrangères.)

que la proposition autrichienne ne fût accueillie avec joie par Maurepas, toujours ennemi de l'alliance prussienne, et par le contrôleur-général Orry, toujours favorable à une paix qui pouvait seule alléger les charges énormes auxquelles il avait à pourvoir. Un concours plus imprévu dut y être apporté par le cardinal de Tencin, naguère encore favorable à toutes les réclamations de Frédéric, mais qui, depuis quelques mois, paraissait changer de visée, et avait même (les archives de Vienne nous l'apprennent) échangé tout bas quelques paroles pacifiques avec le marquis de Stainville, le représentant que François de Lorraine gardait à Paris en qualité de grand-duc de Toscane. Sans doute l'habile prélat, qui connaissait son monde, avait pressenti que, du moment où on ne donnait pas satisfaction complète à Frédéric, il n'y avait plus lieu de compter sur lui, et que, dès lors, le parti le plus prudent était de se mettre en garde, et même de prendre les devants pour ne pas se trouver au dépourvu le jour où on serait abandonné. De plus, l'intérêt extrême qu'il prenait à l'entreprise de Charles-

Édouard, dont il était l'instigateur, lui faisait négliger tout autre soin. Il devenait par là même favorable à tout ce qui pouvait isoler George II en Europe et priver la dynastie de Brunswick de l'appui de l'alliance autrichienne. Mais le plus curieux serait de connaître ce que pensa Louis XV lui-même, encore à ce moment jaloux de son autorité, et n'en ayant fait la remise complète à personne. On voudrait savoir si la décision qu'il avait à prendre apparut avec toute sa gravité à l'héritier de Richelieu et de Louis XIV, et à celui qui, dix ans après, dans des circonstances et à des conditions bien moins favorables, devait sceller lui-même l'union de la France et de l'Autriche. Mais c'est sur ce point surtout que les renseignements font défaut. Chambrier écrit bien à son maître que la haine de Louis XV pour le grand-duc semblait redoubler depuis que son vassal allait être couronné, et il ajoute que, peu de jours après l'élection de Francfort, une délibération importante ayant lieu sur les affaires d'Allemagne, le roi se montra plus éloigné que jamais de reconnaître le nouvel

Empereur, et se plaignit même avec vivacité que son conseil ne le soutînt que mollement dans sa résistance ; mais Chambrier ne connaissait pas la proposition de l'Autriche, et ne nous dit nullement que ce fût sur ce point, en particulier, qu'eût porté le débat dont il parle. Et, de plus, il constate, très peu de temps après, que le roi parlait aussi souvent de son collègue de Prusse avec humeur, gardant sur le cœur quelques traits moqueurs qu'il avait cru remarquer dans ses lettres et qui l'avaient piqué [1].

Quoi qu'il en soit, il paraît certain que la majorité des ministres avait si beau jeu à user de l'argument que le roi de Prusse lui avait fourni, qu'elle força la main à d'Argenson, et avec l'adhésion au moins tacite du roi, il fut résolu qu'on ouvrirait l'oreille aux offres de pourparlers qui venaient de Vienne. Ce qui dut contribuer à emporter la décision, malgré les résistances ministérielles et peut-être royales, ce fut le mouvement très vif qui se déclara

---

[1]. D'Arneth, t. III, p. 128 et 437 ; — Chambrier à Frédéric, 10, 17, 27 septembre, 15 octobre 1745. — (Ministère des affaires étrangères.)

dans tous les cercles où l'on parlait de politique, à Versailles et même à Paris, dès qu'y arriva l'écho du bruit déjà répandu en Allemagne de la convention de Hanovre. Avec la vivacité française, on alla même beaucoup plus loin qu'une simple réponse à faire à des offres que, d'ailleurs, on ne pouvait connaître. Sans attendre que l'initiative vînt de Vienne, l'avis général fut que la France devait la prendre elle-même, en offrant tout de suite, moyennant quelque compensation, à Marie-Thérèse la reconnaissance de son nouveau titre. User de la liberté que nous rendait le roi de Prusse, en reconnaissant une élection qu'en réalité on ne savait trop comment contester, n'était-ce pas une bonne fortune, un tour bien joué, et par là même une occasion de se débarrasser une fois pour toutes de cette importune affaire d'Allemagne? C'était le conseil que donnaient unanimement les agents français encore présents à Francfort. Tout meurtris de leur échec, mais plus irrités encore d'être abandonnés par leurs compagnons d'infortune, les agents prussiens, ils étaient heureux de retrouver un moyen de remettre les rieurs de leur côté. — « La reconnaissance immédiate de l'Empereur serait une démarche, écrivaient Saint-Séverin et Blondel, qui étonnerait l'Europe, désarmerait l'Empire, déconcerterait l'Angleterre ; il n'y a rien d'autre à faire dans l'état de frénésie qui règne autour de nous. » L'entraînement fut assez fort pour déterminer les conversions les plus inattendues. Aucune cependant ne dut être plus imprévue que celle de Belle-Isle lui-même, qui était sorti de captivité plus Prussien que jamais, et, dès son retour, avait été assurer Chambrier que ses sentiments pour Frédéric étaient invariables, et que l'union de la France et de la Prusse était l'*évangile* dont il ne se départirait jamais. Mais quand les relations qu'il avait laissées en Angleterre lui apprirent qu'on s'y entretenait couramment du nouveau traité consenti par Frédéric, il semble que le sang lui monta au visage et que les écailles lui tombèrent des yeux ; car de cette écriture précipitée et cavalière, que ne peuvent méconnaître ceux qui l'ont une fois rencontrée, on trouve à la date du 25 septembre la note suivante : « Si la reine de Hongrie est encore libre, elle acceptera avec empressement de se réconcilier par préférence avec le roi, lorsqu'on lui abandonnera le roi de Prusse. Quelque éloignement que la cour de Vienne et en particulier le grand-duc aient pour la France, je crois que la haine pour le roi de Prusse est encore supérieure : rien ne peut équivaloir le recouvrement de la Silésie pour la maison d'Autriche ;... tout consiste donc à constater l'infidélité du roi de Prusse pour autoriser le roi à le prévenir. C'est à quoi on ne peut travailler avec trop de vivacité et de secret [1].

Force était donc bien à d'Argenson de s'exécuter, mais avec quelles incertitudes et quels

---

1. Chambrier à Frédéric, 17 septembre 1745. — Saint-Séverin et Blondel à d'Argenson, 15 septembre. — Note autographe de Belle-Isle, 25 septembre. — *Correspondance d'Allemagne.* — (Ministère des affaires étrangères.) — Dans la correspondance d'Angleterre, on trouve aussi, à la date du 6 octobre, une lettre de Belle-Isle adressée à d'Argenson, et lui rapportant les nouvelles qui lui arrivèrent d'Angleterre au sujet de la convention de Hanovre; il dit : « J'espère que vous avez su prendre les devants : jamais votre ministère n'aura eu une occasion si décisive et si importante : il ne s'agit que d'avoir des preuves, et cela doit être facile. » — D'Argenson met en note : « Il est d'avis de saisir le moment. » Voir appendice A, à la fin du volume, une lettre de d'Argenson à Belle-Isle sur le même sujet.

regrets! la lecture de la dépêche qu'il écrivit à Vaulgrenant (en même temps qu'il lui envoyait le pouvoir nécessaire pour entamer la négociation) peut seule en donner une idée. Rarement la prose officielle a trahi à ce degré les sentiments intimes de l'écrivain; rarement aussi un ministre, en donnant une instruction, s'est montré moins pressé de la voir exécutée. Quelle tristesse d'abord dans le début! C'est l'accent douloureux de l'amitié déçue. — « Jusqu'ici, dit la dépêche, Sa Majesté a eu peine à croire que le roi de Prusse voulût lui manquer et faire une paix séparée. Les divers avis qui avaient été donnés s'étaient trouvés faux et même démentis par des actions d'éclat, contraires à ce que l'on voulait faire entendre de la négociation de la part de la Prusse pour une paix particulière. Vous savez quelle est l'attention scrupuleuse de Sa Majesté pour marquer en tout les égards et une fidélité exacte à ses alliés, et Elle a toujours dû penser qu'elle éprouverait les mêmes sentiments et un parfait retour de la part du roi de Prusse. Mais, s'il est vrai qu'il ait déjà fait son traité avec le roi de la Grande-Bretagne,

Sa Majesté n'a plus aucune raison de faire difficulté de traiter de ses différends avec la reine de Hongrie par l'intermédiaire du roi de Pologne. »

L'ami pourtant voudrait douter encore et, en tout cas, bien établir que c'est lui qui est resté fidèle et qui a été trahi. — « Aussi, avant toutes choses, continue d'Argenson, Sa Majesté souhaiterait que vous pussiez avoir plus de certitude de la réalité du traité du 26 août dernier, et que, pour cet effet, le comte de Brühl voulût bien vous montrer la pièce originale dont il vous a donné une simple copie. C'est avec peu d'espoir de l'obtenir que je souhaiterais aussi que, même dans un court préambule des préliminaires, on y mentionnât le traité signé par le roi de Prusse et le roi d'Angleterre, ce qui, dans l'avenir, servirait de preuve que le roi n'a traité de la paix, sans le roi de Prusse, qu'après que celui-ci en a donné l'exemple et en a prescrit lui-même la nécessité. »

Enfin, la dépêche se termine par cette recommandation, destinée à prouver que les bons sentiments persistent malgré l'offense et sont mêmes prêts à renaître : — « Enfin, vous devez bien observer que quelque sujet de mécontentement que le roi puisse avoir du roi de Prusse après un pareil procédé de sa part, Sa Majesté ne veut absolument point entendre parler qu'il soit question de stipulations tendant à lui enlever la Silésie, ou à lui causer, d'ailleurs, aucun préjudice, de sorte que vous devez vous bien garder de souffrir que, dans ce traité à faire, il soit inséré aucune condition contre le roi de Prusse. Il serait contre l'honneur de la France qu'on pût lui reprocher de sacrifier ses alliés à son propre intérêt. Mais quand d'eux-mêmes ils se portent à traiter et à conclure séparément, sans sa participation, elle peut en faire de même sans penser qu'il devra leur en arriver de mal [1]. »

Assurément personne ne pouvait songer à demander à la France d'envoyer un corps d'armée auxiliaire à Marie-Thérèse pour l'aider à reconquérir la Silésie. C'était une idée aussi ridicule qu'odieuse qui ne pouvait venir à aucun

1. D'Argenson à Vaulgrenant, 22 septembre 1745. (Correspondance de Saxe. — Ministère des affaires étrangères.)

esprit; mais, ce point écarté (dont il ne pouvait être question), on ne conçoit pas bien de quel autre préjudice d'Argenson pouvait recommander à son agent de préserver le roi de Prusse. Il y avait, en effet, un préjudice très certain et même très considérable que devait causer à Frédéric un traité quelconque conclu à ce moment critique entre la France et l'Autriche : c'était celui qui résultait de la faculté que retrouverait Marie-Thérèse de retirer les quarante mille hommes qu'elle entretenait encore sur le Rhin et dans les Pays-Bas pour concentrer toutes ses forces sur les frontières prussiennes. Mais c'était là le but même en vue duquel Marie-Thérèse se décidait à se retourner du côté de la France ; il fallait donc ou renoncer à négocier avec elle ou se résigner d'avance à faire au moins ce tort-là à notre infidèle allié. C'était une conséquence nécessaire que d'Argenson, de quelque faculté de se faire illusion qu'il fût doué, ne pouvait méconnaître. En feignant de l'ignorer, il ne faisait que laisser voir combien lui coûtait la démarche à laquelle il était contraint, et avertir par là même son agent de ne pas s'y associer avec trop d'empressement.

Est-ce à cette incertitude, à ce désir de faire à la fois et de ne pas faire, à cet espoir secret de rester en route qu'il faut attribuer le choix assez malheureux qui fut fait du négociateur auquel d'Argenson confia le soin d'accomplir la tâche à laquelle il se résignait lui-même de si mauvaise grâce? Il pouvait, on l'a vu, pour répondre aux avances de Marie-Thérèse, se servir indifféremment ou de Chavigny à Munich, ou de Vaulgrenant à Dresde. Si l'on voulait réellement mener promptement l'affaire à bonne fin, nul doute que le premier intermédiaire ne fût préférable. Chavigny était un homme de résolution et d'entreprise, connu pour tel partout où il avait figuré. Dès son arrivée dans l'Empire, il avait su prendre un véritable ascendant sur Charles VII et forcer Frédéric même à compter avec lui. On vient de voir avec quelle chaleur il embrassait l'idée de jouer auprès de Marie-Thérèse, pour arriver à un résultat opposé, un rôle analogue. Des communications directes étaient déjà établies entre lui et la princesse, puisqu'elle lui avait fait dire de lui envoyer à Francfort les propositions de la France. Rien ne lui eût été plus aisé que de donner à ces relations un caractère plus confidentiel, soit en se rendant lui-même dans la ville impériale où il avait laissé de nombreux amis, soit par le moyen des agents inférieurs tels que Blondel et La Noue, dont il connaissait la capacité et possédait la confiance. Si quelqu'un pouvait enlever de haute lutte une décision rapide, c'était lui ; ce fut cependant de ses deux correspondants celui à qui d'Argenson fit attendre le plus longtemps sa réponse, et quand il se décida à lui parler, au bout de quinze jours, ce fut pour lui exprimer ses doutes sur la réalité de la convention de Hanovre, en y ajoutant ces quelques mots bien propres à refroidir son zèle : — « Quant à la négociation proposée par la reine de Hongrie, entretenez-la, mais y mettez du vôtre le moins que vous pourrez[1]. »

Vaulgrenant, qui resta ainsi seul chargé de pouvoirs réguliers, était loin de jouir de l'au-

---

[1]. D'Argenson à Chavigny, 4 octobre 1745. (*Correspondance de Bavière.* — Ministère des affaires étrangères.)

torité et de posséder l'expérience de son collègue. C'était un diplomate novice dans son métier, arrivé en Allemagne juste à temps pour assister aux mécomptes et aux déboires de la politique française et pour se voir constamment joué et enfin publiquement maltraité par le comte de Brühl. Il ne tenait en main aucun fil qui lui permît de nouer des rapports personnels avec l'Autriche. Ce n'était pas à lui en réalité qu'on remettait le soin de négocier. Son rôle se bornait à accepter la médiation du roi de Pologne. Ainsi la France, à ce moment critique, remettait le soin de sa destinée à un tiers égoïste, fourbe et peut-être vénal, qui ne se servirait probablement de son nom que suivant d'autres convenances et pour d'autres intérêts que les siens. Il était clair que Vaulgrenant, doutant lui-même de la sincérité du médiateur, apercevant dans le ton de son ministre une méfiance qu'il partageait, craignant à la fois d'être trompé à Dresde et désavoué à Paris, ne songerait qu'à s'aventurer le moins possible sur le terrain semé de pièges où on lui commandait de marcher. De plus, en plaçant le centre de la négociation à Dresde, d'où Marie-Thérèse s'éloignait en ce moment même, au lieu d'aller la chercher elle-même à Francfort, on se condamnait d'avance au plus fâcheux retard.

L'essentiel, cependant, eût été d'aller vite et de mettre promptement les fers au feu pour profiter non seulement du premier moment d'irritation de Marie-Thérèse, mais de l'embarras dans lequel Frédéric devait se trouver placé par une résistance plus obstinée qu'il ne l'avait prévue. Il eût été d'une importance capitale d'avancer et peut-être de conclure l'affaire dans le délai de six semaines accordé à l'Autriche et à la Saxe, pour donner leur adhésion aux préliminaires de Hanovre, et durant lequel l'armée prussienne ne pouvait faire aucun acte d'hostilité. Condamné ainsi à attendre, dans l'immobilité, des adhésions qui n'arrivaient pas, la situation de Frédéric était gauche et pouvait devenir ridicule. Il avait menacé la Saxe de son courroux si elle ne s'humiliait pas à jour fixé : le jour passait et l'effet ne suivait pas la menace. Il avait annoncé avec une présomption indiscrète une convention mystérieuse suivie d'un armistice : il restait seul dans l'attitude du soldat au repos, tandis que, dans le camp opposé, on se préparait ouvertement à l'attaquer. Tous les regards étaient donc tournés vers lui pour lui demander le mot de cette énigme; et le plus difficile n'était pas de se dérober aux interrogations, pourtant assez pressantes, des agents français; il en était quitte pour tourner le dos à Valori et faire dire par Podewils, au secrétaire d'ambassade resté à Berlin, que s'il épargnait encore la Saxe, c'était parce qu'il voulait la conversion et non la mort du pécheur. Mais que dire à ses propres troupes ? que dire au vieux général d'Anhalt, qui, en raison de son âge, avait son franc parler, et qui se plaignait (dit Frédéric lui-même) *sur un ton de brutalité héroïque* qu'on l'arrêtât après l'avoir poussé en avant, et qu'on ne lui permît pas de faire retentir dans les champs saxons *sa vieille trompette de Sodome?*

Ce qui accroissait l'embarras, c'est que, la convention ayant dû être soumise au ministère anglais après le retour du roi George dans ses États, tant que les ratifications n'étaient pas encore arrivées, on pouvait toujours craindre que George lui-même ne fût sous main pour quelque chose dans les indécisions de l'Autriche et ne cherchât à se soustraire, par cette voie indirecte, aux engagements qu'il n'avait conclus qu'à regret. Cette seule pensée remplissait Frédéric d'inquiétude et d'irritation, et rien n'est plaisant, pour le dire en passant, comme de voir avec quelle vivacité, au moment même où il en prenait si à son aise avec ses obligations envers la France, il s'indignait sincèrement de la supposition qu'il pourrait lui-même ne pas rencontrer chez son nouvel allié la fidélité la plus scrupuleuse. — « Ce serait à penser, disait-il, avec Blaise Pascal, que la terre est une affreuse prison, peuplée de misérables scélérats, tous sans foi et sans honneur. » — On trouvera sans doute que le nom de Pascal arrive ici d'une façon assez inattendue; et par occasion, on pourra se demander ce que l'auteur des *Provinciales* aurait pensé de l'instruction donnée par Frédéric lui-même à Chambrier pour répondre aux questions qu'on pourrait lui faire, et ainsi conçue : — « Pour ce qui est des soupçons que quelques ministres vous font entendre que je chercherais à m'accommoder avec la reine de Hongrie, vous ne ferez pas mal d'insinuer, si l'occasion s'en présente, que, jusqu'ici, il n'était absolument rien de conclu avec la reine de Hongrie. » — Il avait raison, rien n'était conclu, puisque la reine de Hongrie ne consentait à rien. Mais qu'aurait dit l'accusateur d'Escobar de cette assertion équivoque, qui n'était vraie que moyennant une restriction mentale [1].

Une situation indécise, qui n'était ni la paix ni la guerre, pouvait, en se prolongeant, avoir, même au point de vue militaire, de graves conséquences. Pour n'abandonner aucune de ses positions, et en particulier pour laisser le prince d'Anhalt en mesure de frapper en Saxe, au premier signal, le coup si bruyamment annoncé, Frédéric était contraint de donner à sa ligne d'opérations une étendue très difficile

[1]. Loysel à d'Argenson, 11, 15 et 18 septembre 1745; — Frédéric à Rothembourg, à Podewils, à André, 16 et 23 septembre 1745. — *Pol. Corr.*, t. IV, p. 281, 283 et 288; — Frédéric à Chambrier, 28 septembre 1745. — (Ministère des affaires étrangères.)

à défendre. Le prince de Lorraine, au contraire, n'ayant qu'à obéir aux instructions qui lui commandaient de prendre sans délai l'offensive, pouvait concentrer toutes ses forces sur le point qu'il lui conviendrait de choisir. Le résultat fut que l'armée prussienne ne compta bientôt plus dans le camp de Chlum, autour du roi qui y résidait toujours, que dix-huit mille hommes, tandis que le prince de Lorraine vint se placer en face avec une force plus que double. Cette fois, se méfiant de la capacité dont le prince avait donné, à Friedberg, une preuve si médiocre, la reine, sa belle-sœur, lui avait adjoint pour conseils deux généraux qui passaient pour expérimentés, le prince Lobkowitz et le duc d'Arenberg. Les deux armées étaient si rapprochées que Frédéric lui-même voyait les trois chefs autrichiens tenir leur conseil de guerre sur une hauteur voisine, munis de longues lunettes qui les faisaient ressembler, dit-il, à des astronomes, mais qui leur permettaient de compter les Prussiens homme par homme et de distinguer tout ce qui se passait dans le camp ennemi. La position de Chlum était trop bien choisie pour qu'il fût aisé de l'attaquer; mais Frédéric ne tarda pourtant pas à s'y sentir gêné, parce que la cavalerie légère hongroise et autrichienne lui enlevait ce qui restait de subsistances dans une contrée déjà épuisée, et menaçait même d'interrompre ses rapports avec la Silésie. Il crut donc prudent de faire un mouvement de retraite pour se rapprocher de la frontière de Bohême, afin de s'établir sur un point en communication avec ses magasins, où il pourrait vivre plus à l'aise et attendre plus patiemment la fin du délai pendant lequel il était condamné à l'inaction.

Il était temps, en effet, de se retirer, si l'on ne voulait pas être bloqué dans Chlum; car les Autrichiens avaient si bien fait le cercle autour de lui que, pour opérer cette marche rétrograde, il ne lui restait plus qu'un étroit passage dans le petit triangle formé par l'Elbe et un de ses affluents, à travers une contrée de difficile accès, couverte d'une forêt épaisse et coupée par de nombreux accidents de terrain. Les premières étapes furent franchies pourtant sans difficulté, parce qu'on venait au même moment d'apprendre dans le camp autrichien l'élection de Francfort. Tout s'y était mis en liesse et l'on ne songeait qu'à se livrer à de bruyantes démonstrations de joie; mais le 30 septembre, au matin, comme l'armée prussienne qui avait campé autour de la bourgade de Staudentz allait se mettre en marche, on vint avertir Frédéric qu'on apercevait à l'horizon une longue ligne de cavalerie et que, par l'étendue de la poussière, il y avait lieu de penser que ce devait être toute l'armée ennemie. C'était le fait : Charles de Lorraine s'était enfin mis en mouvement avec toutes ses forces. Il comptait attaquer l'armée prussienne sur ses derrières, tandis qu'elle trouverait sur ses flancs et en face les hussards et les pandours, bourdonnant comme des guêpes et profitant pour la harceler et retarder sa marche de tous les plis de terrain ; on aurait ainsi, pensait le prince, le temps de la rejoindre, de l'envelopper par le nombre, et de la livrer sans défense possible à une perte certaine.

Ce plan était très bien combiné, et Frédéric y rend justice dans ses *Mémoires*. Il est probable que, si son coup d'œil pénétrant n'eût pas à l'instant deviné le dessein de son adversaire, — s'il se fût borné, comme tout autre l'aurait fait, à presser le pas pour échapper à la poursuite, — il fût tombé dans le piège. Une résolution, d'une extrême audace, le tira de péril. Il faut vraiment se donner le plaisir de la lui laisser raconter lui-même.

« Il était, dit-il, aussi téméraire pour moi de me retirer devant l'armée autrichienne par des passages étroits que de la combattre. Vu la supériorité de son nombre, le prince de Lorraine s'était flatté que je choisirais le parti de la retraite; c'est sur quoi il avait compté et sur quoi sa disposition était faite. Il voulait engager avec moi une affaire d'arrière-garde, dans laquelle il était sûr que mon armée aurait péri. Je considérais le danger des différents partis que j'avais à prendre; mais, comme il n'y avait pas de temps à perdre en réflexions inutiles, sans balancer plus longtemps, je résolus d'attaquer les Autrichiens, malgré le nombre et malgré le poste avantageux qu'ils occupaient, aimant mieux être écrasé les armes à la main que de céder le terrain dans un moment critique, qui aurait fait dégénérer ma retraite en une fuite ignominieuse. Il est toujours dangereux de manœuvrer en présence d'un ennemi qui a déjà formé sa bataille. Mon armée avait à faire un quart de conversion par la droite pour changer entièrement son front et en présenter un qui fût parallèle à celui des Autrichiens. Cette manœuvre délicate se fit avec un ordre et une célérité inconcevables, avec cette différence des deux armées que celle des ennemis avait trois lignes de profondeur et que la mienne n'en avait qu'une. Le terrain qui me restait m'obligeait de me déployer sous le feu de deux batteries de canon, chacune de quatorze pièces, qui tiraient en écharpe : les ennemis jetèrent même nombre de grenades royales dans ma cavalerie ; mais rien ne décontenança les soldats, aucun cavalier ne quitta son rang, et malgré toute la diligence qu'on put employer, mes troupes soutinrent la canonnade pendant une grosse demi-heure [1]. »

---

[1]. Frédéric, *Histoire de mon temps*, ch. VII. — Je cite ce passage d'après le premier texte resté inédit, comme je l'ai

L'effet de cet admirable changement de front, si bien opéré sur place et plus tard si bien décrit, fut plus grand qu'on ne pouvait s'y attendre. A peine la manœuvre était-elle accomplie, que la cavalerie prussienne fut lancée à fond de train sur la gauche des lignes autrichiennes, qui ne se trouvèrent nullement préparées à ce retour imprévu. Le terrain où elles avaient fait halte était trop étroit pour leur permettre de se déployer, et de plus adossé à un fossé profond; le premier choc en les faisant reculer les y précipita, la première ligne poussant la seconde, qui, à son tour, culbuta sur la troisième. Ce fut une vraie déroute. Par une opération alors analogue à celle qu'il avait déjà faite avec succès à Friedberg, Frédéric, tranquille de ce côté, reporta en hâte toutes ses forces sur la droite, retrouvant ainsi sur ce point, sinon l'avantage, au moins l'égalité

---

rapporté, jusqu'en 1879. Le second texte, qui figure dans toutes les œuvres de Frédéric, est un peu différent. Je préfère en général, quand la chose est possible, citer le premier manuscrit, rédigé à une époque plus rapprochée des faits et donnant, par là même, mieux l'idée de l'état d'esprit de l'auteur dans cette première époque de sa vie.

numérique. Là aussi, la surprise et la confusion firent leur effet, et tout céda devant la savante impétuosité que Frédéric, présent de sa personne, savait imprimer aux mouvements qu'il commandait.

A la vérité, comme il poussait les fuyards l'épée dans les reins jusqu'au village de Sohr, on vint l'avertir que son camp était envahi et livré au pillage. C'étaient les détachements de la cavalerie hongroise, destinés, dans le plan du prince de Lorraine, à inquiéter la retraite des Prussiens, qui, ne les voyant pas venir, avaient pénétré dans les campements occupés par eux la nuit précédente. Trouvant les tentes prussiennes sans défense, ils passaient leur temps à les mettre à sac et faisaient main basse sur les provisions ou bagages de toute sorte qu'on y avait laissés. — « Tant mieux, dit Frédéric sans s'émouvoir : s'ils pillent, ils ne nous dérangeront pas. » — Et, effectivement, si au lieu de perdre le temps à ces prises inutiles, ces maraudeurs avaient poussé une charge sur la queue de l'armée prussienne engagée au même moment en sens opposé, on ne sait quel désordre en serait résulté. Le goût de rapines et de violences habituel à toutes les troupes indisciplinées sauva Frédéric de ce dernier péril, et il put compléter tranquillement son triomphe. Seulement, quand il rentra le soir dans sa propre tente, il la trouva toute dévastée : deux de ses secrétaires intimes étaient emmenés prisonniers, tous ses papiers et tous ses effets étaient enlevés, à ce point qu'il eut peine à se procurer de quoi changer lui-même de linge. Quand il demanda à souper, il n'y avait plus rien à lui servir. — « Comment s'embarrasser de telles bagatelles, dit-il, lorsque l'esprit est occupé dans ces moments décisifs à ces plus grands intérêts du soutien de l'État et de la gloire de la nation[1] ? »

Il avait raison de penser et de parler ainsi; pourtant ces bagatelles, qu'un général occupé de vaincre fait bien de dédaigner, produisent souvent sur l'imagination populaire une impression qui ne correspond pas à leur importance. Aussi, quel que fût l'éclat de la victoire

[1]. Frédéric, *Histoire de mon temps*. — Cf. Carlyle, t. IV, p. 175 et suiv.

qu'il avait si hardiment enlevée et malgré le nombre des prisonniers, des canons et des drapeaux restés en son pouvoir, le fait d'un souverain dépouillé de ses propres vêtements dans sa propre tente, et forcé de laisser aux mains de ses ennemis ses confidents les plus intimes, était en lui-même trop étrange pour ne pas faire naître, dans l'esprit de ceux qui n'étaient pas au courant des détails de l'incident, quelque doute sur la réalité même du succès. L'incertitude devint plus grande encore quand on vit, peu de jours après, le vainqueur, au lieu de poursuivre son avantage, continuer sa marche en arrière, évacuer même la Bohême et rentrer en Silésie comme pour y prendre ses quartiers d'hiver. C'était une mesure de prudence très sagement adoptée pour éviter le retour de surprises pareilles à celle dont il avait failli être victime. Mais une retraite ne paraît jamais la conséquence naturelle d'une victoire; aussi ne faut-il pas s'étonner si, le résultat de la journée de Sohr étant tout de suite contesté, l'écho n'en arriva que très affaibli dans les contrées méridionales d'Allemagne que Marie-Thérèse parcourait, à la même date, pour se rendre à Francfort, au milieu des acclamations joyeuses des populations.

IV

Là, si ce n'était pas la victoire, c'était une marche pacifique qui ne ressemblait pas moins à un triomphe. Plus la princesse approchait de la ville impériale, plus l'accueil était enthousiaste et l'élan des cœurs unanime. On eût dit que c'était l'Allemagne entière qui, ressuscitée, unie et délivrée, faisait son apparition dans la personne de l'héroïque souveraine.

Avant d'entrer à Francfort, elle devait rejoindre son époux au camp où il était encore et passer avec lui la revue de ses troupes. Le rendez-vous était auprès d'Heidelberg, sur le territoire de l'électeur palatin, le seul du collège princier qui se fût uni à la Prusse pour faire défaut au moment du vote. Le jeune souverain avait exprimé très haut le désir qu'aucun de ses sujets ne prît part à une démonstration militaire faite par une armée qui occupait indûment ses États. Il ne fut pas écouté, et le jour de la revue il errait presque seul dans Manheim, la population en masse s'étant portée à Heidelberg. Nulle trace, dans cette foule empressée, ni des divisions religieuses, ni des rivalités locales : sujets des diverses principautés voisines, catholiques et protestants de toutes les communions, marchaient la main dans la main. « Le voisinage de la reine de Hongrie, écrit Tilly (le résident de France à Manheim), a augmenté la frénésie de tout le monde pour cette princesse, qui a passé elle-même toute son armée en revue, non pas à cheval et habillée à la hongroise comme on l'avait dit (les médecins s'y étaient opposés à cause de sa grossesse), mais dans une petite chaise découverte, le grand-duc à cheval à côté d'elle, lui nommant le nom des officiers et des régiments. Elle a dîné sous la tente, comblant de politesses tout le monde, faisant partout des présents considérables : on ne parle que de cette princesse. » Et, deux jours après, le même correspondant ajoute : « MM. d'Aix-la-Chapelle craignant que l'électeur ne voulût pas laisser passer sur ses terres leurs vieilles reliques (la couronne de Charlemagne et les autres attributs de la souveraineté attendus à Francfort pour le sacre), les ont fait porter secrètement par les voitures publiques, et les députés les ont suivis aussi secrètement, ce qu'ils n'auraient jamais fait si indécemment si ce n'était pour le couronnement de cette princesse, qui est aujourd'hui l'idole de l'Allemagne [1]. »

Le 4 octobre, jour de la Saint-François, était la date fixée pour la cérémonie. Mais la veille un bruit étrange se répandit et causa une surprise générale. Personne n'avait douté que Marie-Thérèse ne figurât dans la solennité à côté du nouvel empereur et ne fût couronnée avec lui ; l'espoir de la contempler était même pour la foule le principal attrait de la fête. On apprit tout à coup qu'elle refusait d'être associée au couronnement, et qu'aucune insistance

---

1. Tilly à d'Argenson, 29 septembre, 4 octobre 1745. (*Correspondance de Manheim.* — Ministère des affaires étrangères.)

(même les plus pressantes, faites par l'Empereur lui-même) n'avait pu triompher de sa résistance. Elle donnait pour motif l'état de sa santé, qui ne lui permettrait peut-être pas de braver jusqu'au bout la fatigue de rester longtemps agenouillée. Mais ce prétexte ne trompait personne, car elle n'avait pas l'habitude de ménager une constitution très forte et que les épreuves répétées de la maternité n'avaient pas ébranlée. On se perdit en conjectures, et aujourd'hui encore, les historiens se plaisent à commenter diversement cette résolution singulière. Ils inclinent presque tous à penser qu'ayant reçu à Prague et à Presbourg les insignes d'une souveraineté qui n'appartenait qu'à elle, elle trouvait au-dessous de sa dignité de n'arriver cette fois qu'au second rang, comme femme de l'Empereur plutôt que comme Impératrice, pour être associée à une dignité dont elle n'aurait que le titre. On ajoute même que, comme reine de Hongrie et de Bohême, elle avait vu placer la couronne sur sa tête ; à Francfort, ce serait le manteau impérial seulement qu'on jetterait sur ses épaules, et elle ne pouvait se résigner à un changement d'étiquette qui attestait une infériorité de situation.

Rien dans les sentiments connus de la princesse n'autorise à lui prêter ce mesquin calcul de vanité. J'inclinerais au contraire à faire une supposition tout opposée. Sans doute son affection conjugale, bien que toujours aussi vive, avait, avec les années, un peu changé de nature : elle n'avait plus sur les talents militaires et politiques de l'homme qu'elle aimait les illusions que, dans l'inexpérience de la jeunesse, lui avait fait concevoir l'ardeur d'une passion naissante. Le malheur, la nécessité et l'habitude du commandement lui avaient révélé combien était faible l'appui placé à ses côtés, et appris à ne plus compter que sur elle-même. Mais précisément parce qu'elle voyait maintenant plus clair dans le jugement que tout le monde portait autour d'elle, parce qu'elle savait que là où elle serait on ne regarderait qu'elle, — elle serait tout et François ne serait rien, — il lui répugnait de constater par cette éclipse certaine une infériorité qu'elle n'avait aucun plaisir à reconnaître. Elle pouvait craindre d'enlever ainsi aux yeux des populations allemandes tout prestige au chef qu'elle avait enfin réussi à leur donner. Ce jour tant attendu devait être celui de son mari et non le sien. Ce serait méconnaître l'originalité d'un noble caractère que de ne pas comprendre le rôle qu'a joué, à toutes les époques de cette vie royale, le mélange des affections domestiques aux calculs de la raison d'État, et la part que la femme, plus tard la mère, a toujours prise aux résolutions de la souveraine [1].

Malgré cette absence que chacun commentait et regrettait tout bas, la cérémonie eut lieu suivant toutes les formalités antiques, mais avec un éclat inaccoutumé. — « Ce matin, à onze heures, dit le résident La Noue, le prince est sorti de son palais, précédé, après les livrées et les gentilshommes, des comtes de l'Empire à pied et nu-tête, des ambassadeurs, des électeurs séculiers à cheval, habillés à l'espagnole et couverts, du maréchal héréditaire de l'Empire marchant devant lui aussi à cheval avec l'épée nue,

---

[1] D'Arneth, t. III, p. 105 et suiv., 429 et 430; — Erizzo, ambassadeur de Venise, 6 novembre 1745.

et il s'est rendu à la principale église. Il montait un cheval noir et s'avançait sous un dais à fond jaune avec l'aigle éployée de l'Empire... une couronne fermée en tête, et revêtu d'un manteau de velours pourpre doublé d'hermine, le collier de la Toison d'or au cou. » La couronne qu'il portait en entrant à l'église était celle du royaume de Jérusalem, dont la maison de Lorraine se disait, je ne sais à quel titre, héritière; au moment où il dut la changer contre le diadème impérial, l'archevêque de Mayence, qui officiait, demanda à haute voix, suivant un usage consacré, s'il n'y avait pas dans l'assistance quelqu'un qui portât le nom de Dalberg : c'était le droit de cette noble maison de recevoir la première accolade de l'Empereur. Un membre de la famille présent s'avança, armé de pied en cap et le casque en tête, et l'Empereur, le touchant avec l'épée de Charlemagne, l'arma chevalier de sa propre main.

En sortant, l'Empereur se rendit à l'hôtel de ville, où Marie-Thérèse, après avoir assisté sans éprouver aucune lassitude (quoi qu'elle en eût dit) à toute la solennité, l'avait déjà devancé. Dès qu'elle l'aperçut, elle s'avança à sa rencontre le visage enflammé, les yeux brillants, agitant son mouchoir et mêlant sa voix aux clameurs de la foule. On eût dit qu'en le voyant paraître dans ce brillant appareil que rehaussaient sa haute stature et son port élégant, elle retrouvait tout le feu de ses premières amours. Ceux qui l'approchaient ont même raconté qu'avant d'applaudir, elle avait eu soin d'ôter ses gants, afin qu'on entendît plus distinctement le son de ses mains frappant l'une contre l'autre. Elle assista ensuite au festin qui suivit, sans qu'elle eût l'air de songer davantage aux ménagements qu'exigeait son état [1].

Ce fut au milieu des émotions de cette journée qu'on dut lui apprendre l'échec que le prince de Lorraine venait de subir en Bohême. Le mal eût été plus grand encore que, tout entière à la joie et à l'orgueil, elle en eût res-

---

2. La Noue à d'Argenson, 4 octobre 1745. (*Correspondance d'Allemagne*. — Ministère des affaires étrangères.) — Erizzo, ambassadeur de Venise, 2 et 9 octobre 1745; — d'Arneth, t. III, p. 108.

senti peu de trouble. Mais comme le messager qui apportait la nouvelle arrivait également nanti de ce qu'on avait pu sauver des effets et des papiers saisis sous la tente de Frédéric, ces indices matériels, qui semblaient ceux d'une victoire plutôt que d'une défaite, l'aidèrent à se faire une illusion qu'elle s'empressa de répandre autour d'elle. Il fut aussitôt convenu dans son entourage que l'engagement de Sohr avait tourné en définitive à la gloire et à l'avantage de l'Autriche; et il fut même question de faire chanter un *Te Deum*. Ce fut François qui, se pénétrant de l'esprit de sa nouvelle dignité, fit remarquer que Francfort était une ville impériale et non autrichienne, et que, l'Empire étant encore neutre, il ne convenait pas à son chef de faire célébrer la victoire d'un des membres du corps germanique sur un autre. L'Impératrice dut donc se contenter du plaisir de parcourir une correspondance qui, n'étant pas faite pour passer sous ses yeux, ne pouvait manquer de l'intéresser.

Les pièces enlevées aux secrétaires de Frédéric étaient en mauvais état, lacérées, maculées, difficiles à lire; les pillards qui les avaient prises attachaient peu de prix à des paperasses dont ils n'auraient pas su faire usage. En rassemblant cependant les lambeaux épars et en les étudiant de près, on y fit de curieuses découvertes. La correspondance de Frédéric avec les ministres anglais apprit à Marie-Thérèse avec quel sans-gêne le cabinet de son bon allié George disposait d'elle et de ses provinces, et se vantait de la faire céder, quelque condition qu'on lui imposât, en lui refusant les subsides pour lui couper les vivres. — « En m'en parlant, disait le ministre de Bavière au résident Blondel, elle pleurait encore de colère. » — On vit aussi que Frédéric, dans ce dialogue édifiant, n'en prenait pas lui-même moins à son aise avec son allié de France. Il y avait, entre autres, une instruction envoyée à son ministre en Hollande, afin de lui apprendre à *masquer* la convention de Hanovre, si l'abbé de La Ville en avait le soupçon, qui parut un chef-d'œuvre inappréciable d'astuce et d'effronterie[1].

1. Blondel à d'Argenson, 19 octobre 1745 : « La reine, dit-il, a trouvé dans la cassette qui a été prise au roi de Prusse

Frédéric avait donc été très mal informé de l'étendue de sa perte, puisqu'il assure dans ses *Mémoires* que ses secrétaires, avant de se laisser prendre, avaient mis tous ses papiers en sûreté ; et il fut plus mal inspiré encore, s'il est vrai, comme il le raconte également, qu'il choisit précisément le moment de la présence de l'Impératrice à Francfort pour lui faire « lâcher quelques paroles de paix » par des émissaires chargés de sonder le terrain, et de voir quel effet avait produit sur elle la journée de Sohr.

à l'action du 30, plusieurs papiers de correspondance d'Angleterre avec ce prince par laquelle elle a lieu de se convaincre que l'Angleterre ne se fait aucun scrupule de la sacrifier. Il (le ministre de Bavière) m'a assuré que la reine de Hongrie lui en avait parlé les larmes à l'œil. » — Chavigny à d'Argenson, 2 novembre 1745 : — « Parmi les pièces enlevées au roi de Prusse que Bartenstein a montrées, il y a une minute d'une longue lettre que ce prince aurait écrite à son résident en Hollande et dans laquelle il l'aurait instruit avec beaucoup de force sur le langage qu'il devait tenir à l'abbé de La Ville pour masquer la négociation de Hanovre. » (*Correspondances d'Allemagne et de Bavière.* — Ministère des affaires étrangères.) — Charles de Lorraine à l'Empereur, 4 octobre : « Si ces papiers, par malheur, n'étaient pas tombés entre les mains de hussards, nous en aurions bien davantage ; mais la plus grande partie a été perdue. Comme vous le savez bien, les houzards se soucient très peu des papiers ; ils les ont pillés et déchirés. » (D'Arneth, t. III, p. 434 — Erizzo, ambassadeur de Venise, 27 novembre 1745.)

Il est aisé de deviner quel accueil ces porteurs de paroles reçurent et quel rapport ils durent lui en faire. « Cette princesse fit paraître, dit encore Frédéric, qu'elle laisserait plutôt son cotillon que la Silésie. »

Le ministre bavarois, de qui Blondel recevait de première main ces détails intimes, ne manquait pas de faire remarquer que ce serait le moment pour les souverains de France et d'Autriche, également trahis et insultés, de mettre en commun leurs injures pour en tirer vengeance. Ce n'était pas la bonne volonté, on l'a vu, qui manquait à Blondel pour entrer dans cette pensée, pas plus qu'aux autres agents français présents à Francfort, qui tous avaient écrit dans un sens conforme à leur ministre. Mais n'ayant reçu de lui aucune réponse, et Blondel même ayant été assez sèchement averti de ne se mêler que de ce qui le regardait, ils n'avaient garde d'ouvrir l'oreille à ces insinuations, et, pour ne pas les entendre, ils s'enfermaient chez eux. — « Je vis ici comme un proscrit, écrivait Saint-Séverin, n'osant parler à personne et sentant que je suis de trop. » —

Personne ne se trouvait donc sur place pour avertir promptement à Versailles de l'état d'esprit de Marie-Thérèse, et cependant elle désirait elle-même si vivement entrer en relation directe avec Louis XV, qu'elle pensa, dit-on, un moment à demander pour le comte Chotek, son ministre à Munich (qui se plaignait de souffrances de poitrine) la permission d'aller passer l'hiver à Montpellier, dans l'espoir qu'en traversant Paris il trouverait quelqu'un avec qui s'aboucher; mais ce diplomate, encore jeune et novice, recula devant la pensée d'être chargé à lui seul d'une tâche si délicate. Faute de mieux, il fallut donc se contenter de l'intermédiaire plus lent que d'Argenson avait préféré. Ce fut le comte Saul, ministre de Saxe à Vienne, qui vint porter la parole, non pas directement au nom de la France, mais au nom du roi de Pologne, choisi par Louis XV pour médiateur [1].

---

[1]. Blondel et Saint-Severin à d'Argenson, octobre 1745, *passim*. (*Correspondances d'Allemagne et de Mayence.*) — Lettre particulière de La Noue à d'Argenson, 4 novembre 1745. C'est dans cette lettre qu'est mentionné le projet de voyage du comte Chotek à Montpellier; d'Argenson met en note : — « Si Chotek avait cru que la négociation fût sin-

Une négociation engagée par une voie si détournée n'avait pas chance de marcher promptement. Quand ce n'eût été que la perte de temps nécessaire pour faire passer par Dresde tout ce qu'il aurait été si simple d'envoyer en droiture à Paris, ce délai, dans une heure critique où chaque instant était précieux, suffisait pour tout compromettre. Mais de plus la mission dont Saul se trouvait chargé pour la France n'était ni la seule ni même la plus pressante qu'il eût à remplir. Il avait, en outre, à combiner avec l'impératrice le projet d'une attaque nouvelle qu'il proposait de diriger contre Frédéric, dans des conditions différentes des précédentes (que je devrai exposer tout à l'heure), et à régler le rôle que chacun des combattants aurait à y jouer. Tant de préoccupations diverses ne permettaient à Saul de donner à la négociation française qu'une partie de son attention et de son temps. Du moment, d'ailleurs, que l'affaire se traitait ainsi par procureur, Marie-Thérèse, de son côté, ne pouvait s'en occuper elle seule

cère et non illusoire, il eût accepté cette occasion d'honneur et de profit. »

ni elle-même. Tout fut donc renvoyé à l'examen de son vieux ministre Bartenstein, nourri dans les préjugés antifrançais et qui, bien que comprenant l'intérêt de céder quelque chose aux circonstances, procéda avec les préjugés, la méfiance, les lenteurs, les formalités de toute sorte habituelles à la chancellerie autrichienne. On fut tout de suite en désaccord sur les conditions de l'alliance projetée. La France demandait, comme le prix de son concours, un établissement pour l'infant d'Espagne en Italie, une garantie assurée à son protégé, l'électeur palatin, et pour elle-même les places flamandes d'Ypres, de Furnes, de Tournay et de Nieuport, actuellement entre ses mains. C'était peut-être beaucoup exiger, mais Bartenstein répondit en refusant à peu près tout, sauf l'espérance d'une part à faire à l'infant, pourvu que ce ne fût pas aux dépens du roi de Sardaigne. On était donc assez loin de compte : pas beaucoup plus, cependant, que dans une négociation ordinaire, où il est assez d'usage que l'un, au début, demande plus qu'il n'espère obtenir, et l'autre accorde moins qu'il n'est résigné d'avance à concéder.

Mais c'étaient justement ces marchandages, ces allées et venues si fâcheuses dans les circonstances présentes auxquelles une transaction directe, confiée à des gens d'énergie et de résolution, aurait eu le mérite de couper court. Aussi n'y eut-il pas lieu d'être surpris si la réponse à peu près négative de Bartenstein aux demandes de la France arrivait à peine à Dresde pour de là être transmise à Versailles, au moment où, les fêtes du couronnement étant terminées, le couple impérial quittait Francfort pour rentrer dans ses États et dans sa capitale.

L'impératrice mettait pourtant encore tant de prix à se venger de l'Angleterre en se faisant écouter de la France qu'elle entretint de cet espoir plusieurs des petits princes qui vinrent la saluer avant son départ ou sur son passage. — « L'électeur de Cologne m'a dit, écrit Aunillon, qu'il était persuadé que la reine de Hon-

---

1. Vaulgrenant à d'Argenson, octobre 1745, *passim*. — La réponse faite par l'Autriche aux propositions dont Saul était porteur n'est mentionnée dans cette correspondance qu'à la date du 30 octobre. Toutes les lettres précédentes se plaignent de la lenteur de la procédure suivie à Francfort. (Voir d'Arneth, t. III, p. 131.)

grie n'était pas éloignée de faire sa paix avec la France, même aux dépens d'une partie des Pays-Bas, qu'il pouvait me le dire et qu'elle s'en était expliquée. » L'électeur de Trèves était moins affirmatif et jurait qu'on ne lui avait rien dit, mais il laissait tout entendre. « Préparez-vous à quelque chose d'extraordinaire, disait-il au résident ; je ne doute pas que la reine ne fasse volontiers sa paix avec le roi : il n'y a plus entre les deux maisons de France et d'Autriche aucun motif d'inimitié. — Mais le roi, répondit Renaud, ne veut pas traiter sans ses alliés. — Ah ! en ce cas, reprit en souriant l'électeur, c'est rendre la paix bien difficile[1]. »

Mais plus le désir de Marie-Thérèse se manifestait avec vivacité, plus semblait croître la répugnance de d'Argenson à y répondre. La victoire des Prussiens à Sohr le remplit de joie, et il la laissa voir à Chambrier avec une effusion d'autant plus remarquable que le

[1]. Aunillon et Renaud à d'Argenson, 21-31 octobre 1745. (*Correspondances de Cologne et de Trèves.* — Ministère des affaires étrangères.)

ministre prussien (bien qu'imparfaitement au courant des divisions du conseil) apercevait clairement chez d'autres ministres des sentiments tout contraires. Ce qui semblait plaire le plus à d'Argenson dans cet heureux incident, c'est qu'il y voyait une raison de remettre en question, sinon l'existence même, au moins la portée et l'exécution de la convention de Hanovre. « Si le roi de Prusse, écrivait-il, a traité avec les Autrichiens, au moins il ne les ménage guère, et la convention prétendue tient maintenant du roman plus que de l'histoire. » — Mais, répondaient à l'unisson Conti, Vaulgrenant et même Chavigny, cet événement ne prouve rien, ou prouverait le contraire. Puisque le roi de Prusse s'est laissé attaquer et s'est borné à se défendre, c'est donc qu'il espérait et qu'il doit aujourd'hui plus que jamais espérer encore que la reine de Hongrie va adhérer à ce qu'on lui propose? — « Non, répondait d'Argenson, il faut croire le mal le plus tard qu'on peut de la part d'un allié qu'on a ménagé avec tant de soin. Puis le roi de Prusse est d'un caractère si incertain qu'il ne persévèrerait peut-être pas plus dans la défection que dans ses engagements [1]. » Vaulgrenant, étonné de ce scepticisme persistant qu'il ne pouvait pas partager, mais qu'il n'osait pas trop ouvertement contredire, n'en comprenait que mieux combien le ministère tenait peu au succès de la négociation dont on l'avait chargé. — « Dans le doute, écrivait-il, si nos conditions sont acceptées, puis-je encore faire usage de mon pouvoir? »

Pour sortir pourtant de cette incertitude qu'il était seul à éprouver encore, d'Argenson imagina un moyen assez heureux de mettre Frédéric dans l'alternative ou de dissiper ou de confirmer avec éclat tous les soupçons. Il lui proposa de renouveler publiquement, de concert avec l'électeur palatin, une protestation contre l'élection de Francfort, mais sous une forme plus solennelle que la première, visant plus directement la personne de l'élu, et à laquelle le roi de France s'associerait en qua-

---

[1]. Chambrier à Frédéric, 15 octobre; — d'Argenson à Vaulgrenant, 14 octobre; — à Chavigny, 20 octobre; — Vaulgrenant à d'Argenson, 5 et 12 octobre; — Conti à d'Argenson, 10 octobre. (*Correspondances d'Allemagne, de Saxe et de Bavière.* — Ministère des affaires étrangères.)

lité de garant de la paix de Westphalie et de protecteur des libertés germaniques. Le coup n'était pas mal joué pour réduire son allié suspect au pied du mur et couper court à tous les ambages ; mais c'était à la condition qu'on fût résolu d'avance, en cas de refus ou même d'ambiguïté dans la réponse, à prendre soi-même acte de la liberté d'action rendue par là à la France ; c'était aussi à la condition qu'on tînt en réserve pour ce cas si probable une négociation déjà très avancée avec l'Autriche, pouvant aboutir sans délai à une conclusion effective et qui aurait eu ainsi le caractère d'une prompte et juste représaille [1].

La proposition trouva Frédéric dans une humeur qui, bien que naturelle à son caractère, lui était devenue depuis quelque temps étrangère. Après de longs mois d'angoisse et de perplexité, se voyant échappé, par deux actes d'une témérité heureuse, à des périls dans lesquels il avait cru succomber, il reprenait dans sa fortune et dans son étoile une confiance

---

[1]. Frédéric à Valori, 9 octobre ; — à Podewils, 10 octobre 1742. — (*Pol. Corr.*, t. IV, p. 303.)

absolue. Les ratifications anglaises lui étant arrivées peu de jours après la bataille de Sohr, il se croyait maintenant pleinement maître du terrain.— « La reine Thérèse, disait-il, en passera par où le roi George voudra. » — Si ce n'était pas tout de suite, ce serait dans quelques semaines ou quelques mois, quand l'or anglais faisant défaut, la disette commencerait à se faire sentir. D'ici là, comme on entrait dans la saison d'hiver, on avait, pensait-il, le temps d'attendre et au besoin de se retourner. Quelques rumeurs étaient bien arrivées à ses oreilles de négociations tentées entre l'Autriche et la France, mais il n'y attachait aucune importance. C'étaient, disait-il, de « petites indignités saxonnes, des chipotages du cardinal de Tencin » qui ne méritaient pas un instant d'attention ; une alliance de la France et de l'Autriche serait un bouleversement total pour lequel rien n'était préparé. Peut-être d'ailleurs, sachant à qui il avait affaire, jugeait-il, non sans raison, qu'un pareil changement de front demandait, pour être exécuté sur place, une promptitude de coup d'œil et de résolution dont personne, dans le conseil de Louis XV, n'était doué. En tout cas, il espérait qu'il en serait quitte pour se rapprocher immédiatement de l'Angleterre, qui lui ouvrirait alors largement les cordons de sa bourse. En attendant, il s'acheminait gaiement vers Berlin pour y goûter quelques temps de repos, mettant en usage la philosophie pratique du proverbe italien : *Chi ha tempo ha vita.* Il ne songeait même plus au châtiment exemplaire dont il avait à tant de reprises menacé la Saxe. La paix, à ses yeux, était désormais « immanquable ». — « Je vous suis obligé, écrivait-il à Podewils, de m'avoir commandé en Russie une pelisse de renard. Nous aurons à l'avenir plus besoin de la peau du renard que de celle du lion [1]. »

Un homme si sûr de son fait n'était pas en disposition de ménager personne. — « Valori, dit-il à Podewils en recevant la demande de d'Argenson, m'a fait les propositions les plus ridicules qu'il soit possible d'imaginer. Il s'agit de détrôner avec l'électeur palatin le grand-

---

[1]. Frédéric à Podewils, à André, à Rothembourg, octobre 1845. — (*Pol. Corr.*, t. IV, p. 301 et suiv.)

duc. Dieu garde que je m'embarque de ma vie avec d'aussi ingrats amis et d'aussi misérables politiques. » Mais, suivant son usage, sa réponse, au lieu d'être simplement négative, fut donnée dans la forme d'une acceptation conditionnelle, accompagnée d'une condition dérisoire qui frisait l'impertinence. Il chargea Chambrier de faire savoir à d'Argenson qu'il était prêt à rédiger avec lui toutes les protestations qu'il voudrait, pourvu qu'il fût sûr que la France les appuierait immédiatement par l'envoi de cent mille Français au delà du Rhin, en marche vers la Saxe; il demanda de plus qu'on mît à la disposition du ministre de France en Russie une somme suffisante pour gagner les ministres de la tsarine et les empêcher de prendre parti pour l'Autriche. Cette fois, d'Argenson, ne pouvant plus se méprendre, éprouva un accès véritablement plaisant d'irritation et de désespoir. — « Le roi de Prusse, écrit-il dans une note autographe, ne nous demande jamais aucun conseil de conduite, mais des choses rudes, dépensières et impraticables. Donnez-moi 16 millions en quinze jours; que le prince de

Conti ait cent mille hommes sur le Rhin à la fin du mois... Envoyez-moi une armée en Saxe... Gagnez-moi la cour de Russie bien vite. »

Chambrier, à sa première audience, reçut en plein visage, mais sans trop s'en émouvoir, ces éclats d'une colère trop tardive et trop plaintive pour être bien effrayante. — « Quel besoin, lui dit vivement d'Argenson, le roi de Prusse, s'il est victorieux, a-t-il de nos troupes en Saxe? Comment les ferai-je passer? Par quel chemin? Puis-je les faire voler comme des oiseaux? Souffrez, monsieur, que je vous dise qu'un allié doit proposer et non exiger, mesurer ses desseins à la possibilité des choses, ne pas affecter d'ignorer ce que tout le monde connaît, et communiquer ses propres desseins au lieu de se borner à diriger ceux des autres... Et, parmi tant de questions, comment la principale échapperait-elle? Vous me dites bien que le roi de Prusse ne manquera pas au roi, et que la bataille de Sohr vient d'en donner la preuve. Mais cela répond-il à tout? cela dissipe-t-il tous les nuages? Qu'est-ce que cette notoriété publique qui assure qu'il y a un traité signé, le

26 août, entre le roi de Prusse et l'Angleterre?... Des copies en courent partout, et le seul éclaircissement que vous nous donniez sur ce fait, depuis deux mois qu'on le soupçonne, ce sont des inductions tirées de vos bonnes intentions personnelles. »

Chambrier, qui n'avait effectivement ni la possibilité de tout nier, ni l'autorisation de tout confesser, se retira en balbutiant de vagues excuses. Mais, dans un *post-scriptum* joint à la dépêche où il rendait compte de cet entretien, il avertissait son maître que, sauf d'Argenson, tous les ministres tenaient son arrangement avec l'Angleterre pour avéré, et, loin de s'en inquiéter, paraissaient en prendre leur parti et dire qu'on ferait bien les affaires sans lui. Le cardinal de Tencin, en particulier, répétait que la bonne foi, comme toutes les autres vertus, avait ses bornes au delà desquelles elle n'était plus que faiblesse et duperie [1].

---

1. D'Argenson à Valori, 11 et 19 octobre; — Chambrier à Frédéric, 22 octobre 1745. — J'ai dû combiner ces deux récits du même entretien, qui ne diffèrent que par certains détails. — (Ministère des affaires étrangères.)

Frédéric comprit alors qu'un plus long déguisement était inutile, et que, surtout, sur un esprit droit et honnête comme celui de d'Argenson, une apparente franchise serait de meilleur effet. Podewils eut donc la permission (qu'il avait déjà sollicitée plusieurs fois) de convenir avec Valori de la réalité de la convention de Hanovre, et de lui en communiquer, sinon le texte, au moins les dispositions principales. L'aveu fut naturellement précédé des récriminations habituelles sur l'abandon dont la France avait payé les services qu'on lui avait rendus, et sur l'extrémité à laquelle le roi de Prusse s'était vu réduit par la retraite de l'armée de Conti, et le refus des subsides qu'il avait réclamés dans une nécessité pressante. Hors d'état de poursuivre la lutte à lui seul, avec un trésor épuisé et une armée affaiblie, il avait bien dû penser à lui-même et à ses peuples, mais sans oublier pourtant son allié. Rien, d'ailleurs, dans le projet de convention, n'était de nature à porter ombrage à la France, puisque tout se bornait au maintien entre les mains de la Prusse de cette conquête de Silésie dont la

France, dans un intérêt personnel bien entendu, devait toujours désirer que la possession restât enlevée à ses rivaux. — « Ne vous y trompez pas, disait le ministre prussien, si nous avions voulu promettre quelque chose contre vous, nous aurions pu obtenir davantage ; mais le roi a été inébranlable sur cet article. » — C'était donc un pas fait vers la paix générale dans les conditions que la France elle-même pouvait souhaiter, et rien n'étant conclu, tout étant encore en projet et restant en suspens, il lui suffisait, si elle voulait être comprise dans l'arrangement, de s'unir avec deux signataires de la convention pour venir à bout des résistances de la cour de Vienne. Et quant au secret qui avait été nécessaire pour aboutir, la France avait-elle droit de s'en plaindre, quand elle avait donné l'exemple en provoquant à la Haye, sans prévenir personne, la réunion d'un congrès général ?

Devant cette étonnante argumentation, Valori paraît être resté à peu près muet. Mais, en transmettant le récit fidèle qu'il venait d'entendre, il ne pouvait s'empêcher de demander si, à quelque prix que ce fût, il ne fallait pas s'estimer heureux d'être défait d'un allié si incommode. — « Je me borne à ce terme, disait-il, pour ne point entrer dans les autres qualifications qu'il n'a que trop méritées[1]. »

Effectivement, était-ce la peine de répondre? Il n'était que trop aisé de démontrer que le moyen d'avancer la paix générale n'était pas d'assurer à l'un des belligérants, par l'abandon de l'autre, un avantage dont il devait certainement être tenté d'abuser. Il était moins difficile encore de repousser toute assimilation entre une convention faite à deux, à huis clos et dans l'ombre, et la demande d'un congrès où tous, publiquement appelés, auraient eu droit de se faire entendre. Mais les événements, en se précipitant, allaient couper court à une discussion superflue, et l'avantage était assuré d'avance à celui des trois acteurs de ce drame qui saurait les faire tourner à son profit, en usant à la fois de plus de résolution et de moins de scrupule. Je n'ai pas besoin de dire qui était celui-là.

1. Valori à d'Argenson, 26-30 octobre 1745. (*Correspondance de Prusse*, ministère des affaires étrangères.

CHAPITRE VI

CAMPAGNE DE FRÉDÉRIC EN SAXE
PRISE DE DRESDE
FIN DE LA SECONDE LUTTE DE FRÉDÉRIC I ET DE MARIE-THÉRÈSE

Péril et alarmes du gouvernement anglais. — Succès de Charles-Édouard en Écosse. Le cabinet français prend ouvertement parti pour le prétendant. — Rupture de la France avec la Hollande. — Les troupes anglaises doivent être rappelées des Pays-Bas. — Nouvel effort tenté par l'envoyé anglais à Vienne pour décider Marie-Thérèse à traiter avec la Prusse, afin d'être en mesure de défendre ses provinces flamandes. — Refus obstiné de Marie-Thérèse. Plan formé par elle, de concert avec la Saxe, d'attaquer les provinces héréditaires de la Prusse, par une campagne d'hiver. — Concentration de ses troupes à cet effet sur la frontière de Saxe. — Intervention promise par la Russie. — Une indiscrétion du comte de Brühl fait connaître le plan à Frédéric. — Il tâche d'empêcher l'intervention de la Russie, et demande aide à la France. — Hésitation de la Russie qui fait changer le plan de campagne. — Frédéric attend l'armée autrichienne sur la frontière de Saxe et la fait reculer sans combat. — Il propose la paix à Auguste III. — Auguste III quitte Dresde avec sa famille et se réfugie à Prague.

Embarras du marquis de Vaulgrenant, envoyé français à Dresde. — Il attend un envoyé autrichien, le comte d'Harrach qui lui avait été annoncé pour reprendre la négociation proposée par Marie-Thérèse et qui n'arrive pas. — Instructions confuses et contradictoires envoyées à ce sujet par le cabinet français. — Mauvaise volonté persistante de d'Argenson. — Bataille livrée et gagnée par les Prussiens sous les murs de Dresde. — Arrivée de l'envoyé autrichien le soir même de la bataille. — Son entretien la nuit avec Vaulgrenant ; il offre de céder Ypres, Beaumont, peut-être même Tournay, si la France veut abandonner la Prusse. — Vaulgrenant ne se croit pas autorisé à conclure. — D'Harrach quitte Dresde.

Entrée de Frédéric à Dresde. — Habileté de sa conduite. — Paix conclue avec Auguste III. — Marie-Thérèse se décide à céder. — Le comte d'Harrach revient à Dresde pour traiter cette fois avec Frédéric. — Frédéric ne demande que le rétablissement des conditions du traité de Breslau. — Réponse de Louis XV à la demande de secours de Frédéric. — Réplique hautaine de Frédéric. — Il rentre en triomphe à Berlin.

Effet de la paix de Dresde. — La France ne s'offense pas d'être abandonnée une seconde fois par son allié. — Entretien de d'Argenson avec le ministre de Prusse. — Changement survenu dans les dispositions mutuelles des grandes puissances d'Europe. — La Prusse se rapproche de l'Angleterre, et l'Autriche tend à se rapprocher de la France.

I

Pendant que le roi de Prusse faisait retour dans sa capitale avec l'espoir d'y prendre un peu de repos, l'impératrice-reine rentrait également dans la sienne, mais pour y jouir moins paisiblement de sa nouvelle grandeur. A la porte de son palais de Schœnbrunn, elle trouvait le ministre anglais montant en quelque sorte la garde pour l'attendre, et muni de nouvelles instructions de son gouvernement, plus impérieuses et plus menaçantes encore que les précédentes. Il avait ordre d'adresser à la princesse, dès son arivée, une dernière sommation pour obtenir, ou plutôt pour arracher d'elle son adhésion à l'acte préparé en son nom et à son insu, et où sa signature manquait encore. En cas de nouveau refus ou de nouveaux délais, c'était la suppression, cette fois définitive, de tout concours pécuniaire ou militaire de la part de l'Angleterre, et la rupture consommée avec les deux puissances maritimes.

Il paraîtra sans doute assez étrange de voir le cabinet britannique tenter une fois de plus auprès de Marie-Thérèse, dont la fermeté, pour ne pas dire l'obstination était connue, une démarche qui venait d'être si récemment, à deux reprises, repoussée avec dédain. On ne voit pas trop de quelle espérance le triste Robinson pouvait se flatter en revenant sitôt à la charge; aussi ne peut-on s'expliquer cette insistance que comme l'effort désespéré d'un gouvernement placé dans le plus cruel des embarras, et se rattachant à tous les moyens de salut: de même qu'un nageur, qui sent que le flot le gagne, saisit toutes les branches qu'il trouve à sa portée, sans regarder si elles sont assez fortes pour le soutenir, et si ce n'est pas son étreinte même qui les fera rompre.

Effectivement, pendant les dernières semaines qui venaient de s'écouler, la situation du gouvernement anglais, déjà très alarmante au moment où avait été signée la convention de Hanovre, s'était singulièrement aggravée. Jamais, depuis son avènement, la dynastie de Brunswick n'avait été mise à pareille épreuve. La rébellion d'Écosse continuait à se propager avec une effrayante rapidité, et Charles-Édouard, dans sa marche sur Édimbourg, ne rencontrait aucun obstacle sérieux. Les troupes anglaises, commandées par un très médiocre général (sir John Cope) et intimidées par l'hostilité visible des populations, hésitaient et reculaient au moment d'engager la lutte. Le 17 septembre, l'héritier des Stuarts était reçu en triomphe dans la capitale et prenait possession, au nom de son père, du royaume de ses aïeux. Trois jours après, c'était lui qui venait relancer les Anglais dans la retraite qu'ils avaient choisie. Un brouillard épais, tel que l'automne en amène souvent dans cette contrée brumeuse, favorisa l'attaque des Écossais, qui, connaissant tous les accidents du terrain, vinrent facilement à bout d'adversaires réduits à combattre à l'aveugle et dans l'obscurité. Cope dut se retirer en pleine déroute. La victoire de Preston-Pans livrait à Édouard l'Écosse entière et lui ouvrait l'entrée de l'Angleterre.

Là, sans doute, il n'avait plus à compter sur

la faveur populaire, et il devait s'attendre, de la part de l'esprit britannique et protestant, à une résistance plus énergique. Il était même douteux qu'il pût conduire bien loin, sur la route de Londres, ses braves highlanders, troupe aussi indisciplinée que fougueuse, très forte dans ses montagnes et sur son terrain, dépaysée et mal à l'aise dès qu'on l'en faisait sortir. Mais ces premiers succès lui permettaient d'attendre et même de réclamer du dehors un concours plus efficace. Cette invasion française, dont le public anglais s'était inquiété, je l'ai dit, quand on y songeait à peine à Paris, (et dont, en réalité, aucun gouvernement anglais n'aura rien à craindre tant qu'il sera maître de tous ses ports et de toutes ses côtes), devenait une éventualité beaucoup moins difficile à réaliser quand une armée de débarquement pouvait trouver dans l'Écosse, déjà soulevée, un accueil tout préparé d'avance et une base d'opérations. La témérité du jeune prince venait d'ailleurs en aide, d'une façon imprévue et des plus heureuses, à la lutte que la France avait à soutenir sur le continent. Il devenait donc plus intéressant, pour le cabinet de Louis XV, d'entretenir cette diversion, et la reconnaissance faisait presque un devoir de ne pas laisser succomber cet auxiliaire inattendu ; aussi le projet d'envoyer en Écosse un secours effectif, — idée que le cardinal de Tencin était, la veille encore, presque seul à recommander à ses collègues, — prit devant cet appel de la fortune une consistance tout à fait sérieuse, et compta à Versailles des partisans parmi ceux qui s'y étaient jusque-là dédaigneusement refusés. Puis, l'imagination française, si facile à exalter, et qui exerçait alors à la cour autant d'empire qu'aujourd'hui dans nos Chambres et dans la presse, était singulièrement séduite par le caractère romanesque d'un exploit qui rappelait les beaux temps de la chevalerie. D'Argenson, dont la nature généreuse mêlait volontiers le sentiment à la politique, ne fut pas le dernier à partager cet entraînement. Il avait résisté, je l'ai dit, à la pensée d'imposer par la force, à une nation libre, un gouvernement qu'elle aurait repoussé ; mais une fois sa conscience philosophique mise en repos par l'élan spontané qui semblait ramener l'Écosse sous la main de ses anciens rois, il cédait volontiers à cet attrait d'aventures et de nouveautés, qui n'était pas le côté le moins original de son esprit, et au désir d'associer son nom au souvenir d'une entreprise héroïque.

Aussi, quinze jours après la prise d'Édimbourg, deux bâtiments partaient-ils déjà de Dunkerque, chargés d'armes, de poudre et d'argent, et comptant, au nombre de leurs passagers, un agent secret, choisi par le ministre lui-même parmi ses amis personnels. C'était un jeune président de chambre du parlement d'Aix, le marquis d'Éguilles, qui faisait partie d'un petit cénacle littéraire dont d'Argenson était un des habitués. Quel est le lecteur des œuvres de Voltaire qui ne connaît les noms de MM. de Pont de Veyle et d'Argental, ces correspondants familiers, dévoués, presque dévots du grand poète? D'Eguilles était leur ami, élevé sous leurs yeux. Il était, de plus, le frère de ce marquis d'Argens célèbre dans tous les écrits du temps, et qui, obligé de quitter la France par suite des écarts d'une jeunesse orageuse, était allé s'établir à Berlin, pour y devenir chambellan du roi de Prusse, dont il devait demeurer, jusqu'à la mort, le plus humble, le plus soumis et souvent le plus maltraité des serviteurs. Était-ce cette parenté et la nature des relations et des sentiments qui devaient en résulter, qui valurent à d'Éguilles la confiance de d'Argenson ? Je ne sais, mais toujours est-il que le jeune magistrat dut partir, chargé d'aller trouver Charles-Édouard pour s'enquérir de l'état des forces de l'insurrection et de la nature comme de l'importance du secours qui pouvait en assurer le succès. Ce n'était qu'au prince seul qu'il devait révéler sa mission ; pour tout autre, même pour l'entourage le plus intime, il ne devait être qu'un généreux volontaire, en quête de prouesses pour se distinguer, et venant s'attacher pour l'amour de la vaillance à la fortune d'un héros [1].

1. Ministère des affaires étrangères. — *Correspondance relative aux prétendants*, vol. *Stuarts*, 29 septembre 1745. — Le récit de la mission du marquis d'Éguilles et sa correspondance inédite viennent d'être publiés par M. Paul Cottin, dans un volume intéressant, intitulé : *Un protégé de Bachau-*

De pareils secrets sont rarement gardés : la présence sur les côtes d'Écosse de deux bâtiments sous pavillon français, débarquant des armes et des munitions, et portant à leur bord un personnage de distinction dont la qualité était enveloppée de mystère, n'aurait pu être longtemps ignorée. Un incident vint rendre tout déguisement inutile. La petite escadre fut assaillie en mer par une forte tempête et portée sous le vent d'une croisière anglaise; pour échapper, il fallut se hâter de venir mouiller dans un petit port attenant à la ville de Montrose, qui se trouva être du petit nombre de celles qui n'avaient pas encore pris parti pour le prétendant. D'Éguilles alors, payant d'audace, fit débarquer les quarante-deux hommes qui composaient l'équipage de ses deux bâtiments et, se mettant à leur tête, entra à main armée dans la ville. La population, entraînée par son ardeur communicative, se déclara en

---

mont. Ces pièces sont tirées de la bibliothèque de l'Arsenal. (Voir aussi, dans l'*Annale de l'École des sciences politiques* du 15 avril 1887, le travail fait sur le même sujet par M. Germain Lefèvre-Pontalis.)

sa faveur, et les magistrats royaux n'essayèrent même qu'un simulacre de résistance. Mais un tel éclat suffisait pour déchirer tous les voiles : c'était la certitude que la France allait cette fois se mettre décidément de la partie.

On eut bientôt la confirmation du fait, par un aveu en quelque sorte officiel. En vertu d'un ancien traité, la Hollande était tenue, en cas que la succession protestante fût menacée en Angleterre, de fournir pour sa défense un secours de trois bataillons, formant un effectif d'environ six mille hommes. Le cabinet anglais, à la surprise générale, fit savoir aux états généraux que le temps était venu de remplir leur engagement. La réclamation pouvait paraître étrangement rigoureuse dans un moment où, pour résister aux menaces d'une invasion française, la Hollande ne disposait pas de forces superflues ; mais la singularité s'expliqua quand on apprit que, pour l'envoi qu'ils avaient à faire, les états généraux désignaient les bataillons mêmes qui, assiégés l'été précédent dans Tournay et dans Dendermonde, en étaient sortis par capitulation, avec promesse de ne plus porter les armes contre la France. C'était donc, tout simplement, un artifice convenu d'avance entre les deux puissances alliées pour faire servir, par un détour, à la défense commune, les soldats que leur serment condamnait à l'inaction.

Dès que cette résolution fut connue, le chargé d'affaires de France, La Ville, se hâta de protester contre ce qu'il regardait, non sans quelque raison, comme une violation indirecte de la foi jurée. Les Hollandais répliquèrent qu'une bande de rebelles écossais ne faisait nullement partie des troupes françaises, et n'avait pu être comprise dans la défense prévue. Une polémique très vive s'ensuivit, dans laquelle d'Argenson, généreusement courroucé contre une subtilité déloyale, déploya une vigueur inaccoutumée. Son irritation fut d'autant plus grande qu'il avait tout fait, on l'a vu, pour ramener les états généraux à des sentiments pacifiques, jusqu'à leur proposer d'être les hôtes d'un congrès et les garants d'un armistice. Cette manière de répondre à ses avances par un parjure l'exaspéra, et la Hollande étant un théâtre où on pouvait parler en public, il fit ouvertement appel à la presse pour défendre la cause de la bonne foi et de la justice. Plus d'un mémoire expédié par lui parut dans les gazettes, entre autres une adresse confiée à la plume éloquente de Voltaire et qui figure encore dans ses œuvres. En définitive, la Hollande tint bon, et le chargé d'affaires de France dut quitter La Haye, laissant à un simple secrétaire le soin de la correspondance. L'Angleterre eut donc les auxiliaires qu'elle attendait, mais il resta avéré, par les paroles mêmes que d'Argenson avait mises dans la bouche de son agent et l'ardeur qu'il avait portée dans ses protestations, que Charles-Édouard était traité par Louis XV comme une puissance alliée, et ceux qui se présenteraient pour combattre contre lui devaient désormais s'attendre à retrouver en face d'eux les armes et le drapeau de la France.

Devant le danger, cette fois réel et menaçant, l'émotion, déjà très vive quand il n'était qu'imaginaire, fut naturellement portée au comble. Pour le gouvernement britannique, la perplexité était grande. La première chose à faire, en effet, dans une telle extrémité, c'était de rappeler à soi (jusqu'au dernier homme s'il le fallait) ce qui restait de troupes anglaises portant les armes sur le continent. Mais quel remède héroïque! Évacuer ainsi complètement les Pays-Bas, au risque de laisser le champ libre à Maurice de Saxe, pour pénétrer, peut-être sans résistance, jusqu'au cœur de la Hollande, c'était abandonner toutes les traditions que la politique de l'Angleterre avait suivies depuis Élisabeth, et ruiner peut-être sans retour son crédit en Europe! Douloureuse alternative dont l'Autriche seule, je l'ai déjà fait comprendre, pouvait tirer son alliée en venant pourvoir elle-même, comme c'était sa tâche naturelle, à la défense de ses possessions flamandes. Mais il était toujours clair qu'elle ne pourrait s'acquitter de ce devoir tant que, par son obstination à lutter contre Frédéric, la moitié de ses forces serait occupée en Silésie et en Bohême. De là la nécessité d'insister encore auprès de Marie-Thérèse pour obtenir d'elle, par menaces ou par prières, au nom de la reconnaissance et du péril de la cause commune, qu'en acceptant la paix en Allemagne, telle que la convention de Hanovre la rétablissait, elle se mît en mesure de pouvoir ramener toutes ses forces sur le Rhin et sur l'Escaut.

Quant au public anglais, dans le trouble où il était plongé, il ne portait peut-être pas ses vues si loin; une seule chose le touchait : la succession protestante menacée et le retour du papisme triomphant. Devant l'imminence d'un tel péril, tous les intérêts plus éloignés étaient oubliés. A tout prix surtout, il fallait terminer cette guerre d'Allemagne, qui, d'ailleurs, depuis cinq ans qu'elle durait, coûtait bien cher, et profitait plus à l'électorat de George qu'à son royaume. Puisque la convention de Hanovre donnait le moyen de s'en retirer, qu'on se hâtât donc de la mettre en œuvre et, bon gré mal gré, de l'imposer à Marie-Thérèse.

On sait avec quelle conviction d'une sincérité parfois naïve, l'Angleterre, persuadée qu'elle représente le droit incarné, considère facilement tout ce qui contrarie ses desseins ou ses désirs comme une contravention à la morale et à la justice. Marie-Thérèse, défendant naguère ses droits héréditaires, quand l'Angleterre trouvait intérêt à les faire prévaloir, avait été portée aux nues; Marie-Thérèse, hésitant à contresigner une convention où l'intérêt anglais trouvait son avantage, perdit à l'instant le prestige de sa popularité. Peu s'en fallut que sa résistance ne lui fût imputée à trahison, et qu'on ne vît plus en elle qu'une dévote fanatique, heureuse, au fond de l'âme, de voir remonter sur le trône de l'Angleterre un prince catholique. Frédéric, au contraire, redevenait le défenseur du protestantisme, intéressé qu'il était à maintenir un ordre de succession auquel lui-même pouvait être appelé. Ce fut au point que, quand la bataille de Sohr fut connue, on applaudit, dans les tavernes de Londres, à la victoire prussienne, comme si les rôles eussent déjà été changés et que le vainqueur ne fût plus nominalement l'ennemi, et le vaincu l'allié de l'Angleterre.

« La reine de Hongrie, écrit Horace Walpole, par sa bigoterie, se réjouit de tout ce qui devrait contrarier ses vœux... Je ne puis dire combien je suis heureux de la nouvelle que nous avons reçue, il y a deux jours, que le roi de Prusse a battu le prince Charles, qui l'avait attaqué juste au moment où nous venions d'obtenir la paix pour lui... Quelle odieuse maison que celle d'Autriche ! » — « La reine de Hongrie, écrit le ministre Pelham à l'envoyé anglais en Hollande, a certainement perdu l'affection du peuple, et je ne puis dire qu'elle ne l'ait pas mérité. On ne voit pas quand on finira de crier : « Soutenons la maison d'Autriche ! » et cette maison néglige entièrement l'intérêt général en vue duquel tout honnête homme lui accordait son affection. » Le sentiment public, en un mot, devint tel que, quand le roi ouvrit le parlement le 16 octobre, tout ce qu'il put faire pour ne pas provoquer une expression trop compromettante du vœu national, ce fut, dans le discours qu'il prononça, de ne parler que des dangers intérieurs, sans la moindre allusion aux affaires du dehors [1].

C'est l'écho de ce mélange d'alarmes et de

---

[1]. *Correspondance de La Touche*, agent secret à Londres. (Ministère des affaires étrangères, 26 octobre 1745). — Horace Walpole à Horace Mann, 4 octobre 1745. — Coxe, *The Pelhams*, ch. IX, t. 1ᵉʳ p. 282.

colère que Robinson était chargé de porter aux oreilles de l'Impératrice, en forçant une fois de plus l'entrée de son conseil. Si, pour s'encourager à reprendre sur nouveaux frais cette tâche ingrate, Robinson avait nourri quelque vague espoir de trouver l'orgueil autrichien abattu par le résultat malheureux de la journée de Sohr, il ne tarda pas à être détrompé. — « Je vis tout de suite, écrit-il, que l'air de Francfort n'avait pas contribué à rafraîchir la chaleur des impressions qui règnent ici. » — Effectivement, dans l'entourage même de l'Impératrice, ministres et courtisans, exaltés par la promenade triomphale qu'ils venaient de faire dans tout le midi de l'Allemagne, étaient aussi montés qu'elle. La commission dont Robinson était chargé n'était un mystère pour personne ; on lui demandait, sur un ton provocant, si l'Angleterre avait donc pris son parti de substituer la maison de Brandebourg à celle d'Autriche, et si on allait voir la seconde édition du traité d'Utrecht, par lequel la reine Anne, faussant compagnie à Charles VI, l'avait laissé en tête à tête avec la France. — « Mais,

détrompez-vous, ajoutait-on, ce n'est pas la Prusse que vous séparerez de la France, c'est nous qui saurons bien nous séparer de vous. »
— Le seul qui, dans ce milieu si animé, parut garder un peu son sang-froid, c'était le nouvel Empereur, qui, quoique très ennemi de la Prusse, l'était au fond encore plus de la France et plus soucieux de reprendre la Lorraine que la Silésie. Aussi ne fut-ce qu'auprès de lui que Robinson trouva un accueil qui lui permit de se faire entendre jusqu'au bout, « le prince s'exprimant, dit-il, dans les termes les plus doux et même les plus tendres sur le compte du roi d'Angleterre ». Mais lui-même ne se faisait pas l'illusion de croire qu'un titre changeât la réalité, et que sa dignité nominale ajoutât rien à son autorité réelle [1].

Aussi, le langage des serviteurs faisant pressentir ce qu'on devait attendre de leur maîtresse, Robinson se borna-t-il à demander

---

[1]. Robinson à Harrington, 30 octobre 1745. I perceived that the air of Francfort had very little contributed to the coo'ing of his reflections... (*Correspondance de Vienne.* — Record Office.)

la permission de remettre un mémoire écrit. — « J'aurais craint, dit-il, que, dans le cours d'une discussion, un éclat de colère ne fît échapper de la bouche de l'Impératrice un *non* fatal, et qu'ainsi l'Europe fût perdue par un monosyllabe trop vite prononcé. » — Moyennant ces précautions, l'audience, se bornant à la remise d'un document, fut assez courte et assez paisible. L'Impératrice sembla seulement se donner le malicieux plaisir de faire voir au ministre anglais qu'elle en savait, sur les relations de sa cour avec le roi de Prusse, plus long que lui-même ne pouvait lui en apprendre ; car, dès qu'il eut exposé en quelques mots la nature déjà suffisamment connue de la communication qu'il apportait : — « Le roi de Prusse, dit-elle, vous a-t-il promis de donner des troupes pour combattre la France? » — Et Robinson étant obligé de convenir que les engagements de Frédéric n'allaient pas jusque-là : — « Ce serait pourtant, reprit-elle, le meilleur gage qu'il pourrait vous donner de sa sincérité. » — « Et elle se mit alors, ajoute Robinson, à me donner connaissance de la teneur d'une certaine lettre écrite par le roi de Prusse à son ministre à La Haye, où il lui faisait savoir que les intentions des Anglais étaient sûrement de tirer de lui un envoi de troupes, mais qu'il se donnerait bien de garde de leur prêter jamais un seul homme. » — Robinson dut éprouver, en voyant la princesse si bien instruite, une surprise que nous ne partagerons pas ; nul doute, en effet, que la pièce qu'elle tenait à la main ne fût une de celles que les pandours avaient saisies dans le camp prussien, à Sohr, et qu'on avait réussi à tirer, bien qu'en si mauvais état, de leurs mains.

L'Anglais ne perdit pourtant pas contenance : — « Patience, reprit-il, un pas mène à l'autre ; brouillons-le seulement une fois à fond (*thoroughly*) avec la France, et le reste pourra suivre. » — Puis il se permit de rappeler que, dans l'entretien précédent, l'Impératrice elle-même lui avait promis qu'en octobre on ferait ce qu'on voudrait. — « Je n'ai pas dit cela, reprit-elle vivement ; j'ai dit qu'en octobre on verrait ce qu'il y aurait à faire. — Eh bien ! c'est tout vu, Madame : voir et consentir doivent être aujourd'hui la même chose [1].

La réponse arriva sans tarder, telle qu'on pouvait l'attendre : négative cette fois encore sur tous les points. Pas plus en octobre qu'en août et en septembre, l'Impératrice ne voulait se laisser parler d'une *paix plâtrée*. Ce refus, transmis en termes impérieux et brefs à Robinson, était accompagné de deux autres communications qui en aggravaient encore le caractère, et dont on l'autorisait à informer son gouvernement. On lui remettait en main le texte même des engagements qui obligeaient l'Autriche à porter secours à la Saxe en cas d'agression du roi de Prusse, engagements renouvelés en termes plus exprès que jamais, à la date même où avait paru le manifeste menaçant de Frédéric contre Auguste et son ministre [2]. Puis,

[1]. Robinson à Harrington, 30, 31 octobre 1745. — One fatal *no* bursting out through the imperial vivacity, during the altercation of a long audience might, I apprehend, be irrevocable and Europe lost for one hasty monosyllable. (*Correspondance de Vienne*. — Record Office.)

[2]. La pièce relative aux engagements de l'Autriche et de la Saxe est un véritable traité servant d'addition et de complément au traité de Varsovie du 25 mai ; il porte la date du 26 août, par conséquent du lendemain du traité de Hanovre.

on lui faisait part des mesures déjà prises pour remplir cette promesse, à savoir : le rappel d'une partie des troupes autrichiennes stationnant encore sur le Rhin et aux environs de Francfort, et qui allaient, sous les ordres du général Grün, traverser la Bohême, pour se rapprocher de la frontière saxonne. En même temps, le prince de Lorraine, se mettant en mouvement du côté opposé avec son corps d'armée, entrerait sur le territoire même de l'électorat par la province de Lusace. On ne pouvait déclarer au cabinet anglais, sous une forme plus catégorique et ressemblant plus à un défi, la résolution de faire directement et immédiatement le contraire de ce qu'il demandait[1].

En transmettant ces pièces, Robinson ne put s'empêcher de faire remarquer que leur contenu donnait beaucoup à réfléchir. D'où venaient cet excès, ce redoublement même de confiance chez l'Impératrice ? Que signifiaient ces mouve-

---

1. Le lecteur n'oubliera pas, dans tout le récit qui va suivre, que la plus grande partie de la province de Lusace, actuellement annexée à la Prusse, faisait alors partie de l'électorat de Saxe.

ments militaires inattendus, à cette saison de l'année? Aurait-on par hasard l'intention de faire de la Saxe le théâtre d'une campagne d'hiver? Puis comment expliquer cet empressement à dégarnir la ligne du Rhin, quand une armée française, toujours campée sur la rive gauche du fleuve, pouvait, si elle ne voyait plus rien devant elle, être tentée de reparaître sur la droite? Était-ce imprudence? N'était-ce pas plutôt l'indice d'un traité déjà conclu ou au moins négocié avec la France, qui préservait de ce côté de toute inquiétude? Tous les soupçons étaient permis [1].

Disons tout de suite que presque tous étaient fondés. La résistance de Marie-Thérèse, en effet, ne partait pas, cette fois, d'une vaine obstination de femme, s'acharnant contre vents et marée dans une entreprise impossible. C'était au contraire la suite d'un plan tout à fait nouveau et très pratique, combiné avec un mélange

---

1. *Post-scriptum* de la dépêche de Robinson à Harrington, 31 octobre 1745. — Il dit formellement : « I must... humbly leave to your superior judgment, whether there is not equally to be found in the said paper one indication if not of making up with France, at least of their holding out... »

d'habileté et d'énergie qui aurait fait honneur au coup d'œil d'un véritable homme de guerre, et qui attestait en même temps la puissance de conception d'un esprit vraiment politique. Le fond de ce dessein, encore mystérieux, consistait à laisser de côté la Silésie, abordée déjà deux fois sans succès, et à aller, au contraire, en traversant rapidement la Saxe, chercher Frédéric dans ses foyers, porter le fer et le feu dans les provinces héréditaires de la maison de Brandebourg et marcher droit sur Berlin. L'intention était bien de procéder immédiatement à une opération si hardie, malgré l'état avancé de la saison et contrairement à toutes les habitudes du temps, afin d'enlever le succès par surprise. C'était là ce que signifiait ce mouvement combiné du général Grün et du prince de Lorraine, qui, entrant en Saxe par deux points opposés, et traversant l'un et l'autre l'électorat dans toute sa largeur, devaient franchir au même moment la frontière prussienne, puis converger sur Berlin, l'un en prenant à gauche par Halle et Magdebourg, et l'autre à droite par Francfort-sur-l'Oder, après avoir ramassé sur leur route toutes les troupes d'Auguste III[1].

Tel était le projet audacieux concerté par Marie-Thérèse, à Francfort, avec le ministre d'Auguste III, le comte Saul, l'agent saxon qui, comme on l'a vu, lui servait aussi d'intermédiaire pour suivre sa négociation avec la France. A dire vrai, cette négociation elle-même, ainsi que deux autres poursuivies au même moment sur des théâtres différents, n'étaient, dans la pensée de l'Impératrice, que des moyens d'apporter l'appui d'une habile action diplomatique à la grande action militaire qu'elle méditait.

Plusieurs choses, en effet, étaient à redouter dans l'exécution de ce grand coup de main : plus d'une mauvaise chance était à prévoir et à prévenir. On pouvait craindre en premier lieu que, malgré toutes les précautions prises pour dissimuler d'abord et hâter ensuite le passage des troupes autrichiennes à travers la Saxe, Frédéric, dont la vigilance était rarement prise à défaut, ne fût averti assez à temps de leur présence pour venir à leur rencontre, ou les

---

1. Frédéric, *Histoire de mon temps*, chap. xiv. — Droysen, t. II, p. 571-578. — Arneth, t. III, p. 139.

devancer même chez son voisin, au lieu de les attendre chez lui. Il ne ferait ainsi que mettre à exécution ce dessein d'envahir lui-même la Saxe, si souvent annoncé pendant l'été, et auquel il n'avait renoncé que dans la confiance inspirée par sa victoire de Sohr. La Saxe alors, au lieu de servir simplement de passage aux troupes autrichiennes pour se rendre en Prusse, deviendrait, au grand désespoir d'Auguste III, le théâtre d'une lutte sanglante. D'autre part, du côté de la France, Frédéric pouvait obtenir, sinon un secours immédiat, au moins une diversion utile : supposé que le prince de Conti, voyant se dissiper par le détachement du corps du général Grün l'agglomération de forces qui l'avait fait reculer, reprît courage, repassât le Rhin et vînt menacer quelque point des possessions méridionales de l'Autriche. C'était peu vraisemblable, étant donné l'état connu de l'opinion française à l'égard des expéditions allemandes ; mais enfin c'était possible, et, pour ne rien négliger, il y avait de ce côté une précaution à prendre. Enfin l'irritation qu'éprouverait l'Angleterre à voir son indocile alliée se refuser à ses instances et braver ses menaces, suite à peu près inévitable de l'attitude provocante que l'Autriche et la Saxe allaient prendre en commun, avait ses périls qu'il fallait conjurer. La conséquence pouvait être d'établir promptement, entre les puissances maritimes et la Prusse une alliance beaucoup plus intime que celle que la convention de Hanovre venait de stipuler. Le cabinet anglais, quels que fussent ses embarras intérieurs, avait encore à sa disposition des ressources pécuniaires qui pouvaient fournir un utile supplément au trésor épuisé de Frédéric, et lui permettre, même vaincu, même menacé et poursuivi dans Berlin, de continuer la lutte et de donner à la fortune le temps de se retourner.

Marie-Thérèse avait tout prévu et pourvu à tout. Contre le premier et le plus grave de ces périls, elle avait eu soin de se prémunir, en faisant apparaître à l'horizon cette intervention de la Russie, tenue, depuis le commencement de la guerre, comme une épée sur la tête de Frédéric, et qui avait le don de troubler le sommeil de ses ministres. Les instances de l'envoyé autrichien à Saint-Pétersbourg venaient enfin de déterminer l'inconstante tsarine à faire un pas décisif, et Frédéric, à peine de retour à Berlin, allait recevoir d'elle la déclaration tant de fois attendue que, pour peu que la moindre atteinte fût portée à la personne d'Auguste ou à l'intégrité de ses États, un corps de douze mille Russes était prêt à marcher à sa défense. Devant cette injonction menaçante, Frédéric y réfléchirait sans doute avant de prendre une initiative qui l'exposerait au péril d'être placé entre deux feux, et le territoire saxon se trouverait ainsi rendu inviolable, par la garantie russe, tout le temps nécessaire pour que Grün et le prince de Lorraine pussent venir discrètement y chercher le point d'appui et le point de départ de l'attaque qu'ils comptaient porter au cœur même de la monarchie prussienne [1].

La négociation en cours avec la France (quel qu'en dût être le succès) avait un effet analogue,

1. D'Arneth, t. III, p. 130-138.

celui de prévenir toute chance de retour offensif de la part de l'armée de Conti. Non que ce fût là le but unique, ni même principal, que l'Impératrice se fût proposé en engageant ces pourparlers, et qu'elle n'eût d'autre pensée que d'endormir le cabinet français par de fausses espérances. On a vu, au contraire, que rien n'était plus sérieux et même plus ardent que son désir d'échapper par une alliance nouvelle aux sacrifices exigés d'elle par l'impérieuse amitié de l'Angleterre. Mais, en attendant cette délivrance (qu'elle était prête à payer même d'un prix assez élevé), c'était encore un avantage plus modeste et nullement à dédaigner de pouvoir imposer à l'allié, encore nominal, de Frédéric, des ménagements qui, dans la crise prête à éclater, ne laisseraient rien de grave à craindre de sa part. Or, il était clair que, tant qu'on espérerait pouvoir négocier à Versailles, on n'enverrait pas à l'armée de Conti l'ordre de reprendre les hostilités sur le Rhin. Aussi, loin de se laisser décourager par le résultat imparfait de la transaction si languissamment conduite à Francfort par Bartenstein, l'Impératrice se décidait-elle à envoyer à Dresde pour reprendre la conversation avec la France — pour la mener à fin, s'il était possible, et, en tout cas, pour la prolonger et l'entretenir, — un des fonctionnaires les plus importants de sa cour, le comte d'Harrach, grand chancelier de Bohême, avec les pouvoirs les plus étendus. Le choix seul du négociateur devait inspirer confiance dans le caractère sérieux de la mission dont il était chargé; car d'Harrach appartenait à cette partie fidèle de la noblesse de Bohême dont les chefs avaient si cruellement souffert dans leurs affections, dans leurs personnes et dans leurs biens pendant les deux épreuves successives que l'ambition de Frédéric avait imposées à leur patrie. C'était un ennemi intéressé à faire réussir tout ce qui pourrait déplaire ou nuire à l'auteur de tant de maux.

Avec l'Angleterre, la situation était plus délicate; là, il n'y avait évidemment aucun moyen de prévenir le ressentiment d'un cabinet auquel on lançait un défi en plein visage. Mais Marie-Thérèse n'ignorait pas avec quelle répugnance le roi avait subi les conventions dont il avait fallu, en quelque sorte, lui arracher la signature, et des révélations récemment sorties des archives de Hanovre nous apprennent qu'elle s'en souvenait assez pour espérer encore d'en tirer parti. Par l'intermédiaire du ministère hanovrien, qui lui était toujours dévoué, elle faisait avertir George qu'elle préparait un coup de partie décisif, qui, en mettant à néant la puissance de Frédéric, le délivrerait lui-même des obligations auxquelles il avait souscrit avec tant de regrets. L'odieux traité qu'on vous impose, lui disait en son nom son secret porteur de paroles, vous force à nourrir dans l'Empire un serpent qui vous dévorera. Qu'on me laisse faire, qu'on me laisse le temps et la liberté d'agir, et je vous promets de vous en affranchir. Et George, bien que très intimidé par l'état de l'opinion anglaise, et craignant à tout moment d'être pris en faute par Pelham ou par Harrington, trouvait moyen de lui faire répondre tout bas que, pourvu qu'on ne le compromît pas par des paroles imprudentes, il promettait de faire son possible afin de déjouer les mauvaises intentions (*ueble intentionem*) de ses ministres [1].

On voit avec quel art était préparé, par les soins de Marie-Thérèse, l'orage qui, suivant l'expression de l'historien Droysen, allait fondre à l'improviste sur la tête de Frédéric à cette heure suprême où, échappé à tant de périls, il croyait déjà tenir une paix victorieuse dans ses mains. Quelques jours de plus, et, tiré brusquement de cette confiance un peu aveugle, il allait se réveiller en face du plus grand péril qu'il eût encore couru : assailli par deux armées sur la frontière la moins bien gardée de son royaume, et menacé d'en voir apparaître une troisième sur ses derrières; laissé en même temps, par l'abandon de la France, absolument seul devant l'Allemagne et devant l'Europe. Aucun incident de cette longue lutte ne fait

---

[1]. Ces pourparlers secrets, entretenus entre Marie-Thérèse et George II par l'intermédiaire du ministère hanovrien, sont racontés avec détail dans une publication récente faite à Berlin, d'après des documents tirés des archives de Hanovre, sous ce titre : *Die Englische Friedens-vermittelung im Jahre,* 1745, par Ernest Borkowski. — Consulter en particulier chap. II, p. 30-46.

mieux voir combien les deux adversaires en présence étaient dignes l'un de l'autre. On peut se convaincre qu'il ne manqua à la rivale de Frédéric, pour l'égaler en tout genre, que de pouvoir, comme lui, joindre l'action à la pensée, et exécuter de sa propre main ce que son esprit savait concevoir. C'était par l'exécution, en effet, qu'allait manquer ce grand dessein, dont une femme de génie, reléguée au fond d'un palais par ses devoirs d'épouse et de mère, était forcée de confier l'accomplissement à des instruments incapables, non seulement d'en assurer le succès, mais même de le bien comprendre.

II

C'était tout de suite, d'ailleurs, que la partie demandait à être jouée avec autant de résolution et d'intelligence qu'il en avait fallu pour en faire le plan ; car Frédéric n'était pas de ceux qu'on peut endormir ni tromper bien longtemps. Un premier soupçon du péril nouveau qui grondait contre lui à l'horizon lui fut donné par l'empressement du ministre russe à lui apporter, dès son arrivée, la déclaration hostile concertée entre Vienne et Pétersbourg. Cette hâte lui parut suspecte, puisque, toute idée d'agression en Saxe étant de sa part indéfiniment ajournée, rien ne la rendait immédiatement nécessaire. — « Mon cher Podewils, écrit-il sur-le-champ, ne voilà-t-il pas de ces maudits incidents qui gâtent tout? » — A la réflexion, cependant, on voit qu'il en vient encore à se rassurer : la Russie est bien éloignée, pense-t-il, et il y a loin encore d'une menace à une exécution : « Tous les chiens qui aboient ne mordent pas. » Puis, à changer l'appui de l'Angleterre contre celui de la Russie, il n'est pas sûr que l'Autriche ait fait un troc à son avantage. — « On a plus besoin, à Vienne et à Dresde, d'argent que de paroles : les Anglais donnent l'un, les Russes l'autre, et, dans la nécessité de ce précieux métal, on sera obligé de faire plier l'orgueil sous la force de l'intérêt. »

Mais le lendemain, nouvelle, et, cette fois

tout à fait grave alerte. Un avis certain arrive du mouvement inexplicable du prince Charles vers la frontière de Lusace. Qu'est-ce là? N'est-ce point un piège? Veut-on l'entraîner à se mettre en prise lui-même, en faisant naître le cas prévu de l'intervention russe? — Ne serait-ce point, écrit-il encore, pour nous attaquer par cette lisière, et, en cas qu'ils soient battus et poursuivis dans la Lusace, que ces gens-là fissent exprès pour nous mettre aux mains avec la Russie? Je ne sais ce que j'en dois penser, mais il me semble qu'il y a quelque projet caché de la part des ennemis, et l'idée que je leur prête ne serait pas trop mal imaginée. » Quel mystère donc et quelle énigme! « En vérité, cela ne s'appelle pas vivre, mais mourir mille fois, que de passer ainsi toute sa vie dans des inquiétudes et dans une crise de dix-huit mois [1]. »

Deux jours se passent encore, et une révélation inattendue vient dissiper ce que le doute ajoutait de tourment à l'inquiétude. Le 11 no-

---

1. Frédéric à Podewils, 6 et 7 novembre 1745. — *Pol. Corr.*, t. IV, p. 328-329.

vembre, jour où l'on suspendait dans la principale église de Berlin les trophées de Friedberg et de Sohr, le ministre de Suède, Rudenschold, s'approche du roi, pendant la cérémonie, et l'avertit à l'oreille qu'il a une communication importante à lui faire de la part de son collègue résidant à Dresde. Il faut se rappeler que, depuis le mariage de la princesse Ulrique avec l'héritier de la couronne de Charles XII, l'heureuse influence de cette charmante jeune femme avait établi les plus affectueux rapports entre son frère et son époux; toutes les légations suédoises devenaient par là presque des ambassades de famille. Or, voici ce qu'écrivait Wolfenstiern, le ministre de Suède accrédité auprès d'Auguste III : « Pendant un dîner auquel il assistait, le comte de Brühl s'était emporté, après boire, en paroles violentes contre Frédéric, et, piqué d'être contredit, s'était laissé aller à déclarer qu'on aurait fini bientôt avec cet insulteur public et ce perturbateur du repos de l'Allemagne. En le pressant alors de questions insidieuses, on avait pu tirer de lui, sans presque qu'il s'en rendît compte, tout le secret de la campagne qui allait s'ouvrir, et la soirée n'était pas finie qu'un courrier emportait le récit à Berlin [1].

La mèche était ainsi éventée, dès le premier jour, par l'incroyable légèreté du ministre saxon; et, pour Frédéric, connaître un péril, c'était déjà l'avoir à moitié conjuré. Malgré la surprise où devait le jeter une découverte à laquelle il était loin de s'attendre, et quoiqu'il eût peine à en croire ses oreilles, son plan fut fait à l'instant. Il résolut de placer un corps d'armée en observation autour de Halle, en face de Leipzig, sur le point du territoire de la vieille Prusse où on lui annonçait que devait déboucher le général Grün, tandis que lui-même, avec un autre, suivant la lisière de la frontière qui sépare la Silésie de la Lusace, s'attacherait sans bruit aux pas du prince de Lorraine pour fondre à l'improviste sur lui, en le prenant, soit en front, soit à revers, suivant qu'il trouverait l'occasion plus favorable.

---

[1]. Frédéric, *Histoire de mon temps*. — Droysen, t. II, p. 589; — Carlyle, *History of Frederic the Great*, t. IV, p. 195. — *Pol. Corr.*, t. IV, p. 337-385.

Il faisait ainsi face à la double attaque dont il était menacé, sans pourtant, par une entrée trop précipitée sur le territoire saxon, fournir de prétexte à l'intervention de la Russie. Le cas, pourtant, était à la fois si pressant et si étrange, que, contrairement à ses habitudes, il crut devoir, avant d'agir, réunir un petit conseil de guerre composé de quelques généraux et de plusieurs de ses ministres. Mais, quand il leur eut fait part de la nouvelle qu'il avait reçue, l'incrédulité fut générale; on ne voulait voir dans la prétendue indiscrétion du comte de Brühl qu'une ruse dont le ministre suédois avait été dupe. Personne ne consentait à croire qu'Auguste III et son ministre Brühl eussent l'audace d'appeler chez eux tous les maux de la guerre et de faire entrer dans leur cher électorat quatre armées « qui le mangeraient et le ruineraient à discrétion ». Le vieux prince d'Anhalt surtout, à qui était réservé le commandement du corps qui devait se réunir à Halle pour veiller à la défense de la frontière prussienne, se refusait presque à se charger d'une tâche qu'il regardait comme ridiculement superflue — « Cela n'est pas vrai, cela n'est pas possible, » disait-il sèchement. — « Je vis clairement, dit Frédéric dans son *Histoire*, qu'il me prenait en pitié, comme un étourdi emporté par la vivacité de son tempérament. Il est vrai, ajoute-t-il, qu'il est de ces gens qui sont les Narcisses de leurs opinions et abondent toujours dans leur propre sens. » — Quant à Podewils, qui était aussi présent, ce n'était pas lui, avec la timidité qu'on lui connaît, qui, dans le doute, devait opiner pour le parti le plus résolu. De plus, il avait, dit encore Frédéric, quelques fonds placés dans la banque de Leipzig, et se refusait à penser que Brühl, qui y était aussi intéressé, voulût provoquer une secousse d'où la ruine de cet établissement pouvait sortir. Frédéric tint bon et fit comprendre qu'il entendait être obéi, puis il leva la séance, en se repentant peut-être intérieurement d'avoir, pour la première et dernière fois de sa vie, demandé un conseil [1].

---

[1]. Frédéric, *Histoire de mon temps*, rédaction de 1746, publiée à Leipzig en 1879, p. 406-407. — Le même récit est fait, mais sous une forme plus abrégée et beaucoup moins

C'était bien de songer à la Prusse, mais il fallait aussi regarder, comme avait fait Marie-Thérèse, de tous les côtés de l'horizon d'où on pouvait craindre quelque menace ou attendre quelque secours. En premier lieu, il fallait répondre à la Russie, et c'est ce que Frédéric ne crut pouvoir mieux faire qu'en autorisant son ministre à Saint-Pétersbourg à donner connaissance du texte même de la convention qu'il avait signée à Hanovre. Comme un des articles de cette convention assurait, en termes exprès, à Auguste III une garantie pour la totalité de ses États, on ne pouvait donner, semblait-il, de témoignage plus éclatant des intentions pacifiques de la Prusse et de sa résolution de respecter les droits de ses voisins. Une promesse de 100 000 écus, glissée à l'oreille du chancelier Bestuchef pour l'engager, quoi qu'il arrivât, à retarder et à entraver la marche des troupes russes, devait ajouter encore à la clarté et à l'efficacité de cette démonstration [1].

---

vive, dans la seconde rédaction faite plus tard et qui figure dans les œuvres complètes du roi.

1. Frédéric à Mardefeld, ministre de Prusse à Saint-Péters-

Il n'était pas moins intéressant de savoir, au plus tôt, ce que penserait l'Angleterre du dédain témoigné à Vienne et à Dresde pour les promesses et les engagements dont le roi George et son ministère tout entier s'étaient fait fort d'obtenir la ratification. Ordre fut donc expédié sans délai à l'envoyé de Prusse à Londres de faire connaître l'attaque audacieuse dont le secret venait d'être révélé, et de mettre catégoriquement le cabinet anglais en demeure de faire respecter sa signature, si injurieusement foulée aux pieds. — « Vous vous souviendrez, lui était-il dit, de toutes les assurances les plus fortes que le roi de la Grande-Bretagne et ses ministres vous ont données, qu'ils soutiendraient par les moyens les plus efficaces et même par la pointe de l'épée ce dont ils étaient convenus avec moi par la convention de Hanovre, et qu'ils ne se laisseraient point impunément mépriser de la reine de Hongrie et

---

bourg, 8 novembre 1745. — *Pol. Corr.*, t. IV, p. 334-339. — Droysen, t. II, p. 596. — D'Aillon, ministre de France à Saint-Pétersbourg, à d'Argenson, 14 décembre 1745. (*Correspondance de Russie.* — Ministère des affaires étrangères.)

de son alliée la Saxe. Voilà le cas présent, et ma volonté est que vous deviez représenter, sans le moindre délai, tout ce que je viens de vous dire, de la manière la plus forte et la plus énergique, à lord Harrington, bien que sans aigreur et dans des expressions honnêtes... Vous lui direz que c'est à présent qu'il fallait tout faire ou rien, qu'avec l'assistance du bon Dieu on ne m'attaquera pas impunément, et que, si l'Angleterre ne prenait pas de vigoureuses résolutions, je ne saurais pas me laisser prévenir. » La dépêche se terminait par ces paroles significatives : — « Que si l'Angleterre voulait soutenir ses engagements, il était absolument nécessaire que le ministère de Hanovre fût instruit bien sérieusement de tirer la même corde là-dessus avec celui d'Angleterre, et qu'il n'agît pas dans l'empire diamétralement avec tout ce dont j'étais convenu avec l'Angleterre ; que, sans cela, il y aurait un contraste fort pernicieux, et que les choses prendraient un mauvais pli. »

Ne dirait-on pas qu'avec sa merveilleuse perspicacité, Frédéric avait vu clair dans le jeu de diplomatie secrète qui s'agitait autour de George, et dont les archives hanovriennes viennent de nous donner le secret? En ce cas, l'avis était bien donné, et Harrington, s'il se sentait sourdement contrecarré par son maître, était en mesure d'en profiter[1].

Mais, quelle attitude prendre envers la France? Le cas, en vérité, était plus difficile. Il était dur, en effet, après l'avoir pris de ton si haut avec cette alliée et l'avoir congédiée d'un ton railleur en annonçant si cavalièrement qu'on saurait bien faire ses affaires sans elle, de venir maintenant, l'oreille basse et la conscience chargée, lui faire part de ses embarras et lui demander aide pour en sortir. A la négliger tout à fait cependant, on courait risque de blesser au vif la vanité de Louis XV, de le mettre à l'aise pour se désintéresser ouvertement de la lutte. Par là on ferait prendre une véritable consistance aux bruits, déjà très répandus, d'une entente secrètement négociée entre Versailles et Vienne. Puis, à défaut de troupes qui n'ar-

---

[1]. Frédéric à Andrié, ministre à Londres, 12 novembre 1745. — *Pol. Corr.*, t. IV, p. 327.

riveraient pas à temps, la France pouvait toujours envoyer quelque argent, et le mesquin subside, repoussé naguère avec tant de dédain, serait maintenant venu assez à propos pour subvenir aux frais impérieux d'une campagne d'hiver. Avec un trésor tellement à sec que, pour le remplir, il fallait fondre la vaisselle des palais royaux, 500 000 livres versées régulièrement chaque mois n'étaient plus de refus. Aussi Podewils, tout entier au péril présent et à la misère pressante, n'hésitait-il pas à courir après ses paroles et presque à demander grâce. Il faisait venir Valori pour reprendre avec lui, article par article, la convention de Hanovre, en justifier les intentions, en démontrer l'innocence et presque les avantages. — « Le roi de Prusse, écrit Valori, est entièrement retourné vers nous par ses grands besoins d'argent... M. de Chambrier a ordre de tout dire et de représenter les besoins du roi aussi pathétiquement qu'il le pourrait[1]. »

La lettre que Frédéric se décida à écrire lui-

1. Valori à d'Argenson, 13 novembre 1745. (*Correspondance de Prusse.* — Ministère des affaires étrangères.)

même à Louis XV ne se ressent nullement, il faut en convenir, de cette excessive émotion. Il eût été impossible, au contraire, de mettre plus de dignité et de convenance dans une démarche dont l'orgueil avait tant à souffrir. Après quelques mots de retour sur le passé et d'explications déjà plusieurs fois données sur les causes qui l'avaient conduit à traiter seul avec l'Angleterre : « Je jouirais encore du bien de la paix, dit le roi, si les intérêts de Votre Majesté ne m'avaient engagé dans la guerre présente. Ses ennemis et les miens, réunis par l'ambition, la haine et la vengeance, conjurent contre moi toutes les puissances de l'Europe, et travaillent avec autant d'acharnement à aliéner mes amis par leurs artifices qu'à séduire mes voisins par leur corruption. Je touche au moment que le prince de Lorraine va tenter une invasion en Silésie pour où je pars incessamment; les Saxons, renforcés d'un détachement fait de l'armée du Rhin, vont m'attaquer dans le pays de Magdebourg, tandis que l'impératrice de Russie fait marcher un corps auxiliaire de 12 000 hommes, qui s'approchent actuellement des frontières de la Prusse. J'attends de l'amitié et de la bonté de Votre Majesté des conseils dans un cas si épineux, et si Elle pourra se résoudre d'abandonner dans ce danger l'allié qui lui reste en Allemagne. Je ne puis me dispenser de lui dire que le cas est pressant, et que je fais un si grand fonds sur son caractère, son amitié et l'étendue de ses lumières, que je me promets tout de son assistance[1]. »

« Je n'attendais rien de cette lettre, écrivait Frédéric dans l'*Histoire de mon temps*, bien des années plus tard ; elle n'était que pour la forme. » Un secours militaire, non, assurément, il ne l'attendait pas ; mais un secours pécuniaire, c'est moins sûr ; et de toutes les manières de le solliciter sans en convenir ouvertement, la demande d'un conseil était certainement la moins compromettante et la plus ingénieuse[2].

---

[1]. Frédéric à Louis XV, 15 novembre 1745. — *Pol. Corr.*, t. IV, p. 339.
[2]. La phrase que je cite ne se trouve pas dans le manuscrit de l'*Histoire de mon temps*, de 1746. Ici, comme au lendemain de la bataille de Fontenoy, la réalité de la situation était encore trop présente à l'esprit des contemporains pour qu'on pût essayer de la dissimuler.

Tous ces points réglés avec un calme parfait, malgré l'inquiétude générale qui régnait autour de lui, Frédéric se mit en route pour rejoindre la partie de ses troupes qui avait déjà pris ses quartiers d'hiver en Silésie. Il les remit aussitôt sur le pied de campagne et les concentra autour de Liegnitz, sur la frontière même de la Lusace, dans un triangle formé par trois petites rivières : la Neiss, la Queiss et le Bober. Cette opération fut faite sans bruit, toutes les précautions étant soigneusement prises pour éviter de donner de son côté l'éveil à l'ennemi, et de laisser apercevoir que le roi était présent, averti et sur ses gardes. — « Tout ce qui venait de la Lusace, dit-il, dans son *Histoire*, avait le passage libre ; mais il était interdit à tous ceux qui voulaient passe rles rivières pour aller en Saxe, de sorte qu'on se procurait des nouvelles et qu'on empêchait l'ennemi d'en avoir. » Ainsi posté et pour ainsi dire caché, il attendait que le prince de Lorraine eût passé la limite du territoire saxon pour y pénétrer lui-même. Il lui importait de bien établir qu'il n'entrait chez son voisin que contraint par une nécessité de défense personnelle. La présence des Autrichiens sur un domaine qui ne leur appartenait pas ne pouvant s'expliquer que comme le premier acte d'une agression manifestement dirigée contre lui, de concert avec le maître du lieu, personne, quand l'Autriche aurait pris l'initiative de faire entrer ses troupes en Saxe, ne pourrait reprocher à son adversaire de répondre par une juste représaille à une véritable provocation.

A sa grande surprise, plusieurs jours s'écoulèrent sans que cette apparition des Autrichiens, toujours attendue, toujours annoncée, lui fût signalée. On apercevait bien des troupes légères circulant sur la lisière de la Bohême et de la Saxe, mais sans franchir la frontière ; on signalait bien autour de Zittau une agglomération de troupes saxonnes, mais, ces troupes étant là chez elles, il n'y avait encore rien à dire. Ce retard confondait Frédéric : — « Rien encore de Lusace, écrivait il le 21 novembre à Podewils : ou ils attendent quelque chose, ou ils ont changé de dessein, ou je n'y comprends rien. »

Il ne se trompait pas : c'était bien un changement de dessein survenu à la dernière heure, ou plutôt une déplorable défaillance. Le 14, tout était encore prêt et réglé à Dresde pour le plan concerté à Vienne. Le général Grün était arrivé à point nommé au rendez-vous avec son monde ; il tenait conseil sous les yeux du roi de Pologne, avec le général des troupes saxonnes, Rustowski, en présence du comte de Brühl et de son inévitable acolyte, le confesseur Guarini. Auguste paraissait si résolu et si peu intimidé, qu'il réclamait l'honneur, pour son général, de commander, et pour ses troupes, d'ouvrir la marche dirigée par Leipzig contre le Brandebourg. Une notification imprévue du ministre russe vint subitement remettre tout en question.

Par ce nouveau message, qui atténuait les communications précédentes, sous prétexte de les expliquer, la tsarine maintenait bien à Auguste III la protection qu'elle lui avait promise, et qu'elle était toujours prête à appuyer par l'envoi d'un corps d'armée, mais elle bornait ses engagements au cas seulement où il serait menacé d'une attaque de la part du roi de Prusse. Elle ne promettait rien s'il prenait l'initiative de se rendre lui-même l'agresseur. De plus, elle avait pu, disait-elle, elle pouvait encore admettre à la rigueur que les troupes saxonnes vinssent, en qualité d'auxiliaires, aider l'Autriche à remettre la main sur la Silésie, la Silésie étant une conquête de fraîche date, cédée seulement par une convention récente que Frédéric venait lui-même de violer. Mais une atteinte portée au patrimoine antique de la couronne de Prusse jetterait le trouble dans un état de choses garanti par des traités que la Russie était tenue de respecter : la Russie ne pouvait donc prêter son concours pour les ébranler. Du reste, elle eût été heureuse de prévenir un conflit qu'elle regrettait, et elle offrait ses bons offices pour amener entre les combattants une transaction équitable.

La distinction entre les vieilles et les nouvelles possessions prussiennes pouvait être fondée, mais on s'en avisait tardivement, car il serait difficile de croire que Marie-Thérèse, sollicitant l'intervention d'Élisabeth, lui eût laissé ignorer en vue de quel dessein elle la réclamait. D'où venaient donc à Pétersbourg cette demi-retraite et ce changement d'attitude? Était-ce la suite des explications chaleureuses envoyées par Frédéric? Le rapprochement des dates ne permet guère cette supposition. Il ne faut donc voir là que l'effet d'un des caprices, habituels à une femme indécise, peut-être aussi la prétention orgueilleuse d'une souveraine encore à moitié sauvage, et qui, admise pour la première fois dans la famille des monarchies européennes, était flattée d'y entrer en arbitre suprême, faisant la part de chacun, et tenant entre les parties adverses la balance égale.

Quoi qu'il en soit, on peut hardiment affirmer que, si Marie-Thérèse eût été présente au conseil de guerre auquel fut remise la signification russe, elle n'eût souffert ni qu'on en tînt compte ni qu'on hésitât à passer outre. Le principal effet qu'elle s'était promis de l'appui de Saint-Pétersbourg était produit, puisque le territoire saxon était resté librement ouvert au passage des troupes autrichiennes, et que Frédéric, intimidé, n'avait pas songé à prendre les devants pour le leur interdire. Ce grand résultat moral était l'important; quant au secours matériel que devaient apporter les 12 000 Russes annoncés, on n'avait jamais pu espérer qu'ils arriveraient à temps pour prendre part aux premières luttes il serait temps d'y songer en présence des faits accomplis et quand les alliés seraient arrivés victorieux aux portes de Berlin. La seule réponse à faire au ministre russe était donc une marche en avant résolument et victorieusement conduite.

Mais l'âme virile était à Vienne : il n'y avait à Dresde que des cœurs faibles et des esprits bornés. Auguste et Brühl, saisis de peur et perdant la tête, n'eurent plus qu'une pensée, c'était de tout faire pour complaire à la tsarine, et de rentrer strictement et à tout prix dans le programme qu'elle leur traçait. Dès lors, il ne fut plus question pour les Saxons de partir en guerre et d'entrer en Prusse par le territoire de Magdebourg. On ne songea plus à menacer Berlin de deux côtés à la fois; on se borna à laisser à Leipzig un faible corps d'observation, auquel tout mouvement en avant fut interdit, tandis que le gros des troupes autrichiennes était mis sous les ordres du prince de Lorraine pour le seconder dans sa marche sur Francfort. Quant aux troupes saxonnes, réduites au rôle de simples auxiliaires, toute leur tâche dut consister à se porter sur la Silésie pour interrompre la communication de cette province avec la capitale. De cette sorte, l'Autriche seule aurait la responsabilité de l'agression faite sur les vieilles possessions prussiennes, et la Saxe ne s'en mêlant pas, Élisabeth n'avait plus rien à dire[1].

Ce n'en était pas moins un bouleversement complet des desseins convenus ; quelques jours au moins étaient nécessaires pour informer du changement le prince de Lorraine et lui laisser le temps de modifier lui-même toutes les dispositions qu'il avait déjà prises ; c'était la cause du retard dont s'étonnait Frédéric.

Le 22 novembre, cependant, le prince se mit

---

[1]. D'Arneth, t. III, p. 142-143. — Droysen, t. II, p. 597-598. — Frédéric, dans l'*Histoire de mon temps*, ne paraît pas avoir compris le changement survenu à la dernière heure dans le conseil des alliés

en mouvement; mais avec quelle indécision et quelle mollesse! Ignorant la surveillance dont il était l'objet, il s'avançait à son aise, dispersant ses troupes pour les mieux nourrir et les loger plus commodément. Frédéric, au contraire, informé régulièrement de tous ses pas, n'attendait qu'un signal. Dès qu'il sut que la frontière saxonne était franchie, passant la rivière de Queiss sur quatre ponts déjà tout préparés, il s'y présenta de son côté. Quelque mauvaise opinion qu'il eût de la diligence du prince de Lorraine, la lenteur des mouvements de l'armée autrichienne dépassa tellement son attente, qu'il comptait la prendre à dos, tandis qu'il ne rencontra dans le petit village de Hennersdorf que l'avant-garde composée de deux bataillons et six escadrons saxons. Les attaquer et les mettre en déroute fut l'affaire de deux heures. Le lendemain, il s'attendait à être rejoint et pris à partie par le prince de Lorraine, et se tint prêt à le recevoir; puis, le jour suivant, ne le voyant pas venir, il allait partir pour marcher à sa rencontre; quel ne fut pas son joyeux étonnement d'apprendre que son ennemi, loin de le chercher ou de l'attendre, reculait et s'évanouissait devant lui!

Effectivement, le prince de Lorraine, confondu de trouver un obstacle sur un chemin qu'il croyait libre, prenait le parti de s'en aller au plus vite en Bohême pour réfléchir sur l'explication du fait imprévu qui causait sa surprise. — « Jamais, écrivait-il à son frère l'Empereur, je n'ai éprouvé pareil embarras de ma vie. » — Cette retraite, qui se ressentait de l'émotion excessive du général, ou plutôt cette fuite, sans avoir combattu, donna un honteux spectacle de trouble et de désordre, au grand divertissement des populations, qui, effrayées de l'aspect farouche et des allures pillardes des pandours, étaient charmées de les voir partir en si piteux état. — « La consternation des généraux autrichiens, écrivait Frédéric, doit être telle, qu'ils font marcher les troupes sans disposition, — *aille comme il peut*, — de façon que le soldat commun s'en aperçoit très bien et en parle sans réserve... On laisse en arrière chariots, bagages et tentes... Ainsi j'ai sauvé ma patrie du plus cruel des malheurs, et toute mon expédition ne me coûte que trente morts tout au plus et soixante-dix blessés. Dieu soit loué! nos ennemis sont battus sans que j'aie pu les atteindre[1]. »

Un succès si facilement obtenu demandait, pour être complété, à être aussi rapidement poursuivi. C'est à quoi Frédéric s'appliqua sans perdre une heure, avec un rare mélange d'énergie et de prudence, par deux mesures prises en même temps, dont l'effet devait être d'enfermer Auguste III dans une poignante alternative. D'une part, il lui fit offrir la cessation immédiate de toute hostilité et la paix, sous la seule condition d'adhérer à la convention de Hanovre et de ne pas laisser les troupes de Marie-Thérèse rentrer dans l'électorat qu'elles venaient de quitter. Puis, au même moment, il enjoignit au prince d'Anhalt (qui, après quelque hésitation, avait pris le commandement des troupes mises en position autour de Halle) de marcher droit sur Leipzig et sur Dresde, en traitant les populations saxonnes comme des ennemis déclarés,

---

[1] . D'Arneth, t. II, p. 141. — *Pol. Corr.*, t. IV, p. 348-350.

avec toutes les rigueurs de la guerre et en n'usant d'aucun ménagement. Les deux ordres furent exécutés avec autant de célérité et de précision qu'ils avaient été transmis. Ce fut le ministre anglais à Dresde, M. Villiers, qui se chargea de faire à Auguste la communication pacifique, tandis que le prince d'Anhalt, balayant devant lui le petit corps d'observation saxon qui stationnait devant Leipzig, entrait dans cette ville tambour battant et sans rencontrer de résistance. Ainsi, on laissait à Auguste le choix ou d'apposer sa signature à un acte déjà tout préparé, qui lui assurait l'intégrité de sa situation royale, ou d'attendre qu'un vainqueur armé vînt dans son palais mettre la main sur sa personne. Frédéric avait calculé que le dilemme mettrait à une bien forte épreuve une âme d'une bien faible trempe.

Aussi, si Auguste avait été réellement maître de ses actions, l'hésitation n'eût pas été longue, et le parti de la sagesse comme de la timidité eût bientôt prévalu, d'autant plus que l'irritation était grande dans son entourage contre l'indigne conduite des Autrichiens, et qu'on lui disait hautement qu'en les abandonnant il ne ferait que leur rendre la pareille. Mais il avait auprès de lui un ministre plus occupé de sa situation personnelle que de tout autre intérêt, et qui la voyait gravement compromise, si une entreprise qu'il se vantait d'avoir conçue et qu'il avait au moins fortement conseillée tournait, par cette triste fin, à n'être plus qu'une ridicule aventure. Avant de se résigner à ce piteux dénouement, Brühl voulut encore tenter un dernier effort. Après tout, rien n'était définitivement perdu, puisque l'armée autrichienne, ne s'étant pas engagée, était encore intacte, et que l'armée saxonne n'avait perdu que de faibles détachements. On pouvait attendre une reprise d'action et d'énergie du prince de Lorraine, quand il recevrait (ce qui ne pouvait manquer de lui arriver) le blâme et les ordres indignés de Marie-Thérèse. L'essentiel parut donc de gagner encore quelques jours, sans exposer la personne royale à des périls qu'elle n'avait aucun goût à braver. Brühl conseilla à son maître de faire à l'envoyé de Frédéric une réponse évasive, en même temps qu'il quitterait lui-même sa capitale pour se mettre à l'abri d'un coup de main. L'avis, fait pour ménager à la fois l'orgueil et la timidité du roi, fut goûté. En conséquence, Villiers fut chargé de faire savoir au roi de Prusse que le roi de Pologne *n'était pas éloigné* d'adhérer à la convention de Hanovre, mais qu'il devait auparavant s'entendre avec la cour de Vienne, appelée aussi à prendre part à cet acte, et qu'en attendant, il était prêt à interdire aux troupes autrichiennes l'entrée du territoire saxon, pourvu que les troupes prussiennes se missent en devoir de l'évacuer de leur côté. Puis, les équipages royaux furent commandés; on passa toute une nuit à emballer les objets et les meubles précieux du palais, et le lendemain, en plein jour, aux yeux du peuple assemblé, le roi et sa famille montèrent dans une voiture découverte pour se rendre à Prague, où un asile leur était préparé. La violence publiquement constatée privait de toute valeur réelle même le consentement imparfait qui était donné aux exigences du vainqueur. Frédéric n'était pas d'humeur à se contenter de cette soumission apparente. Il lui restait donc un dernier coup à frapper pour achever sa victoire. C'est à Dresde même qu'il allait le porter[1].

La population saxonne, abandonnée par son souverain, et à la veille d'avoir, ou à affronter une lutte sanglante, ou à subir les douleurs de l'invasion, restait naturellement dans une grande angoisse. Mais, de tous les habitants de Dresde, le plus en peine peut-être était encore le ministre de France, le marquis de Vaulgrenant, qui, en face des événements dont la rapide succession se déroulait sous ses yeux, ne savait véritablement plus quelle contenance tenir. Brühl n'avait pas manqué de lui faire savoir qu'un grand personnage de la cour d'Autriche allait venir de Vienne, chargé de la mission expresse d'engager avec lui, sur nouveaux frais, une négociation tout à fait sérieuse. Lui-même avait, on l'a vu, des pouvoirs en poche, avec l'ordre d'en faire usage, positivement donné, bien que parfois singulièrement commenté par d'Argenson. Mais il semblait

[1]. Frédéric, *Histoire de mon temps*, chap. xiv et appendice. — Vaulgrenant à d'Argenson, 4 décembre 1745. (*Correspondance de Saxe*. — Ministère des affaires étrangères.)

qu'une lenteur désespérante fût l'attribut de tout ce qui tenait à l'Autriche, généraux ou diplomates : le comte d'Harrach, aussi difficile à remuer que le prince de Lorraine, bien qu'annoncé de jour en jour depuis un mois, n'arrivait pas. M. d'Arneth nous apprend qu'il avait cru devoir passer au camp autrichien en Bohême, et qu'il s'y attardait, occupé qu'il était à apaiser le cri de mécontentement qui s'élevait dans toute l'armée contre son général. Mais, en attendant, ce délai laissait Vaulgrenant en quelque sorte sur des épines. Encore officiellement allié de Frédéric, mais secrètement en intelligence avec Auguste, quel parti devait-il prendre, quel langage tenir en présence du conflit aigu dont il était témoin? Fallait-il applaudir au succès des armes prussiennes, ou compatir aux embarras du ministre saxon? Que dire et même que penser, quels vœux former au fond de l'âme? Où était l'intérêt de la France et de son roi? où le devoir de leur représentant[1]?

---

1. D'Arneth, t. III, p. 149-150. — Vaulgrenant à d'Argen-

Et ce n'était pas de Versailles qu'il pouvait attendre la lumière. Les instructions de d'Argenson, de plus en plus obscures et contradictoires, se ressentaient à la fois et du trouble auquel le ministre lui-même était en proie et des divisions qui partageaient le cabinet dont il faisait partie. Là, la confusion était au comble. La reprise imprévue des hostilités par l'Autriche, le revirement qui s'en était suivi dans l'attitude de Frédéric, les instances nouvelles et presque suppliantes de son envoyé, avaient porté les dissidences intérieures du ministère français au dernier degré de la vivacité et de l'aigreur. Si d'Argenson n'eût suivi que l'impulsion de ses instincts, au moindre signe de repentir venu de Berlin, il eût tendu les bras tout ouverts à l'enfant prodigue. Loin de fermer l'oreille aux prières de Chambrier, il se laissait presque convaincre par lui que la convention de Hanovre, dictée par les meilleures intentions, n'avait fait que poser des bases très

son, 17 et 29 novembre 1745. (*Correspondance de Saxe.* — Ministère des affaires étrangères.)

acceptables pour une paix européenne. Il en venait à penser que le seul tort de Frédéric était d'avoir manqué de confiance et agi sans le prévenir. — « Pourquoi ne m'avoir rien dit? s'écriait-il; il savait pourtant bien *que je suis Prussien de la tête aux pieds, parce que je suis bon Français.* » — Mais ses collègues n'étaient pas si faciles à attendrir ni si prompts à passer l'éponge sur un grief dont au fond ils s'applaudissaient d'être en mesure de profiter. Orry déclarait plus haut que jamais que sa bourse était vide, et qu'il n'en tirerait pas un écu pour venir en aide, non aux embarras supposés du roi de Prusse, mais à son avidité insatiable. Quant à Tencin, les succès inespérés de son royal client écossais l'avaient littéralement enivré. Voyant déjà un prince catholique sur le trône de la Grande-Bretagne, il se souvenait, pour la première fois peut-être de sa vie, qu'il était cardinal, et demandait si c'était le moment de courir après une alliance protestante qui donnait tant d'embarras et rapportait si peu de profit. Que pourrait-on souhaiter de plus que l'avènement d'un souverain ami à

Londres et une paix glorieuse avec l'Autriche? Le seul argent utilement dépensé était donc celui qui allait servir à assurer le succès de Charles-Édouard par l'envoi d'un corps de débarquement. Maurepas et Noailles, peut-être moins animés, faisaient écho dans le même sens. C'était à chaque séance du conseil un de ces débats si bruyants que (suivant une expression de d'Argenson que j'ai déjà rapportée) on n'aurait pas entendu Dieu tonner. Quant au roi, il laissait parler et crier, flottant entre sa déplaisance pour le nouvel Empereur et le ressentiment qu'il éprouvait des procédés blessants et des moqueries de Frédéric. N'avait-on pas eu soin de lui faire savoir que cet incorrigible railleur plaisantait tout haut de l'empressement que le vainqueur de Fontenoy avait mis à quitter son armée pour venir porter ses lauriers aux pieds de la marquise de Pompadour[1]?

1. Chambrier à Frédéric, 19, 26, 29 novembre 1745. (Ministère des affaires étrangères.) — Droysen, t. II, p. 645. — D'Argenson à Chavigny, 16 novembre et 5 décembre 1745. — (*Correspondance de Bavière.* — Ministère des affaires étrangères.)

En sortant de ces discussions orageuses, d'Argenson, forcé de se conformer aux vœux de la majorité, devait se faire l'exécuteur du plan de conduite qu'il venait de combattre, mais il s'acquittait de cette tâche ingrate avec une mauvaise grâce qu'il ne prenait plus la peine de cacher. On eût dit, en vérité, qu'il n'épargnait rien pour intimider et décourager son propre agent. Avant tout, disaient les instructions ministérielles, il faut être constamment sur vos gardes et bien vous assurer que les avances qu'on vous fait ne couvrent pas un piège pour alarmer l'Angleterre et obtenir d'elle des modifications avantageuses à la convention de Hanovre. En ce cas, ajoutait d'Argenson (faisant reparaître discrètement son idée favorite), il y aurait une manière de se tirer d'affaire sans tout briser : ce serait de proposer la convocation d'un congrès général. A d'autres moments, il semblait prendre plaisir à transmettre les résolutions du conseil sous une forme compliquée qui les rendait à peu près inapplicables, et il faut dire qu'il n'avait pas beaucoup de peine à y réussir, car le concert était loin d'être parfait, même entre les partisans de la négociation autrichienne. D'accord sur le but, ils différaient sur la voie à suivre pour l'atteindre. Plusieurs se méfiant, non sans raison, du désintéressement et de la loyauté du comte de Brühl, auraient voulu que Vaulgrenant se ménageât, à l'insu du ministre saxon, quelques entretiens directs et en tête à tête avec le plénipotentiaire autrichien. D'autres, craignant de déplaire à Philippe V et surtout à l'ardente Farnèse, désiraient que le comte de Bêne, ministre d'Espagne à Munich, fût admis en tiers dans les pourparlers, sans pourtant qu'il fût trop encouragé à mettre en avant des exigences exagérées. D'Argenson faisait passer à Vaulgrenant ces recommandations diverses, sans se mettre en peine de les concilier. — « De la sorte, dit-il dans une note écrite de sa main, il y aura trois négociations : la première vraie avec l'Autriche en particulier ; la deuxième fausse en participation avec Brühl ; la troisième illusoire et complètement fausse avec Brühl et Bêne. Je conviens que ce sera fort difficile ; M. de Vaulgrenant s'en tirera comme il pourra ;

mais tel est le système du conseil et les embarras où ceci nous jette : de gros risques pour peu d'espérance. » — Enfin, comme s'il eût juré de faire perdre l'esprit à son correspondant, il ne manquait jamais de lui rappeler, en terminant toutes ses lettres, qu'à aucun prix le roi ne voulait rien faire qui tendît à dépouiller le roi de Prusse d'aucune de ses possessions. « Plus la reine de Hongrie, répétait-il, témoigne de vouloir s'attacher, préférablement à toutes choses, à recouvrer une province aussi riche et aussi à sa convenance que la Silésie, plus nous devons avoir à cœur que la Prusse la conserve. »

Cette reprise de la Silésie étant le but unique que poursuivait Marie-Thérèse en se rapprochant de la France, recommander à Vaulgrenant de n'y pas concourir, au moins indirectement, c'était lui enjoindre de conclure un contrat annulé d'avance, comme disent les juristes, pour défaut de cause. Dans ces conditions, il était superflu d'ajouter, comme d'Argenson le fit pourtant une fois en termes exprès, que la négociation était entreprise *plutôt pour n'avoir rien à se reprocher, que dans l'espoir de la conduire à bonne fin.* L'aveu était inutile : la chose se comprenait de reste [1]. »

Comment Vaulgrenant s'y serait-il pris pour passer entre tant d'écueils et ménager tant de points délicats? C'est ce qu'il est difficile de dire, car le jour où le comte d'Harrach était enfin décidément attendu, ses courriers déjà arrivés et ses logements tout préparés, fut celui même où, la nouvelle de la capitulation de Leipzig parvenant à Dresde, le roi et toute sa famille se décidaient à quitter la ville. Averti à temps, l'envoyé autrichien rétrograda naturellement et vint retrouver à Prague le cortège royal. De là, à la vérité, Brühl fit savoir tout de suite à Vaulgrenant qu'il ne tenait qu'à lui de profiter aussi du voisinage, et qu'il trouverait à Prague, s'il y venait sans retard, l'envoyé autrichien dans les dispositions

[1]. D'Argenson à Vaulgrenant, 13 et 20 novembre, 1er décembre 1745. (*Correspondance de Saxe.* — Ministère des affaires étrangères.) — Il y eut bien, dans le cours de la négociation, quelques insinuations faites par l'agent saxon pour décider la France à prêter son concours armé à l'Autriche contre la Prusse; mais, sur le refus très net de Vaulgrenant, on n'insista pas.

les plus conciliantes et même les plus empressées. Mais Vaulgrenant répondit très sensément que, la France étant encore en guerre ouverte avec l'Autriche, la présence de son représentant sur une terre ennemie ferait un éclat qui révélerait le secret de la négociation avant même qu'elle fût entamée. Rien de plus naturel, au contraire, que d'Harrach vînt à Dresde s'entendre avec la régence qui gouvernait, au nom du roi, dans un moment où les plus graves intérêts de sa souveraine étaient en jeu sur ce théâtre même. Ce sera une manière, écrivait Vaulgrenant à d'Argenson, en lui envoyant sa réponse, de voir si on y va de franc jeu avec nous, ou si on veut seulement nous amuser. Il dut bientôt être convaincu que les intentions étaient sérieuses, car d'Harrach, se rendant à son invitation, fit annoncer qu'il allait venir [1].

Mais, pendant que ces correspondances étaient rapidement échangées entre les capi-

---

1. Brühl à Vaulgrenant, 7, 8, 10 et 12 décembre. — Vaulgrenant à Brühl, 9 et 11 décembre 1745. — (*Correspondance de Saxe.* — Ministère des affaires étrangères.)

tales si rapprochées de la Saxe et de la Bohême, les mauvaises nouvelles se succédaient à Vienne : d'abord la retraite ignominieuse du prince de Lorraine, puis l'entrée victorieuse de l'armée prussienne en Saxe, enfin la fuite du roi de Pologne, dont l'effet était bien d'éviter de sa part une soumission immédiate, mais qui n'attestait pourtant pas une résolution de résistance à toute épreuve. Ces échecs n'ébranlaient pas le courage de l'Impératrice, qui ne perdit pas un instant pour envoyer au prince de Lorraine l'instruction de se mettre immédiatement en marche et de tendre vers Dresde par la voie la plus directe, afin de couvrir à tout prix cette capitale. Elle préparait en même temps tous les ordres nécessaires pour faire revenir vers le nord tout ce qui restait de soldats autrichiens stationnant sur le Rhin, dès le lendemain du jour où, la paix avec la France étant conclue, aucune précaution ne serait plus à prendre de ce côté. Mais ses conseillers étaient plus émus. Qu'allait-il arriver, se demandaient-ils avec effroi, si on était de nouveau abandonné par la fortune, puis délaissé par un allié timide — n'ayant pu réussir à conclure avec la France et n'étant plus à temps de profiter de la médiation de l'Angleterre, — en un mot, suivant l'expression que M. d'Arneth emprunte à un document qu'il cite : entre deux chaises, assis par terre. On insista donc auprès de Marie-Thérèse, et on finit par obtenir d'elle, non de révoquer les pouvoirs donnés au comte d'Harrach, mais d'en joindre de nouveaux, destinés à lui servir, au pis-aller, dans un cas d'extrême nécessité. Si le malheur s'attachait encore une fois aux armes de l'Autriche, — si l'alliance avec la France était reconnue impraticable, — alors, mais alors seulement, le plus tard possible, et quand tout autre moyen de salut aurait échoué, d'Harrach fut autorisé à apposer sa signature à la convention de Hanovre, à côté de celle du roi d'Angleterre ; et ce fut muni de cette double instruction, qui allait le rendre pour un jour arbitre de la destinée de son pays, que le plénipotentiaire autrichien arriva à Dresde le 15 décembre. Il y entra au bruit du canon d'une bataille vivement engagée, au même moment, à peu de distance de la ville[1].

C'était le prince d'Anhalt qui, suivant le plan dicté par Frédéric, se présentait devant la capitale de la Saxe pour en enlever de force l'entrée. Il avait tardé un peu plus que ses instructions le lui prescrivaient, d'abord dans l'espérance que, par suite de la demi-soumission et de la fuite du roi de Pologne, les portes de la ville s'ouvriraient d'elles-mêmes devant lui; puis il avait tenu à se rendre maître, à Torgau et à Meissen, des ponts qui faisaient communiquer les deux rives de l'Elbe, afin d'assurer un passage au gros de l'armée prussienne, qui, n'ayant plus rien à faire en Lusace, devait tendre à se rapprocher du nouveau théâtre de la guerre. Ce délai, qui lui faisait perdre quelques jours, et que Frédéric blâma sévèrement, aurait pu sauver la cause des alliés; car le général saxon Rustowski en avait profité pour réunir toutes les troupes de l'électorat autour de Dresde, et le prince de Lorraine, remis en campagne par les ordres pres-

1. D'Arneth, t. III, p. 157, 443.

sants de Marie-Thérèse, y arrivait lui-même à grandes journées par la route de Leitmeritz et de Freyberg. Le 13 au soir, il y était déjà de sa personne et tenait conseil avec Rustowski sur les moyens de résister à l'attaque qui se préparait. Nul doute que, par une rapide concentration de toutes les forces saxonnes et autrichiennes, la ville, au moins ce jour-là, eût été préservée. Tout manqua encore une fois, faute d'énergie et de concert; mais dans cette occurrence, au moins, l'Autrichien ne fut pas le plus coupable. Le prince de Lorraine était prêt et offrait d'amener tout son monde. Ce fut Rustowski qui se persuada qu'il était en état, avec ses bataillons saxons, d'arrêter, peut-être de repousser, le prince d'Anhalt. Il engagea le prince à ménager ses troupes, afin de les tenir en réserve pour le cas très probable où le roi de Prusse, dont la marche vers Dresde était déjà annoncée, viendrait en aide à son lieutenant intimidé ou vaincu.

Ce n'était pas là, nous apprend Frédéric dans son *Histoire*, le seul motif qui décidait le général saxon à refuser un secours dont pouvait dépendre le sort de la journée. La vérité est qu'il croyait avoir fait choix, pour attendre les Prussiens, d'une position qu'il regardait comme inexpugnable, et qu'il voulait garder pour lui-même tout l'honneur du plan qu'il avait formé. L'idée dont il tenait ainsi à se réserver le mérite n'était autre chose, nous dit encore Frédéric, que la reproduction à peu près exacte des dispositions prises par le maréchal de Saxe à Fontenoy. Il avait remarqué une certaine ressemblance entre la plaine qui s'étend de Dresde au petit village de Kesselsdorf (et que d'Anhalt devait traverser) et celle qui longeait l'Escaut devant Tournay. Là régnait aussi un ravin profond, pareil à celui qui, placé sous le feu du bois de Barry, avait joué un si grand rôle dans la journée du 11 mai. C'était en profitant de cette fortification naturelle et en la complétant par des retranchements garnis d'artillerie que Rustowski, à l'exemple de Maurice, croyait pouvoir attendre en sûreté l'attaque de l'ennemi.

Mais deux situations peuvent être analogues sans se ressembler complètement. La position prise par Rustowski était plus forte peut-être sur sa droite que celle de Fontenoy, puisque le ravin, dont le fond était hérissé de rochers et de grands arbres, aboutissait à l'Elbe, et que, de ce côté, le passage était entièrement fermé. En revanche, sur la gauche, le village de Kesselsdorf, restait absolument découvert, et ce fut de ce côté que le prince d'Anhalt, jugeant tout de suite où était le point faible, porta toute la vigueur de son attaque. Telle était pourtant l'excellence du modèle suivi par Rustowski que, malgré cette imperfection, la copie, pendant les premières heures, se comporta comme l'original. Deux tentatives des Prussiens, dirigées contre le village de Kesselsdorf, furent repoussées successivement, comme l'avaient été à Fontenoy celles de Cumberland, par le feu très bien nourri des batteries saxonnes. D'Anhalt songeait déjà à la retraite, quand les Saxons, exaltés par leur succès et voulant y mettre le comble, firent la faute capitale de sortir de leurs retranchements pour suivre l'ennemi qui s'éloignait. Par suite de cette fausse manœuvre, ils se trouvèrent placés eux-mêmes devant leurs batteries qui durent cesser de tirer; d'Anhalt, qui vit l'imprudence, se retourna vivement pour fondre, avec sa cavalerie, sur les bataillons qui s'étaient ainsi avanturés et, les contraignant à reculer à leur tour, pénétra à leur suite dans le village et se trouva ainsi avoir pris à revers toute la ligne des retranchements.

Tout n'était pas dit pourtant, car les Prussiens allaient, à l'autre extrémité de la même ligne, commettre un écart de conduite analogue: le jeune prince Maurice d'Anhalt, second fils du général, placé, avec la gauche de l'armée prussienne, en face du sommet du ravin, voulant avoir sa part de la victoire du jour, se mit, sans en avoir reçu l'ordre en tête d'emporter sur ce point le passage de haute lutte, malgré les difficultés du terrain. Les hommes éprouvèrent la plus grande peine à gravir les rochers couverts de neige et de glace, et n'auraient pu s'y maintenir si les Saxons eussent fait le moindre mouvement pour les en déloger. Rien n'eût été plus aisé que de les précipiter dans la fondrière, et si, à ce moment d'incertitude, le prince de Lorraine, qui s'était retiré à peu de distance en arrière du champ de bataille, eût été appelé ou fût accouru d'instinct au bruit du canon qu'il devait entendre, la fortune pouvait encore changer d'aspect. Mais, ou le prince ne s'informa de rien, ou on ne lui fit rien savoir, et il resta immobile toute la journée pendant que ses alliés périssaient. Personne ne venant en aide ni aux soldats découragés, ni au chef décontenancé, la déroute devint complète : armée et général, dit Frédéric, rentrèrent à Dresde en pleine course. Le conseil de régence se réunit à l'instant, et nulle défense n'étant plus possible, le commandant de la garnison dut aller porter au général prussien la soumission de la ville.

La nuit cependant était venue, nuit d'alarmes et d'angoisses dont l'ombre et le trouble dérobèrent aux regards l'arrivée silencieuse du comte d'Harrach. Ce fut en traversant des rues encombrées de blessés et de fuyards que le plénipotentiaire autrichien se rendit, sans être reconnu, chez le ministre de France. Le lieu, l'heure, la gravité des circonstances, tout rendait étrangement solennel cette entrevue mystérieuse qui pouvait changer la face de l'Europe, et dont le secret a été religieusement gardé jusqu'à nos jours pour la postérité.

L'entretien s'engagea immédiatement sur les conditions de la paix, mais tout de suite la différence de l'attitude des deux négociateurs, telle que la révèle le ton de leurs dépêches, fut très significative. D'Harrach était pressant, ardent, animé du feu de toutes les passions de sa souveraine et de ses ressentiments personnels. Il parlait haut et ferme sans crainte de s'avancer ni de se découvrir. Il ne dissimulait pas d'ailleurs que c'était à prendre ou à laisser, et que, si la France ne se décidait pas, l'Autriche, abandonnée de tous ses alliés, serait contrainte de céder à la Prusse. En face de lui, Vaulgrenant, réservé, inquiet, regardant à toutes ses paroles, semblait n'avoir d'autre souci que de ne pas dépasser d'une ligne ni d'un mot la lettre de ses instructions, pour n'encourir, en aucun cas, de l'autorité indécise et partagée dont il dépendait, ni désaveu, ni reproche. La France reproduisait les mêmes exigences qu'à Francfort, mais Marie-Thérèse s'était beaucoup relâchée de la rigueur de ses premiers refus. En Flandre, elle cédait Ypres, Furne et Beaumont, ne résistait plus que pour garder Tournay et Nieuport. En Italie, elle accordait à l'infant d'Espagne Parme, Pavie même au besoin; mais d'Alexandrie et de Tortone, possessions du roi de Sardaigne, que réclamait également la France en faveur de son client espagnol, elle ne voulait pas qu'il fut question. C'étaient des possessions héréditaires de son allié : elle ne croyait pas pouvoir en disposer Aussi, dans le cours de la conversation, fut-il évident (Vaulgrenant en convient) que l'*ultimatum* était moins net, moins positif en ce qui touchait la Flandre qu'en ce qui regardait l'Italie. Vaulgrenant, au contraire, fut intraitable sur le moindre comme sur le plus important des articles. Il était autorisé sur certains points à faire de légères concessions : il ne les proposa pas et ne les laissa, il le dit lui-même, *entrevoir que faiblement*. A l'aube du jour, on se sépara sans avoir pu rien conclure[1].

1. Vaulgrenant à d'Argenson, 16 décembre 1745. (*Correspondance de Saxe.* — Ministère des affaires étrangères.)

Ainsi, on a tout ensemble la surprise et le regret de le constater, la France pouvait, ce jour-là, assurer à la fois l'extension et la sécurité de sa frontière ; non seulement cet avantage lui était offert, mais on lui tenait en quelque sorte la main pour la forcer d'y souscrire. Elle renonça (non sans quelque effort pour se dérober à ces instances) au prix si noblement acheté par les victoires de Maurice de Saxe, uniquement afin de réserver à un infant d'Espagne la chance plus que douteuse d'acquérir la possession de deux citadelles qui n'avaient jamais relevé de la couronne des rois catholiques et qui, en définitive, ne devaient jamais lui revenir. Le fait, en lui-même assez étrange, paraît encore plus incroyable quand on songe que le ministre qui imposait cette abnégation à son envoyé, non seulement ne professait aucune prédilection pour l'alliance espagnole, mais se plaignait hautement, dans toutes ses dépêches, du joug que faisaient peser sur la France les obligations contractées envers le couple royal qui trônait à Madrid. N'allait-on pas le voir, quelques jours après, lui-même (j'aurai peut-être à le raconter) offrir au roi de Sardaigne des conditions de paix qui devaient exciter, nonseulement le déplaisir, mais le courroux, presque la fureur d'Élisabeth Farnèse? Ce n'était donc pas l'Espagne, mais bien la Prusse, qui tenait au cœur du ministre français. Si ses instructions commandaient de briser, sur un si faible prétexte, un simulacre de négociation qu'il n'avait jamais voulu prendre au sérieux, ce n'était pas même pour ménager les espérances chimériques d'un petit-fils de Louis XIV et du gendre de Louis XV ; mais c'était le conquérant de la Silésie qu'il ne voulait pas laisser troubler dans la jouissance de sa possession. Comment alors ne pas s'affliger en pensant que l'occasion manquée ne devait pas se retrouver, et que, trois ans plus tard, après une nouvelle série de luttes et de triomphes, la France, lassée de vaincre, devait accepter, presque avec reconnaissance, une paix qui, restituant l'intégrité des Pays-Bas à l'héritière de Charles-Quint, n'accrut pas d'une ligne le sol français?

Vaulgrenant sortait cependant la conscience

tranquille, presque soulagée, de la conférence, car, en rendant compte du résultat, il se montrait bien plus satisfait de n'avoir rien compromis que contrarié de n'avoir rien obtenu : — « Je me suis tenu ferme, disait-il, sur mes propositions ; j'ai parlé avec simplicité, sans marquer ni trop de désir ni trop d'éloignement, et, par la façon dont je me suis expliqué, je crois n'avoir rien dit ni de trop ni de trop peu. » — Tout autre était le langage du comte d'Harrach, véritable cri d'impatience et de désespoir : — « Vous verrez, écrivait-il, par ma relation ci-jointe, que je n'ai pu faire que de l'eau claire avec Vaulgrenant, avec lequel j'aurais mieux aimé finir en lui accordant tout ce qu'il a demandé que de signer la paix de Breslau, auquel cas j'aurais proposé pour fonds toutes les argenteries des églises, la vaisselle et diamants de la noblesse, qui les aurait donnés volontiers contre le roi de Prusse. Je voudrais m'arracher les yeux de me voir à la veille d'être celui qui devra forger moi-même les chaînes et l'esclavage perpétuel de notre auguste Impératrice et de toute sa postérité. »

Puis, profitant de ce que sa présence à Dresde n'était pas connue pour ne prendre encore aucun parti décisif, il se retirait à Pirna, dans le camp du prince de Lorraine ; et de là, entouré d'une armée qui frémissait en se voyant contrainte de céder sans avoir même combattu, et d'accord avec le général qui sentait, bien que trop tard, toute l'humiliation de son attitude, il envoyait à Vienne de nouveaux plans de campagne. Il engageait l'Impératrice à tenir ferme, dans l'espoir qu'on pourrait faire patienter aussi le roi de Pologne jusqu'à l'arrivée des Russes, et faire encore « tourner la tête au Tamerlan que nous avons à combattre [1] ».

Mais rien ne peut arrêter le cours une fois précipité des événements, surtout quand une main habile ne les laisse pas dévier du sens où les a une fois portés la fortune. Dès le 18, Frédéric, déjà en marche le jour du combat, arrivait devant Dresde pour y recueillir les fruits d'une victoire qui était son œuvre au moins

---

[1]. Vaulgrenant à d'Argenson, dépêche citée. — D'Arneth, t. III, p. 443, 444.

autant que celle du général qui avait livré la bataille. Il y était attendu par des populations tremblantes, qui ne savaient quel sort leur réservait un vainqueur dont l'humeur intraitable était redoutée même de ses propres serviteurs, et dont le portrait leur avait été tracé sous les couleurs les plus noires. Il parut tout de suite n'avoir d'autre souci que de les rassurer. Le roi de Pologne, ne pouvant se faire suivre de toute sa famille, avait laissé à Dresde ses plus jeunes enfants. La première visite de Frédéric fut pour eux, et, en les comblant d'amitiés et de caresses, il exprima, avec une sensibilité assez bien jouée pour sembler sincère, le regret qu'Auguste et la reine eussent paru craindre, en fuyant devant lui, d'être inquiétés dans leurs personnes. Par son ordre, la discipline la plus sévère fut imposée aux troupes d'occupation, afin de ne donner lieu à aucune plainte d'exaction et de violence. Étalant la confiance pour mieux l'inspirer, il se montra à plusieurs reprises sur la promenade sans gardes et sans suite. L'opéra, très bien pourvu, par Auguste, de chanteuses et d'artistes italiens, était le divertissement favori de la ville, et la pièce en cours de représentation se trouvait être un drame lyrique dont le héros était Arminius, le défenseur de l'indépendance germanique ; on l'avait composé tout exprès en l'honneur d'Auguste et de Marie-Thérèse et pour célébrer leur union contre l'invasion française. Non seulement Frédéric ne demanda pas qu'on fermât le théâtre, ou qu'on changeât de sujet, mais il commanda une solennité de gala pour s'y faire voir, et laissa chanter, sans paraître s'en émouvoir, des couplets dirigés contre les traîtres à la patrie et les amis de l'étranger. Sur sa demande, la princesse Lubomirska, chez qui il était logé, convia à plusieurs réceptions brillantes les seigneurs, les dames de distinction, les lettrés, les artistes ; il prit plaisir à les éblouir par la variété de ses connaissances et toutes les grâces d'une conversation piquante. Il rappelait aimablement qu'il était venu à Dresde dix-sept ans auparavant, amené, encore tout jeune, par son père, auprès du vieil Auguste, et faisait à ceux qui lui avaient été alors présentés la politesse de les reconnaître.

A la belle comtesse Fleming, la reine de la beauté et de l'élégance, il demandait si elle se souvenait que, encore enfants l'un et l'autre, ils avaient fait des parties de musique, et qu'elle lui avait fait don de sa première flûte. On sortait enchanté de ces entretiens : les dames surtout étaient ravies. — « Attendait-on, disaient-elles, ce terrible Mars sous les traits de cet aimable Apollon? » — Dans une seule circonstance, Frédéric ne put retenir sa langue ni mettre un frein à la causticité habituelle de son humeur. Ce fut dans une visite qu'il fit à la somptueuse demeure du comte de Brühl. On l'introduisit dans un cabinet où était renfermé un assortiment complet de chevelures postiches: — « Que de perruques, dit-il, pour un homme sans tête! » — Mais le comte de Brühl comptait beaucoup d'ennemis à Dresde, qui ne furent pas fâchés de se divertir à ses dépens. Enfin, le comble fut mis à la joyeuse surprise du public quand on vit le roi, à la tête de ses généraux, célébrer un *Te Deum* dans la cathédrale, en actions de grâces de sa victoire, et édifier l'assistance par la convenance de son attitude. —

« On ne s'attendait à rien de pareil, nous dit Droysen, d'un prince à qui on avait déjà fait une réputation d'irréligion. » — A partir de ce moment, il fut convenu que c'étaient les intrigues du jésuite, confesseur du roi de Pologne, qui avaient répandu des calomnies sans fondement contre un des vrais soutiens de la religion protestante.

Les conditions de la paix imposées au roi de Pologne se ressentirent du désir qu'éprouvait son vainqueur de reconquérir la faveur populaire de l'Allemagne. Malgré les conseils de plusieurs de ses ministres et des généraux qui auraient voulu qu'on tirât meilleur parti de la victoire, rien ne fut changé aux termes de la convention de Hanovre, sauf l'addition de 1 million d'écus de contributions de guerre. Auguste n'était plus ni en mesure ni en humeur de refuser le salut et le trône offerts à si bon compte. Son consentement ne se fit pas attendre [1].

Restait à savoir quel parti l'Autriche allait

---

[1]. Frédéric, *Histoire de mon temps*, chap. XIX. — Droysen, t. II, p. 634 et suiv. — Carlyle, t. IV, p. 220 et suiv.

prendre, et si, maîtresse encore d'une armée qui n'avait pas été mise à l'épreuve, elle imiterait, sans plus de résistance, la soumission de son allié. Plusieurs jours se passèrent dans l'incertitude à cet égard, d'Harrach restant à Pirna, dans l'espoir de recevoir de nouveaux ordres, sans se décider à faire usage et sans même parler à personne des pouvoirs qu'il avait en main. Mais Frédéric ne parut mettre aucun empressement à s'enquérir d'un résultat qu'il regardait désormais comme inévitable. Il laissa même voir qu'il préférait conclure avec le roi de Pologne un acte séparé, pensant bien que, quand on serait décidément convaincu à Vienne qu'on n'avait plus à compter sur aucun auxiliaire, force serait de s'exécuter. Il ne se trompait pas : à l'annonce de la soumission d'Auguste, puis de l'échec de la négociation française, un douloureux conseil fut tenu devant Marie-Thérèse. Comment résister, quand on n'avait plus à attendre aucun secours d'aucun côté de l'horizon, ni de l'Angleterre irritée, ni de la Saxe écrasée, ni de la France insensible aux offres qui auraient dû la séduire? Comment engager le combat, surtout avec un général aussi malheureux (pour ne rien dire de plus) que Charles de Lorraine, sur un territoire où Frédéric régnait et parlait désormais en maître, au milieu de populations empressées de se jeter dans ses bras? Le cas d'extrémité prévu était arrivé, et l'ordre fut envoyé à d'Harrach de céder à la nécessité; mais l'Impératrice ne voulut pas l'écrire elle-même; ce fut Bartenstein qui le rédigea dans des termes laconiques où le regret était aussi visible que le dépit. Puis, le courrier était à peine parti qu'un autre était expédié à sa suite. La princesse, craignant que, dans un accès de découragement, son envoyé ne dépassât ses instructions, lui rappelait que les stipulations de la convention de Hanovre étaient l'extrême limite de ses concessions, et que, si on lui demandait d'y ajouter même une ligne, il devait rompre à l'instant l'entretien et ordonner la reprise des hostilités; alors, faisant revenir Vaulgrenant sur-le-champ, il devrait en passer sans discussion par toutes les exigences de la France. D'Harrach, très contrarié du premier ordre, un peu consolé par le second, se rendit enfin à Dresde, le 22 décembre, espérant au fond de l'âme que le vainqueur, exalté par son succès, se laisserait aller à former quelque prétention nouvelle, ce qui permettrait de tout remettre en question.

Mais ce fut un plaisir que Frédéric n'eut garde de lui faire; au contraire, dès que l'envoyé autrichien fut annoncé, il se vit accueilli à bras ouverts; et le point principal, l'abandon de la Silésie, une fois concédé, tout ce qu'il put demander, — reconnaissance immédiate de François Ier comme Empereur, — garantie réciproque des États allemands des deux couronnes, — maintien de toutes les limites posées par le traité de Breslau : Frédéric accorda tout, allant même au-devant avec une grâce protectrice et une coquetterie ironique. D'Harrach, sentant la malice (d'autant plus qu'il était, à ce qu'il paraît, grand railleur lui-même de son naturel), ne pouvait cacher son dépit d'être si bien reçu : — « J'ai passé une heure et demie, écrivait-il, avec le roi de Prusse dans son cabinet; il m'a presque toujours adressé la parole, et, comme c'est un esprit caustique, j'ai eu toutes les peines du monde à retenir le péché originel dans mes répliques. Peste soit de toutes les négociations! Celle que j'avais le plus à cœur n'a eu aucun succès... celle que je déteste avance avec un succès incroyable! » — Et, en sortant de l'audience, il montrait aux amis que l'Autriche avait encore à Dresde (ils étaient nombreux) les termes qui lui étaient proposés; il leur demandait si on pouvait s'expliquer qu'ils ne fussent pas plus sévères, et si tant de modération ne cachait pas quelque piège [1].

Le 23, au matin, cependant, tout était réglé, et l'acte définitif allait être rédigé dans la journée, quand on vint annoncer à Frédéric l'arrivée d'un messager de l'ambassade de France à Berlin, porteur d'une lettre de Louis XV. La communication ne pouvait arriver plus à point pour compléter son triomphe.

Ce n'était pas l'ambassadeur lui-même qui apportait la missive royale, comme il semble

1. D'Arneth, t. II, p. 156-166, 444-445. — Valori, *Mémoires*, t. Ier, p. 255-256.

que c'eût été le devoir de son poste: Valori confesse dans ses *Mémoires* qu'il n'avait pas osé se risquer à mêler sa personne, si récemment maltraitée, au chœur d'ovations enthousiastes qui devait entourer le vainqueur. Il venait, en effet, d'avoir un avant-goût des rebuts qu'il aurait eu à souffrir dans une compagnie où il n'était pas appelé. Étant venu à la cour pour apporter comme tout le monde ses félicitations, il y avait rencontré l'aide de camp que Frédéric envoyait aux deux reines, sa femme et sa mère, pour leur annoncer la nouvelle de l'heureuse issue de la crise. L'officier l'aborda et le prit à partie pour lui dire à haute voix: « Le roi me charge, monsieur, de vous faire savoir qu'il sait triompher de ses ennemis sans le secours de ses alliés. »

« L'apostrophe, dit Valori, m'embarrassa un peu; » on le conçoit sans peine. Dès lors, pourquoi aller chercher à Dresde de nouvelles avanies? Il y tomberait au milieu de conférences ouvertes entre la Saxe, l'Angleterre et l'Autriche, où on ne lui ferait sûrement pas la grâce de l'admettre, et où, tout le monde ayant la parole, excepté la France, il resterait à la porte dans une sotte attitude. Il se décida donc à charger de l'envoi son secrétaire d'Arget, le même qui avait témoigné tant de courage et de présence d'esprit dans le guet-apens de Jacomir, et qui, délivré moyennant rançon, était venu rendre compte à Frédéric lui-même de tout ce qu'il avait observé pendant sa détention dans le camp autrichien. Le roi avait été frappé de son intelligence, et témoignait le désir de l'attacher à sa personne. C'était donc un visage agréable qu'on envoyait à Frédéric pour s'acquitter d'une commission qui courait le risque de ne pas l'être.

Valori affirme (j'ai peine à le croire) qu'il ne connaissait pas le contenu de la lettre qu'il confiait à son secrétaire; s'il l'eût connu, il eût éprouvé bien plus de répugnance encore à en faire la remise lui-même, car c'était la réponse de Louis XV à la demande de secours et de conseils que Frédéric lui avait adressée dans un jour d'extrême péril. Elle s'était fait attendre six semaines, et voici dans quels termes elle était conçue :

« Monsieur mon frère, Votre Majesté me confirme dans sa lettre du 15 novembre ce que je savais déjà de la convention de Hanovre du 26 août. J'ai dû être surpris d'un traité négocié, conclu, signé et ratifié avec un prince mon ennemi, sans m'en avoir donné la moindre connaissance. Je ne suis point étonné que vous ayez refusé de vous prêter à des mesures violentes et à un engagement direct contre moi ; mes ennemis doivent connaître Votre Majesté : c'est une nouvelle injure que d'avoir osé lui faire des propositions indignes d'Elle. Je comptais sur votre diversion ; j'en faisais deux puissantes en Flandre et en Italie ; j'ai occupé sur le Rhin la plus grosse armée de la reine de Hongrie. Mes dépenses et mes efforts ont été couronnés du plus heureux succès. Votre Majesté en a fort exposé les suites par le traité qu'elle a conclu à mon insu. Si la reine de Hongrie y avait souscrit, toute son armée de Bohême se serait tournée subitement contre moi. Ce ne sont pas là des moyens de paix... Je n'en ressens pas moins l'horreur des périls que vous courez ; rien n'égale l'impatience que j'ai de vous savoir en sûreté, et votre tranquillité sera la mienne. Votre Majesté est en force ; Elle est la terreur de ses ennemis ; Elle a remporté sur notre ennemi commun des avantages considérables et glorieux ; l'hiver qui suspend les opérations militaires avec cela suffirait pour la défendre. Qui est plus capable que Votre Majesté de se donner des bons conseils à Elle-même ? Elle n'a qu'à suivre son expérience, et par-dessus tout son honneur. Quant aux secours, ils ne peuvent consister qu'en subsides et en diversions. J'ai offert des subsides à Votre Majesté ; j'ai fait toutes les diversions qui m'ont été possibles, et je continuerai par les moyens qui assurent le mieux le succès... J'augmente mes troupes, je ne néglige rien, je presse tout ce qui pourra pousser la campagne prochaine avec la plus grande vigueur. Si Votre Majesté a des vues capables de fortifier mes entreprises, je la prie de me les communiquer ; je ne doute pas des lumières qu'elles en peuvent tirer, et je me concerterai toujours avec grand plaisir avec Elle. — Comme je finissais ma lettre, j'apprends les heureux succès des armes de

Votre Majesté et la fuite de ses ennemis devant sa personne; c'est de tout mon cœur que je lui en fais mes compliments, et je suis, monsieur mon frère, etc... »

Si la lettre eût été expédiée quinze jours plus tôt, au moment où Frédéric se voyait contraint de réclamer des secours qu'on était en droit de lui refuser, et si elle eût été destinée à préparer le coup de théâtre d'un changement de politique, — si c'eût été, en un mot, un congé donné en termes polis à l'alliance prussienne, — le fond et la forme n'eussent manqué ni de dignité ni d'adresse. Les griefs qui justifiaient de notre part de légitimes représailles s'y trouvaient accusés dans des termes dont la modération même accroissait la sévérité; la demande de conseil, qui dissimulait mal, de la part de Frédéric, une pétition d'une autre nature, était repoussée avec une ironie assez fine qui n'eût pas mis les rieurs du côté du solliciteur; enfin les victoires des armes françaises, fièrement rappelées, pouvaient paraître une réponse méritée à d'indécentes railleries. Mais arrivant à contretemps, au moment où l'allié infidèle avait su se passer de la France et où la France avait manqué l'occasion de se passer de lui, terminée par un *post-scriptum* complimenteur et suivie d'une dépêche où d'Argenson se montrait *transporté de joie* des succès prussiens, une pareille épître n'était plus qu'une boutade d'humeur impuissante. Il ne sied pas à la majesté royale de se plaindre d'une injure, quand le châtiment immédiat ne doit pas suivre, et il n'est jamais utile d'offenser soit un ami douteux avec qui on ne veut pas rompre, soit un ennemi caché qu'on n'espère pas intimider.

D'Arget, dès son arrivée, demanda à remettre la pièce en main propre au roi ; il n'obtint pas cette faveur sans quelque peine : le roi, lui fit-on dire, assistait à un concert et ne voulait pas se déranger. La remise une fois faite, une audience lui fut assignée pour le lendemain, à cinq heures du matin. Le roi le garda en tête à tête une heure et demie, lui parlant de toutes choses avec une bienveillance hautaine et un calme affecté. — « Je ne devais pas m'attendre, dit-il, au ton de la lettre du roi de France ; ce n'est qu'une ironie ; il ne me laisse rien à espérer.

et me conseille de prendre le parti que je trouverai le plus sage. Eh bien! il est pris : je fais la paix avec la Saxe et la reine de Hongrie. J'ai couru trop de périls; je suis las de jouer quitte ou double : mon armée et mon peuple ont besoin de repos. La constance même de la fortune m'étonne; je craindrais de m'exposer de nouveau à ses caprices. J'ai assez de gloire, puisque j'ai obligé mes ennemis à me demander la paix dans leur capitale par l'organe du grand chancelier de Bohême. » Il ajouta qu'une fois rentré dans la neutralité, il s'emploierait de bonne grâce pour le rétablissement de la paix générale; et, se posant déjà en arbitre, il indiqua à quelles conditions, dans sa pensée, la France avait droit de prétendre et ferait sagement de se prêter, et, la singularité, c'est que ces conditions étaient presque mot pour mot, sans qu'aucun des deux interlocuteurs pût s'en douter, celles-là mêmes que Vaulgrenant avait tenues dans sa main quarante-huit heures auparavant[1].

---

[1]. Frédéric désigna en particulier, comme les points que la France pouvait réclamer dans les Pays-Bas, Ypres, Furnes et Tournay, et, en Italie, Parme et Plaisance.

D'Arget, à qui Valori, sans doute, avait fait la leçon, crut le moment venu de demander au roi si, maître de la situation comme il l'était, il ne serait pas digne de lui, au lieu d'en garder seul le bénéfice, de l'étendre à ses alliés, en les faisant comprendre dans le traité qu'il allait conclure. Quel plus beau rôle que d'être le héros de l'Allemagne et le pacificateur de l'Europe! — « J'en conviens, mon cher ami, dit le roi, mais le rôle est trop dangereux, un revers me mettrait à ma perte. A mon dernier départ de Berlin, si la fortune m'eût été contraire, je me voyais un monarque sans trône et mes sujets dans la plus cruelle oppression. Ici, c'est toujours échec au roi ; j'en appelle à vous-même ; enfin, je veux être tranquille. — Mais, reprit d'Arget, la reine de Hongrie ne renoncera jamais à la Silésie ; et, avec le temps, tôt ou tard... — Ah! mon ami, dit le roi en l'interrompant, l'avenir est au-dessus de l'humanité ; j'ai acquis, que d'autres conservent. Je ne crains rien ni de la Saxe ni de l'Autriche pour les dix ou douze ans qui me restent à vivre : je n'attaquerai désormais pas un chat que pour me défendre, et je verrais le prince Charles à la porte de Paris sans m'en remuer. — Et nous à la porte de Vienne? » reprit d'Arget sur le même ton d'indifférence. La vivacité hardie de la repartie ne troubla pas Frédéric. — « Oui, je vous le jure; enfin, je veux jouir. Que sommes-nous, nous autres hommes, pour enfanter des projets qui coûtent tant de sang! Vivons et faisons vivre! » — Le reste de l'entretien, dit d'Arget, se passa en discours généraux sur la littérature et les spectacles[1].

Vingt-quatre heures après, la paix était signée avec l'Autriche, et Frédéric ne perdait pas un moment pour en envoyer la nouvelle à Louis XV, dans une lettre dont l'amertume trahissait bien plus d'irritation qu'il n'avait voulu en laisser voir à d'Arget. — « Monsieur mon frère, disait-il, je m'attendais à des secours réels de la part de Votre Majesté, après la lettre que je lui avais écrite en date du mois

1. D'Arget à d'Argenson, 24 décembre 1745. (*Correspondance de Saxe.* — Ministère des affaires étrangères.) La lettre de d'Arget est insérée dans les *Mémoires* de Valori, t. I, p. 190, mais le texte est abrégé. J'ai cru devoir moi-même retrancher des longueurs inutiles.

de novembre. Je n'entre point dans les raisons qu'Elle peut avoir d'abandonner ainsi ses alliés à leur propre fortune; cela fait que je sens doublement le bonheur de m'être tiré d'un pas très scabreux par la valeur de mes troupes; si j'avais été malheureux, Votre Majesté se serait contentée de me plaindre, et j'aurais été sans ressources. Votre Majesté veut que je prenne conseil de mon esprit : je le fais, puisqu'Elle le veut, et il me dicte de mettre promptement fin à une guerre qui, n'ayant point d'objet depuis la mort du défunt Empereur, ne cause qu'une effusion de sang inutile... Il me dit qu'il est temps de penser à ma propre sûreté, que la fortune est changeante, et qu'après tout, je n'ai aucun secours d'aucune espèce à attendre de mes alliés... Les Autrichiens et les Saxons ont envoyé ici des ministres pour négocier la paix, et, après la lettre de Votre Majesté, il n'y a plus qu'à signer. Après m'être acquitté de ce que je dois à l'État et à ma propre sûreté, aucun sujet ne me tiendra plus à cœur que de pouvoir être de quelque utilité à Votre Majesté. »

Un billet à l'adresse de Valori, pour le

charger d'expédier cette réponse, était plus maussade encore : — « Monsieur, voici la réponse que j'ai faite au roi, votre maître, à la lettre que vous venez de m'envoyer de sa part... Si cette nouvelle ne fait pas plaisir à votre cour, elle ne peut s'en prendre qu'à elle-même, n'ayant jamais voulu m'assister ni de subsides suffisants, ni de troupes... Pour notre personnel, je crois que nous pouvons rester amis tout comme auparavant. Pour moi, je suis content d'avoir la consolation de n'avoir jamais été aux aumônes du roi de France. Je suis avec estime, monsieur, etc. » — Et, en *post-scriptum :* — « La paix est faite ; tu l'as voulu, tu l'as voulu, etc.[1]. »

On s'explique difficilement le ton d'aigreur, et presque d'insulte, qui règne dans ces deux pièces. Parvenu au comble de ses vœux, jouissant à la fois du bienfait de la paix et de tout l'honneur de la victoire, Frédéric gardait un tel avantage de situation sur son royal correspondant qu'il n'avait nul besoin et qu'il n'était

---

1. Frédéric à Louis XV et à Valori, 25 décembre 1745. — *Pol. Corr.*, t. IV, p. 389-390.

pas digne de son esprit politique d'en abuser à ce point. Dans la neutralité où il se félicitait de rentrer, son intérêt était de ménager les deux adversaires dont la lutte allait se continuer sous ses yeux, au besoin même d'entretenir leur conflit, non de les pousser à bout l'un et l'autre, au risque de leur faire naître la pensée de s'unir un jour contre lui. La France, d'ailleurs, avait encore un service à lui rendre : c'était d'occuper l'Autriche pour l'empêcher de reprendre haleine et de songer même à revenir sur les conditions qu'elle avait dû subir. La prudence, cette qualité qui fit rarement défaut à Frédéric, lui commandait donc d'avoir égard à l'émotion naturelle d'un allié justement froissé de son abandon, et de panser la blessure au lieu de l'envenimer. Même dans ce premier moment, l'extrême irritation du roi de Prusse n'a pas d'explication naturelle; mais ce qu'on peut encore moins comprendre, c'est qu'il ait conservé de la lettre malencontreuse de Louis XV un tel ressentiment que, trente ans encore après, mettant la dernière main au texte définitif de ses *Mémoires*, il ait consacré un long développement à réfuter un document tombé dans l'oubli. Il est encore plus singulier de lui en voir travestir les termes et les pensées de manière à prêter à un souverain, dont un excès d'orgueil ne fut jamais le défaut, une outrecuidance burlesque digne d'un matamore de comédie. Rien de plus étrange assurément, et de moins digne de la royauté comme de l'histoire, qu'une controverse posthume de cette nature. En y regardant de près, cependant, le lecteur de l'*Histoire de mon temps* croit apercevoir quel est le sentiment qui domine dans cette tirade si étrangement passionnée. Ce qui est le plus amèrement reproché au roi de France, c'est l'allusion qu'il avait osé faire au succès de son armée dans les Pays-Bas. C'est le souvenir de Fontenoy, qui, même après un demi-siècle écoulé, semble importuner encore le vainqueur de Friedberg et de Sohr : — « J'ai fait de grandes choses, se fait-il dire par Louis XV dans le langage ridiculement hautain qu'il met dans sa bouche. On a aussi parlé de vous. » — Voilà le trait qui est resté gravé dans le cœur. Louis XV s'était comparé un jour à Frédéric : cette présomption, bien que rudement châtiée depuis lors, ne lui fut jamais pardonnée; il y a des rivalités d'auteur, même sur le trône, et la grandeur du génie ne préserve pas des petitesses de la vanité.

Si ce jugement n'est pas téméraire, il dut se trouver, parmi les hommages que Frédéric reçut de toutes parts, dans ce moment si brillant de son existence, un en particulier qui, plus que tout autre, lui fut sensible, car il partait du vainqueur de Fontenoy lui-même. Au récit de la brillante expédition dont la Saxe venait d'être le théâtre, Maurice éprouva, en qualité de connaisseur et à un point de vue pour ainsi dire esthétique, une telle admiration que, malgré le chagrin que, comme enfant de la Saxe, il devait éprouver de l'humiliation de son ancienne patrie, — malgré la contrariété que la paix qui en était la suite devait causer au commandant d'une armée française, — il ne put se défendre de donner cours à ses sentiments et d'en envoyer directement l'expression au héros lui-même : — « Sire, lui écrivit-il, l'expédition que Votre Majesté vient de terminer si rapidement est si brillante que, comme militaire, je lui en dois mon compliment. Je n'ai pas pu m'empêcher, comme Saxon, de compatir aux maux qu'a éprouvés la Saxe ; mais mon admiration pour tout ce qui s'y est passé n'en est pas moins au-dessus de l'expression. Les manœuvres savantes et judicieuses de Votre Majesté présentent un canevas fort étendu à la méditation. Je ne puis assez l'admirer, et, depuis Alexandre et César, je ne crois rien de si grand et de si frappant. La conduite que Votre Majesté a tenue dans cette guerre contre les Saxons ressemble et surpasse assurément les belles, les rapides expéditions de ces deux grands hommes, qui entreprenaient des guerres et les terminaient en peu de jours. Recevez avec bonté, Sire, cet hommage, qui ne peut être soupçonné de flatterie, et que l'admiration du sublime m'arrache, malgré l'amertume qu'un si grand événement a dû naturellement répandre dans mon âme [1]. »

---

1. Maurice de Saxe à Frédéric, sans date (décembre 1745.)

Frédéric voulait rentrer, avant les fêtes de la nouvelle année, dans la capitale de ses États reconquis. Il quitta donc Dresde dans les derniers jours de décembre, sans même attendre les ratifications de Vienne. Dans la foule empressée qui vint le saluer au moment de son départ, Vaulgrenant et d'Harrach, obligés l'un et l'autre, peut-être à regret, à cette politesse, durent se rencontrer et revenir encore une fois sur les détails de leur conversation nocturne. Vaulgrenant se montra tout de suite très inquiet de savoir si d'Harrach, dans son tête à tête avec le roi, n'avait rien laissé transpirer de la négociation clandestine. L'Autrichien se hâta de le rassurer, puis, lui montrant une bague surmontée d'un diamant de prix qu'il avait au doigt : — « Voilà, dit-il, le présent que j'ai reçu en souvenir de ce malheureux traité ; mais j'aurais mieux aimé avoir coupé le doigt qui le porte que de l'employer à cette signature. » — Il lui exprima ensuite l'espérance que leurs pourparlers ne resteraient pas complètement

— (Ministère de la guerre.) — Cette lettre est aussi insérée dans les œuvres de Frédéric, t. XVII, p. 301.

sans fruit et pourraient préparer dans l'avenir (*à la fin des fins*, dit-il) une voie plus facile à l'accommodement de leurs deux cours. — « En ce cas, ajouta-t-il, qu'elles s'entendent directement et sans recourir aux intermédiaires, qui ne font qu'embrouiller le métier ». — Et il lui indiqua le nom de deux de ses amis personnels, l'un résidant à Londres et l'autre à Bruxelles, à qui on pourrait s'adresser si on avait quelque chose à faire dire secrètement à Vienne [1].

Nulle description n'est nécessaire pour imaginer, et aucune ne serait suffisante pour bien peindre, la réception enthousiaste qui attendait Frédéric dans cette ville de Berlin qu'il avait laissée, six semaines auparavant, tremblant pour sa propre sécurité, et où il rentrait pacifique et triomphant, deux fois couronné par la victoire. « Vive Frédéric le Grand ! » ce fut le cri qui retentit d'un bout de la cité à l'autre, et

1. Vaulgrenant à d'Argenson, 26 et 28 décembre 1745. (*Correspondance de Saxe.* — Ministère des affaires étrangères.) — La première de ces deux dépêches contient l'envoi d'une lettre de d'Harrach à Vaulgrenant ; la seconde, un récit de leur conversation. Voir *Appendice B*, à la fin du volume.

auquel la postérité a fait écho. Ce que nous savons des sentiments qui animaient Marie-Thérèse, et qu'elle avait fait partager à ses sujets, laisse aussi facilement deviner avec quel morne abattement fut reçue à Vienne la nouvelle du traité conclu à Dresde. « La plus lamentable défaite, dit l'ambassadeur vénitien Erizzo, n'aurait pas causé plus de douleur. » Rien assurément ne prouve mieux que, pour agir sur l'esprit des peuples comme pour déterminer la suite des événements, une forte impression morale pèse souvent d'un plus grand poids que les plus importants résultats matériels ; car, après tout (M. d'Arneth le fait observer avec raison), de cette seconde lutte engagée contre l'ennemi de sa grandeur, l'Autriche sortait intacte, n'ayant perdu, cette fois, ni un pouce de son territoire ni une parcelle de sa puissance effective : tout ce qui venait d'être cédé à Dresde avait déjà été accordé à Breslau deux années auparavant ; et, dans cet intervalle, Marie-Thérèse avait acquis, sans nouveau sacrifice, l'avantage de rajeunir la tradition des Habsbourg en fixant le saint-empire dans sa nouvelle famille, et elle avait même su se délivrer, par la soumission humiliée de la Bavière, de la seule rivalité qu'eussent redoutée ses aïeux.

C'était Frédéric, au contraire, qui, ne retirant aucun profit de ses nouvelles victoires, se trouvait, en définitive, avoir en pure perte versé le sang, dépensé l'argent, risqué le repos de ses sujets. Il semblait donc que, dans le partage de ses faveurs, la fortune eût donné à Marie-Thérèse la réalité dont elle ne laissait que l'ombre à Frédéric ; mais c'était une ombre entourée d'une auréole lumineuse dont le reflet éclairait les voies de l'avenir. Personne ne s'y trompa. — « Vous verrez, disait avec désespoir l'électeur de Trèves au résident de France, que ce prince va être plus redoutable que ne l'a jamais été la maison d'Autriche, et qu'il fera trembler l'Europe. »

Mais quel fut, peut-on se demander, l'effet produit en France par cette paix dans laquelle nous n'étions pas compris, et qui nous laissait, pour la seconde fois, porter seuls, tout le poids d'une coalition? C'est ce dont on a, au premier moment, quelque peine à se rendre compte. Ce qu'il y a de certain, c'est que rien ne ressembla au cri d'indignation et d'angoisse qui s'était élevé, deux ans plus tôt, quand le traité de Breslau éclata comme un coup de foudre au milieu d'une confiance générale. L'événement, au contraire, fut pris avec un calme relatif, tenant à plus d'une cause qu'il est intéressant de discerner. D'abord, personne n'était surpris : une première épreuve avait préparé à la récidive; les plus naïfs avaient cessé de croire à la fidélité prussienne. Le traité de Hanovre était ébruité, commenté depuis trois mois par tous les gazetiers d'Europe; l'effet, pour parler le mauvais langage de nos jours, en était escompté d'avance. Puis le mal était moins grand cette fois, et le danger surtout bien moins urgent. Nul rapport entre la situation de Maurice de Saxe, campé victorieusement devant Bruxelles, et celle de Broglie et de Belle-Isle enfermés, presque affamés, dans Prague. L'hiver commençait à peine; on avait donc le temps de réfléchir : ce n'était que matière à spéculation, sur laquelle les politiques et les nouvellistes pouvaient raisonner à l'aise, chacun suivant sa propension naturelle.

Celle de d'Argenson nous est connue, et il ne paraît pas que la disposition optimiste avec laquelle il accueillait tout ce qui partait de Berlin ait ressenti, à ce moment critique, même un jour d'ébranlement. D'abord, il voulut douter jusqu'à la dernière heure de la soumission de l'Autriche ; il la voyait déjà continuant la lutte sans alliés, dans des conditions qui l'auraient mise bientôt à deux doigts de sa ruine Ce serait alors, pensait-il, le moment de reprendre avec avantage la négociation prématurément entamée par le comte d'Harrach : la paix acceptée par la Saxe n'aurait été ainsi qu'un pas fait vers une pacification générale. Puis, quand il n'y eut plus moyen d'ignorer à quel prix Marie-Thérèse avait acheté son repos en Allemagne, d'Argenson n'eut pas seulement (ce qui eût été fort sage) le bon sens de ne pas se répandre en récriminations amères, qui n'auraient abouti, en irritant un vainqueur, qu'à faire à la France un ennemi de plus. Cette note de modération, commandée par la dignité et par la prudence, fut vite dépassée. Revenant avec une sorte d'entraînement à ses idées favorites, d'Argenson se prit à considérer qu'après tout, la Silésie restant acquise à la Prusse, le but principal de la guerre, l'affaiblissement de l'Autriche, était atteint, et qu'il s'agissait seulement de garder à tout prix ce résultat important. D'où il conclut que, pour prévenir une revanche et un retour offensif toujours possibles de l'Autriche, l'intérêt de la Prusse lui commanderait de continuer à s'appuyer sur la France, et afin de faire mieux sentir à Frédéric cette communauté d'intérêt et de le déterminer à se conduire en conséquence, il ne vit rien de mieux, au lieu de s'éloigner de lui avec froideur, que de l'attacher, au contraire, et de l'enlacer, pour ainsi dire, par de nouveaux liens d'amitié et de reconnaissance. Ce calcul, qu'il n'a pas déguisé dans ses *Mémoires* et dans sa correspondance, et dont quelques-uns de ses historiens lui ont fait honneur, fut visible dès son premier entretien avec le ministre de Prusse Chambrier. Sans cette explication, — je dirais volontiers sans cette excuse, — le langage qu'il tint dans cette conversation (qui dut avoir lieu le jour même où arrivait à Versailles la lettre insolente de Frédéric) serait vraiment inexplicable de la part d'un ministre de Louis XV.

Voici comment Chambrier lui-même rend compte de sa conférence : — « Le marquis d'Argenson m'a parlé de la manière suivante sur l'accroissement de Votre Majesté. Il m'a dit : « — Vous savez, monsieur, comme je pense sur les liaisons du roi votre maître avec le mien, et qu'en vérité personne n'est plus zélé que moi pour la continuation et le resserrement, s'il est possible, de l'amitié la plus étroite entre ces deux princes, parce que ce sont leurs intérêts; mais je vous avouerai cependant que j'aurais désiré, pour la gloire du roi de Prusse et l'avantage du roi mon maître, que la paix du roi de Prusse avec la reine de Hongrie ne se fût pas faite, ou que, si elle s'était faite, ce fût conjointement avec la France, rien n'étant plus aisé au roi de Prusse, quand il a vu que la Saxe était à ses pieds et que la reine de

Hongrie souhaitait de s'accommoder avec lui, que de dire à cette princesse qu'il voulait bien faire la paix avec elle, pourvu qu'elle fût commune à la France et à ses alliés. De cette manière, le roi de Prusse faisait le coup le plus glorieux qu'il pût jamais faire, et ses liaisons avec nous n'auraient pas reçu la plus légère atteinte, au lieu que, de *cette manière* (sic), nous restons dans l'embarras. Il faudra bien tâcher de nous en tirer ; nous y ferons de notre mieux, en recourant aux moyens qui sont dans l'État, quoique épuisé, je l'avoue, pour soutenir une guerre qui pouvait finir tout d'un coup, si le roi de Prusse avait bien voulu un peu se souvenir de nous. » — Suivent certains détails d'un caractère confidentiel et tout à fait intime sur les mesures que la France allait prendre pour faire face à la situation nouvelle où la laissait son isolement; puis Chambrier reprend: « — Enfin, le marquis d'Argenson m'a dit qu'il était si convaincu de la nécessité qu'il y avait pour le bien des intérêts réciproques que Votre Majesté et le roi son maître fussent étroitement unis, qu'il était, lui, d'Argenson, du sentiment que Votre Majesté fût le centre politique de tous les intérêts de la France dans le Nord et dans l'Empire, et qu'il ordonnerait, de la part du roi son maître, à tous les ministres de France qui sont en Allemagne et dans le Nord de ne se conduire que suivant les intérêts de Votre Majesté et conformément à ce que Votre Majesté ferait insinuer par ses ministres aux ministres de France ; — qu'il croyait que Votre Majesté connaissait trop ses véritables intérêts pour ne pas conserver de son côté la confiance et l'ouverture de cœur qui conviennent aux mêmes intérêts. »

D'Argenson tint parole ; ordre exprès fut envoyé à tous les agents français, non seulement de ne montrer aucune humeur, mais de parler de la paix de Dresde comme d'un événement heureux, dont la France n'avait qu'à se féliciter, et de continuer à concerter leur conduite avec les agents prussiens comme si rien n'était venu trahir leur confiance. S'adressant même en particulier à Valori, qui était naturellement le plus difficile à convertir, d'Argenson terminait son exhortation par cette assertion au moins hasardée : — « J'ai toujours été convaincu que le roi de Prusse avait fait, dans les vertus civiles, le même progrès que dans les vertus militaires. Effectivement, il s'est conduit dans tout ceci avec franchise. » — Des serviteurs n'ont qu'à obéir; aussi les ministres français, dans les diverses cours, s'exprimèrent-ils unanimement, sur l'événement qui défrayait toutes les conversations, dans des termes qui leur attirèrent les compliments des gazetiers autrichiens sur les sentiments de *philosophie chrétienne* dont ils faisaient preuve[1].

Tout le monde, à la vérité, et surtout tous les collègues de d'Argenson, n'étaient pas, sinon aussi bons chrétiens, du moins aussi philosophes que lui. Plus d'un (Chambrier le rapporte) demeura convaincu que, la Prusse une fois pacifiée et mise à l'abri de tous les orages, son souverain n'aurait pas un désir bien pressant de faire partager autour de lui les bienfaits du repos dont il allait jouir. Il pourrait

---

[1]. Chambrier à Frédéric, 6 janvier. — D'Argenson à Valori, 28 janvier 1746. (*Correspondance de Prusse.* — Ministère des affaires étrangères.)

bien, au contraire, être tenté d'attiser le feu entre les deux grandes puissances qui restaient en lutte, pour les épuiser l'une par l'autre, et s'élever lui-même à leurs dépens et sur leurs ruines. Mais ceux-là mêmes qui pensaient ainsi, une fois le mal fait et irréparable, ne trouvaient, non plus, nul avantage à en montrer trop d'irritation ni d'alarme. La vraie manière d'y porter remède, suivant eux, c'était, pour la France, de tourner ses regards et ses forces vers le terrain où le succès de ses armes était glorieusement incontesté. Pousser activement la marche audacieuse de Maurice de Saxe en Flandre ; soutenir les progrès plus lents, plus modestes, mais pourtant continus, de Maillebois en Italie ; enfin appuyer par un secours effectif les prodiges que Charles-Édouard faisait en Écosse, c'était là, suivant eux, la seule voie à suivre pour se consoler et se venger en même temps des échecs définitivement subis au delà du Rhin. Raisonnant ainsi, ils n'étaient pas éloignés de trouver qu'après tout il était heureux de n'avoir plus, sous aucun prétexte, à s'occuper des affaires d'Allemagne, et d'être délivré, même à tout prix, de l'allié exigeant et suspect qui tendait toujours à nous ramener vers cette ingrate contrée. Telle était l'impression assez générale, différente assurément de la chaleur affectée de d'Argenson, mais aboutissant en pratique à peu près à la même conduite. Et c'est bien là, en effet, la conclusion à laquelle nous voyons arriver un observateur bourgeois, dont le bon sens ne manquait pas de perspicacité : « — Voilà, dit le chroniqueur Barbier, le grand-duc reconnu Empereur et la reine de Hongrie Impératrice : il faudra bien que la France et l'Espagne les reconnaissent aussi. Nous n'avons plus que faire dans l'Allemagne; il ne reste plus que deux objets : la Flandre et l'Italie [1]. »

L'alliance prussienne ne se brisait donc pas cette fois par une rupture violente; elle tombait en quelque sorte d'elle-même, de guerre lasse, d'un consentement commun, par suite d'un dégoût et d'un détachement réciproques. C'était l'effet de ce refroidissement insensible

---

[1]. Barbier, janvier 1746.

qui, dans les relations politiques comme dans la vie privée, est plus mortel pour l'amitié qu'une querelle ouverte. On se séparait sans colère, mais sans regret, sans désir de se revoir, uniquement parce qu'on avait cessé de compter sur l'appui et la fidélité mutuels. Et, à le bien prendre, cette indifférence, qui accueillait en France la fin d'une alliance naguère si avidement recherchée, n'était-elle pas elle-même l'indice que, par suite de l'élévation soudaine de la Prusse, une altération profonde s'était opérée dans les rapports des grands États de l'Europe et dans les conditions de leur équilibre ?

N'y avait-il pas là comme une aperception confuse de ce fait, qu'en face d'une grandeur nouvelle, le rôle de l'ancienne politique était terminé ? L'alliance de la Prusse avait eu pour nous son utilité et son prix tant que l'Autriche, exerçant sur l'Allemagne une domination souveraine, faisait peser sur notre frontière du nord la menace d'une force prépondérante. Mais, en face de l'Autriche affaiblie et de l'Allemagne divisée désormais entre deux puissances en état de se tenir tête l'une à l'autre, l'intérêt avait disparu avec le danger. Rien ne nous appelait plus à prendre part à cette lutte de deux ambitions rivales, et, si nous étions encore un jour amenés à y intervenir, ce devait être plutôt pour tenir entre elles la balance égale, et empêcher la plus jeune, la plus audacieuse, en écrasant l'autre, de s'élever à son tour à une grandeur inquiétante. A ce point de vue de notre sécurité future, la Prusse victorieuse, aux mains d'un grand homme, était déjà peut-être plus à craindre que l'Autriche humiliée. Était-ce là ce que sentait vaguement l'esprit public? Était-ce ce nuage chargé de la foudre qui apparaissait dans le lointain ? C'est possible : l'instinct populaire voit souvent plus loin et plus juste que les hommes d'État de profession, dont les regards sont arrêtés par une barrière de traditions et de préjugés.

Mais si le changement survenu dans les relations mutuelles des États de l'Europe centrale était plutôt entrevu que compris à Paris, à Vienne et à Berlin, au contraire, où régnaient de vrais politiques, le fait était plus nettement reconnu, et, de part et d'autre, on se préparait à se comporter en conséquence. Pour Frédéric, c'était parti pris et chose faite. Le rôle que le traité de Westphalie avait assigné à la Prusse, comme à toutes les puissances secondaires allemandes, — celui de client de la France défendu par elle contre la prépondérance de l'Autriche, — n'avait jamais été, nous l'avons vu, accepté par lui qu'à regret, et il ne s'y était prêté qu'en frémissant. Son attitude envers Louis XV n'avait pas cessé d'être celle d'un pupille insolent et indocile, qui se rit, à sa barbe, d'un tuteur débile et vieilli. Mais, devenu cette fois tout à fait majeur, il avait résolu de secouer même l'apparence de l'amitié et de la protection françaises. Une double expérience venait de lui apprendre que l'appui de nos armes ne lui donnait qu'une aide imparfaite et compromettante, en faisant peser sur sa tête la responsabilité des maux de l'invasion étrangère. Il avait vu avec quel art Marie-Thérèse savait, dans ses proclamations et ses manifestes, émouvoir la fibre nationale en excitant contre lui toutes les susceptibilités de l'orgueil tudesque. Il venait d'entendre retentir à ses oreilles des refrains patriotiques en l'honneur de l'Autriche contre les alliés de l'étranger. C'est un avantage qu'il ne voulait plus laisser à sa rivale. D'ailleurs, au point de grandeur où il était parvenu, il ne s'agissait plus seulement pour lui de résister à l'Autriche, mais de la remplacer. S'affranchir de sa domination, c'était peu ; l'égaler même n'était pas assez : il se sentait désormais en mesure de lui disputer la prééminence. Il avait dû laisser, sans trop de regret, à Marie-Thérèse, l'héritage de la dignité impériale, voyant bien qu'au fond le saint-empire romain n'était plus qu'un édifice vermoulu, devant lequel même ne s'inclinait qu'à regret, depuis Luther, plus de la moitié du corps germanique. Mais, pour achever de détourner les yeux des populations de cette décoration vaine et de ce simulacre sans vie, il fallait leur apprendre à chercher à Berlin la vraie capitale, et, dans la dynastie dont le roi de Prusse était le chef, l'espoir de la patrie allemande.

Seulement, si l'on voulait se présenter à l'Allemagne sous cet aspect patriotique, la première condition était de cesser à tout prix d'être suspect de la moindre connivence pour ce qu'on appelait déjà alors, et ce qu'on appelle encore aujourd'hui au delà du Rhin, l'ambition française. Que si, donc, pour maintenir le degré de gloire et de puissance qu'il avait acquis, de nouvelles luttes étaient imposées au vainqueur de Friedberg et de Sohr, et qu'un auxiliaire dût encore être cherché au dehors, ce ne serait point aux armées françaises qu'il irait le demander. Leur présence importune avait trop fatigué leurs hôtes. La protestante Angleterre, rapprochée de lui par des sympathies de religion, d'origine et de parenté, pouvait lui fournir le secours beaucoup moins onéreux de sa marine et de ses subsides. L'alliance de la Prusse et de l'Angleterre, telle que l'avait inaugurée, à l'insu et au détriment de la France, la convention de Hanovre, allait ainsi devenir le pivot des futures combinaisons diplomatiques de Frédéric, et si ce récit doit être continué, ce sera du côté de Londres; en effet, qu'on le verra tourner sa pensée, et orienter dans cette direction nouvelle le vaisseau pavoisé par la victoire dont il tenait en main le gouvernail.

Au même moment, une révolution inverse s'opérait dans l'esprit de Marie-Thérèse. L'annonce imprévue de cette même convention de Hanovre, unissant dans une intimité occulte la Prusse et l'Angleterre, l'avait brusquement poussée (avec quelle ardeur nous l'avons vu) dans la voie d'un rapprochement avec la France. On aurait tort de croire que ce fut là seulement un effet passager de l'irritation et de la surprise, ou un accès de capricieuse impatience. C'était la particularité de ce caractère de Marie-Thérèse, auquel aucun autre en vérité ne ressemble dans l'histoire, de réunir des qualités qui, étant ordinairement l'apanage de sexes différents, peuvent paraître incompatibles. Dans le cas présent, la vivacité, la clairvoyance propres à la jalousie féminine, vinrent chez elle en aide à la pensée virile et réfléchie d'un esprit vraiment politique. L'ambition prussienne, soutenue, appuyée par l'Angleterre, ce fut pour elle un trait de lumière : elle se vit en présence d'un danger menaçant son empire et sa race, auquel nul autre ne pouvait être comparé. Frédéric maître de la Silésie, c'était l'ennemi attaché à ses flancs, et pouvant à toute heure porter le fer dans son sein. Qu'était-ce alors, auprès de cette inimitié intime et domestique, que la rivalité surannée des maisons de France et de Habsbourg! Avec la France, on se battait à distance depuis des siècles pour un degré plus ou moins étendu de pouvoir et d'influence; avec la Prusse, c'était un combat corps à corps, pour le fond même de la dignité et de l'existence, et dans ce duel, dont le centre de l'Allemagne serait le théâtre, l'Angleterre, qui déjà s'éloignait, ne pouvait plus être d'aucun secours à son ancienne alliée. De là cette main tout de suite tendue vers la France, et qui, si elle ne fut pas saisie alors, ne devait plus être retirée. Chose étrange et presque inouïe, pendant trois années encore, les troupes autrichiennes et françaises devaient se rencontrer, et en venir aux mains avec des succès inégaux sur les champs de bataille des Pays-Bas et de l'Italie; et malgré cette hostilité continue, pas un seul jour cette pensée d'une réconciliation avec la France ne sortit de l'esprit de l'héritière de Charles-Quint. En paix, comme en guerre, ce fut le dessein auquel elle travailla sans relâche, jusqu'à ce qu'enfin, après dix ans d'efforts, par le fameux traité de Versailles de 1756, elle réussit à le réaliser.

Je ne connais rien qui démontre mieux combien est vrai dans le monde moral et politique, plus encore que dans le monde matériel, l'axiome de l'ancienne école : *Nil natura per saltum*. Lorsque pour la première fois parut au jour ce traité de 1756, objet de tant de controverses, qui mit sur la même ligne de combat les drapeaux de France et d'Autriche, que n'a-t-on pas pensé de ce rapprochement imprévu! Quel coup de théâtre! quelle surprise chez les contemporains! et, depuis lors, que de commentaires chez les historiens! A quels futiles incidents ne s'est-on pas plu à attribuer cette mémorable révolution diplomatique et militaire? Que de puériles anecdotes! C'est tantôt un billet flatteur de Marie-Thérèse à la marquise de Pompadour, tantôt une plaisanterie de Frédéric sur les amours de Louis XV, qui a, dit-on, déterminé la France à abandonner sa politique traditionnelle. Et voilà, s'écrient avec une condoléance véritable ou affectée les historiens français salariés par Frédéric ou aveuglés par une sotte admiration pour lui, à quoi tiennent les destinées des empires et ce qui fait verser le sang des peuples! Erreur ou mensonge. Le résultat qui éclata alors était préparé de longue date, et ce n'était pas seulement la France, c'étaient tous les acteurs du drame européen, Autriche, Prusse, Angleterre, qui, avant de reparaître sur la scène, avaient changé, dans les coulisses, de costume, pour être prêts à changer de rôle. Ils obéissaient tous, avec plus ou moins d'hésitation, ceux-ci par calcul, ceux-là par instinct, à une nécessité de situation à peu près irrésistible. En réalité, l'avènement d'une grande puissance armée dans les plaines du Brandebourg ne pouvait manquer d'altérer tout l'ancien système fédératif de l'Europe, de même que, si (pour faire une supposition chimérique) une nouvelle planète venait à apparaître dans l'espace, tout l'ordre du système solaire, décrit par Copernic et Newton, en serait nécessairement troublé.

A ce point de vue, la convention de Hanovre et la négociation infructueuse entamée à Dresde, ces deux faits, l'un trop négligé, l'autre resté inconnu jusqu'à nos jours, jettent une vive lumière sur la suite des événements dont nous subissons encore, même aujourd'hui, la conséquence. Il est certain que, si Vaulgrenant et d'Harrach étaient sortis la main dans la main de leur dernier entretien, la guerre de la succession d'Autriche se serait terminée dans des conditions analogues à celles où s'est engagée la guerre de Sept ans. Seulement, il est permis de penser que, les circonstances étant différentes, le succès final l'eût été également.

En 1745, les Pays-Bas, qu'une paix précipitée ne devait pas tarder à rendre à l'Autriche, étaient conquis presque en entier; en nous en abandonnant une partie, Marie-Thérèse ne faisait que consacrer le résultat glorieusement conquis par les victoires de Maurice de Saxe, et le prix de notre alliance se trouvait ainsi d'avance acquitté par elle, le jour même du contrat. On ne voit pas qui aurait eu le droit de disputer à la France un avantage aussi légitimement obtenu. On voit encore moins qui, à cette heure, en aurait eu la force : ce n'était point, assurément, l'Angleterre, avec Charles-Édouard aux portes de Londres, et sa royauté tremblante, qui rappelait précipitamment tous ses soldats du continent. Serait-ce Frédéric avec ses armées épuisées et son trésor à sec? On peut en douter.

S'il l'eût tenté cependant, s'il eût passé, dans ses rapports avec la France, d'une neutralité malveillante à une hostilité directe, il aurait trouvé à qui parler; il n'aurait pas eu affaire, comme dix ans plus tard, à des Soubise et à des Clermont. Maurice était vivant, et n'aurait pas conduit nos armées aux désastres de Rosbach et de Minden.

Je persiste donc à penser qu'il y eut pour la France, à ce moment critique, une occasion singulièrement favorable et déplorablement perdue, que n'auraient laissée échapper ni le coup d'œil d'aigle de Richelieu, ni l'adresse de Mazarin, ni la vigilance royale de Louis XIV. Mais Richelieu, Mazarin et Louis XIV étaient dans la tombe, et leur génie, enseveli avec eux, ne devait plus revivre.

FIN DU TOME SECOND

APPENDICE

A

(Voir page 226.)

C'est sans doute à cette attitude de Belle-Isle, devenu subitement favorable à l'idée d'entrer en négociation avec l'Autriche, en abandonnant la Prusse, que répond la lettre ci-jointe de d'Argenson, trouvée dans les papiers du ministère de la guerre. Je n'ai pu en déterminer la date exacte. Le lecteur y verra la preuve des étranges illusions auxquelles était livré d'Argenson. Il est clair, en effet, que ce ministre se persuadait que l'Autriche persisterait jusqu'au bout à refuser son adhésion à la convention de Hanovre et se trouverait par là séparée des puissances maritimes. L'effet devait être, au contraire, de concentrer contre la France toutes les forces réunies de la coalition austro-anglaise.

MINISTÈRE DE LA GUERRE. — *Correspondances diverses.*

Le marquis d'Argenson au maréchal de Belle-Isle.

J'ai reçu, monsieur, votre lettre du 5, et j'en ai fait l'usage qu'elle méritait. Je dois taire avec raison ce qui me regarde, et je redoute les éloges de vous plus que de tout autre, parce que je connais votre sincérité, et que les amis que vous avez toujours conservés font l'éloge de votre cœur et de l'amitié même que l'on croyait bannie de ce temps-ci. Je ne puis cependant me croire la moindre capacité dans les affaires, où j'ai encore si peu d'acquis et où j'ai si peu de succès jusqu'à cette heure. En récompense, je suis assez entêté, et après avoir défendu le roi de Prusse, je passe condamnation sur sa personne; je ne retrancherai encore (rien) sur l'action qu'il vient de faire et qui est suffisamment prouvée; je dirai que la question se réduit à savoir si une négociation de paix hasardée avec la reine de Hongrie promet aujourd'hui assez de réussite pour la risquer contre les inconvénients de la manquer. Ces inconvénients sont : 1° de nous montrer à découvert à notre ennemi; 2° de risquer la défiance qu'elle sèmerait parmi nos alliés; 3° et (voici le plus fort) d'excéder le roi de Prusse, qui passerait par là (et contre des alliés qu'il trouverait ingrats) de la neutralité à l'offensive, et fournirait cinquante mille hommes contre nous; 4° que si on le pressait par là, il rendrait des portions de la Silésie, et tout ce qui rentre à la masse de l'Autriche est autant de dommage contre nous.

Laissons-le faire : il restera neutre : il trompera la reine de Hongrie comme il trompe tout le monde : il continuera à l'inquiéter jusqu'à la paix générale, et c'est son intérêt; il l'obligera à tenir toujours une armée autour de la Silésie. Notre situation est bonne : notre supériorité est décidée : nous *demandons*, d'où je conclus que nous n'obtiendrons la paix que par une supériorité décidée, comme aux bons temps du règne de Louis XIV. L'entêtement que Sa Majesté Britannique vient de prendre contre la reine de Hongrie et en faveur du roi de Prusse augmente encore cette supériorité : les puissances maritimes refusent tous deniers aux cours de Vienne et de Dresde. Si cela dure, la reine de Hongrie est aux abois. Sans l'argent des puissances maritimes, elle perd toute considération dans l'Empire; et, déjà, il y paraît beaucoup. Si elle accepte le traité de Hanovre, elle est suivie de toute la Silésie, et, le roi de Prusse reste neutre. Nous pouvons conserver son alliance par intérêt, ou du moins une certaine intelligence qui l'empêche de nous nuire et qui nous servira à bien des choses. La révolte d'Écosse peut se soutenir ; nos conquêtes d'Italie sont appuyées solidement. Continuons à montrer de la vigueur, mais avec sagesse, dans les différents théâtres de la guerre que nous occupons; que chaque mois, même en hiver, il paraisse quelque entreprise qui, quoique de peu de chose en elle-même, fera sentir que nous n'abandonnons pas et que nos menaces ne sont pas vaines. Profitons du discrédit que la cour de Vienne commence à prendre en Allemagne ; formons-y des alliances secrètes ; donnons-y quelques subsides : que toutes nos démarches soient sages et modérées. N'abusons pas de notre supériorité, mais usons-en et ne la perdons pas, en mendiant le pain comme des vaincus. Voilà ma pensée, et avec cela nous sèmerons la discorde et nous aurons la paix. Si ce système vous plaisait autant qu'à moi, personne ne le perfectionnerait mieux que vous.

B

(Voir page 383.)

Les négociations engagées entre la France et l'Autriche à cette époque critique sont un fait si peu connu et si important pour l'histoire que je crois utile de mettre sous les yeux du lecteur les deux pièces ci-jointes qui attestent à quel point ces négociations furent sérieuses et l'exactitude du récit que j'en ai fait.

MINISTÈRE DES AFFAIRES ÉTRANGÈRES. — *Correspondance de Saxe.*

Le marquis de Vaulgrenant au marquis d'Argenson.

A Dresde, 15 décembre 1745.

Le comte d'Harrach est arrivé ici, au moment même de la perte de la bataille. La circonstance ne pouvait se trouver plus contraire pour la négociation, puisque la Saxe étant encore obligée de céder à la reine de Hongrie ne peut guère se dispenser de suivre son exemple, et que d'ailleurs ce ministre exposé dans Dresde s'est trouvé forcé de retourner sans perte de temps à Prague. Il est cependant venu chez moi cette nuit, accompagné lu sieur Saul, et après quelque propos sur l'événement du jour tendant à établir la pressante nécessité pour la cour de Vienne de s'accommoder avec le roi de Prusse, tandis qu'elle aurait penché de préférence à s'accommoder avec le roi, il me dit que, fondé néanmoins sur ses instructions et ses pouvoirs, il prendrait sur lui de s'expliquer et de conclure avec moi, dans le moment, si nous nous mettions d'accord sur les conditions. Notre conférence n'a pu être longue parce qu'il était pressé de partir. Il m'a offert, pour l'établissement de l'Infant, d'abord la Savoie, comme ce qui serait moins sujet à troubles et discussions pour l'avenir. Ensuite, voyant que cela ne prenait pas, il s'est retourné sur le Parmesan, le Pisantin et l'expectative du duché de Guastalla. Enfin il a joint à cette dernière offre pour ultimatum la partie du Pavesan telle qu'elle a été cédée au roi de Sardaigne par le traité de Worms, rejetant absolument la cession du Tortonais et de l'Alexandrin et ne laissant même entendre à aucun équivalent à la gauche du Pô pour le désistement de cette dernière province, qu'à *la vérité je ne lui ai fait entrevoir que faiblement.* Quant à la Flandre, il a offert Ypres et Furne, avec l'indépendance de l'abbaye de Saint-Hubert, et y a joint de lui-même Beaumont, Chimay et la suppression des bureaux, se tenant très ferme sur Tournay, et Nieuport et le refus des garnisons françaises dans Ostende : *mais ne me déclarant pas son ultimatum sur cet article aussi positivement qu'il venait de faire sur celui de l'Italie.*

Vous sentez, monseigneur, que sur *de telles propositions nous n'avons pu convenir de rien et encore moins conclure.* Il m'a quitté en m'assurant de son regret de voir notre négociation rompue, et la conclusion de celle avec le roi de Prusse, aussi pressante que nécessaire. L'insinuation des facilités auxquelles j'aurais pu me prêter ne l'a point arrêté : il ne m'a même témoigné aucun désir de savoir en quoi elles consisteraient. Je lui ai dit que, comme cette affaire était la seule qui m'avait retenu ici, je le priais de me procurer des passeports de sa cour pour la sûreté de mon retour en France. Il m'a répondu que dès qu'il serait en lieu de pouvoir le faire, il dépêcherait un courrier à Vienne pour les demander et qu'il ne perdrait pas un moment à les envoyer. Je ne crois pas devoir m'attendre que sur cette demande et tant sur l'exposition de ce qui s'est passé entre nous que sur l'état des choses relativement au roi de Prusse, la reine de Hongrie se ravisant donne à ce ministre de nouveaux ordres pour reprendre et conclure notre négociation : mais en ce cas je serais encore à portée et je ne tarderais pas à en être instruit. Le comte d'Harrach m'a parlé comme si sa cour avait en main de quoi me prouver que le roi de Prusse aurait offert de fournir des troupes contre nous. L'idée de la reine de Hongrie, en m'envoyant le comte d'Harrach, avait-elle été de me faire sonder par son ministre pour prendre ma dernière résolution sur son rapport? En ce cas, je me suis tenu ferme sur mes propositions, laissant seulement entrevoir quelques facilités. J'ai parlé avec franchise sans marquer ni trop de désir ni trop d'éloignement, et, par la façon dont je me suis expliqué, je crois n'avoir rien dit ni de trop ni de trop peu.

Le comte d'Harrach au marquis de Vaulgrenant.

Dresde, 25 décembre 1845.

Monsieur, j'ai l'honneur de ci-joindre à Votre Excellence le passeport que je viens de recevoir en ce moment la suppliant de ne pas oublier le nom de d'Harcourt à Paris et de Kettein à Bruxelles. Peut-être que par leur canal nous atteindrons le but que j'ai si malheureusement manqué ici ; elle connait la pureté de mes sentiments autant que je connais celle des siens, ce qui me fait espérer qu'à la fin des fins l'avantage que j'ai eu de le trouver ici ne restera pas sans fruit.

FIN DE L'APPENDICE.

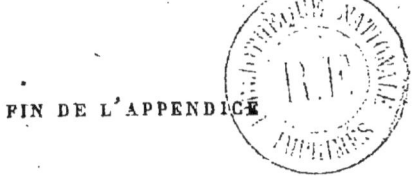

TABLE DU TOME SECOND

CHAPITRE IV

ÉVACUATION DE L'ALLEMAGNE PAR
L'ARMÉE FRANÇAISE. — TRAITÉ DE FRÉDÉRIC
AVEC L'ANGLETERRE.

Effet produit par la bataille de Fontenoy. — Prise de Tournay. — Discussion à laquelle donnent lieu les incidents de la journée du 11 mai. — Poème de Voltaire. — Débats entre Maurice de Saxe et le duc de Richelieu. — Agitation causée à La Haye et alarme à Londres à la nouvelle de la victoire des Français. — Satisfaction mélangée de Frédéric. — Victoire des Prussiens à Friedberg. — Irrésolution du gouvernement français : le prince de Conti n'ose pas s'engager en Allemagne. — Il laisse opérer sous ses yeux la réunion de deux armées de Marie-Thérèse. — Il est obligé de repasser le Rhin. — Dépit et irritation de

Frédéric, qui se rapproche de l'Angleterre. — Embarras
et inquiétude du gouvernement anglais. — Belle-Isle est
remis en liberté. — Crainte de l'invasion française. —
Expédition du prétendant Charles-Édouard. — Son débarquement en Écosse et ses premiers succès. — George II
consent à traiter avec Frédéric. — Effort fait par le gouvernement anglais pour décider Marie-Thérèse à entrer
dans cet arrangement. — Elle s'y refuse. — La Prusse et
l'Angleterre traitent sans son consentement. — Convention de Hanovre 1

CHAPITRE V

DIÈTE DE FRANCFORT

La diète électorale se réunit à Francfort pour faire cesser la
vacance de l'Empire. — Attitude réservée des envoyés
prussiens à la diète. — Efforts inutiles du cabinet français
pour empêcher l'élection du grand-duc, époux de Marie-
Thérèse. — Des envoyés d'Auguste III se déclarent pour
le grand-duc, qui est élu le 4 octobre 1745, sous le nom de
François Ier. — Réception à la même date de la marquise
de Pompadour à Versailles.

Marie-Thérèse apprend en même temps que l'élection de
son époux, la nouvelle de la convention conclue entre la
Prusse et l'Angleterre. — Son irritation. — Elle fait proposer à Louis XV, par l'intermédiaire des ministres de
France en Saxe et en Bavière, de traiter avec elle. —
Hésitation du cabinet français. — Répugnance de d'Argenson à se séparer de la Prusse. — La négociation est
engagée par l'intermédiaire d'Auguste III. — Embarras
dans lequel Frédéric se trouve placé par le refus de
Marie-Thérèse d'accéder à la convention de Hanovre. —

Il livre bataille aux Autrichiens à Sohr. — Résultat incertain et contesté de la journée. — Couronnement de l'Empereur François à Francfort. — Suite de la négociation engagée avec la France, qui traîne en longueur sans aboutir, par suite de la mauvaise volonté de d'Argenson. — Frédéric fait connaître à la France la convention de Hanovre, en la justifiant 161

CHAPITRE VI

CAMPAGNE DE FRÉDÉRIC EN SAXE
PRISE DE DRESDE
FIN DE LA SECONDE LUTTE DE FRÉDÉRIC II
ET DE MARIE-THÉRÈSE.

Péril et alarmes du gouvernement anglais. — Succès de Charles-Édouard en Écosse. — Le cabinet français prend ouvertement parti pour le prétendant. — Rupture de la France avec la Hollande. — Les troupes anglaises doivent être rappelées des Pays-Bas. — Nouvel effort tenté par l'envoyé anglais à Vienne pour décider Marie-Thérèse à traiter avec la Prusse, afin d'être en mesure de défendre ses provinces flamandes. — Refus obstiné de Marie-Thérèse.

Plan formé par elle, de concert avec la Saxe, d'attaquer les provinces héréditaires de la Prusse, par une campagne d'hiver. — Concentration de ses troupes à cet effet sur la frontière de Saxe. — Intervention promise par la Russie. — Une indiscrétion du comte de Brühl fait connaître le plan à Frédéric. — Il tâche d'empêcher l'intervention de la Russie, et demande aide à la France. — Hésitation de la Russie qui fait changer le plan de campagne. —

Frédéric attend l'armée autrichienne sur la frontière de Saxe et la fait reculer sans combat. — Il propose la paix à Auguste III. — Auguste III quitte Dresde avec sa famille et se réfugie à Prague.

Embarras du marquis de Vaulgrenant, envoyé français à Dresde. — Il attend un envoyé autrichien, le comte d'Harrach, qui lui avait été annoncé pour reprendre la négociation proposée par Marie-Thérèse et qui n'arrive pas. — Instructions confuses et contradictoires envoyées à ce sujet par le cabinet français. — Mauvaise volonté persistante de d'Argenson. — Bataille livrée et gagnée par les Prussiens sous les murs de Dresde. — Arrivée de l'envoyé autrichien, le soir même de la bataille. — Son entretien la nuit avec Vaulgrenant; il offre de céder Ypres, Beaumont, peut-être même Tournay, si la France veut abandonner la Prusse. — Vaulgrenant ne se croit pas autorisé à conclure. — D'Harrach quitte Dresde.

Entrée de Frédéric à Dresde. — Habileté de sa conduite. — Paix conclue avec Auguste III. — Marie-Thérèse se décide à céder. — Le comte d'Harrach revient à Dresde pour traiter cette fois avec Frédéric. — Frédéric ne demande que le rétablissement des conditions du traité de Breslau. — Réponse de Louis XV à la demande de secours de Frédéric. — Réplique hautaine de Frédéric. — Il rentre en triomphe à Berlin.

Effet de la paix de Dresde. — La France ne s'offense pas d'être abandonnée une seconde fois par son allié. — Entretien de d'Argenson avec le ministre de Prusse. — Changement survenu dans les dispositions mutuelles des grandes puissances d'Europe. — La Prusse se rapproche de l'Angleterre, et l'Autriche tend à se rapprocher de la France. 275

APPENDICE

A

Lettre du marquis d'Argenson au maréchal de Belle-Isle. 407

B.

Lettres du marquis de Vaulgrenant au marquis d'Argenson, et du comte d'Harrach au marquis de Vaulgrenant. 410

FIN DU TOME SECOND

ÉMILE COLIN — IMPRIMERIE DE LAGNY.

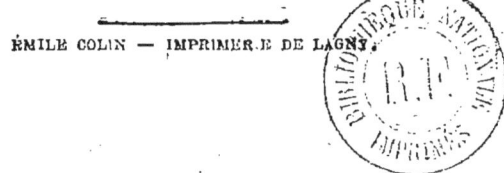

www.ingramcontent.com/pod-product-compliance
Lightning Source LLC
Chambersburg PA
CBHW060545230426
43670CB00011B/1692